AF524010

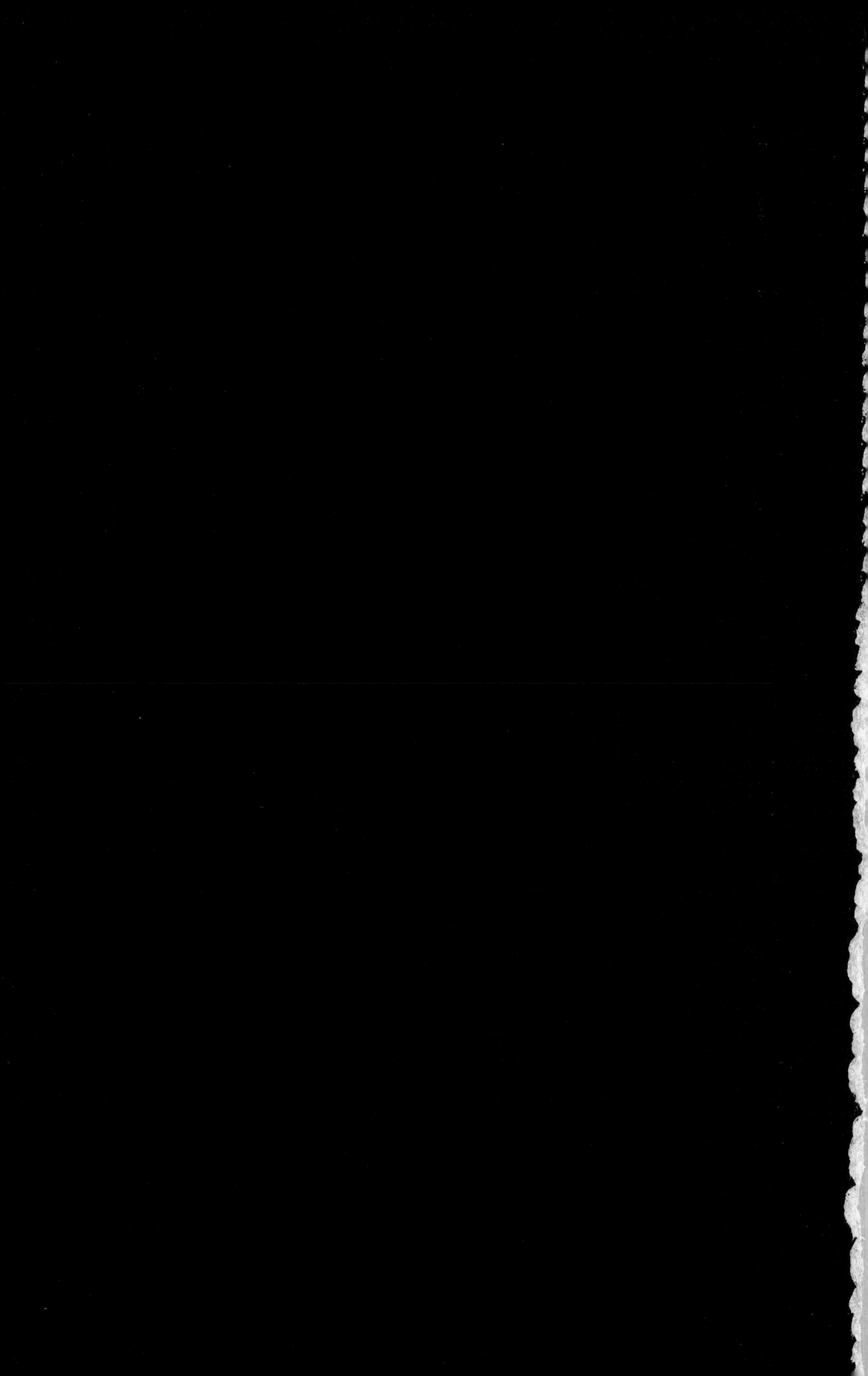

DEADPOOL

KILLT DAS MARVEL-UNIVERSUM

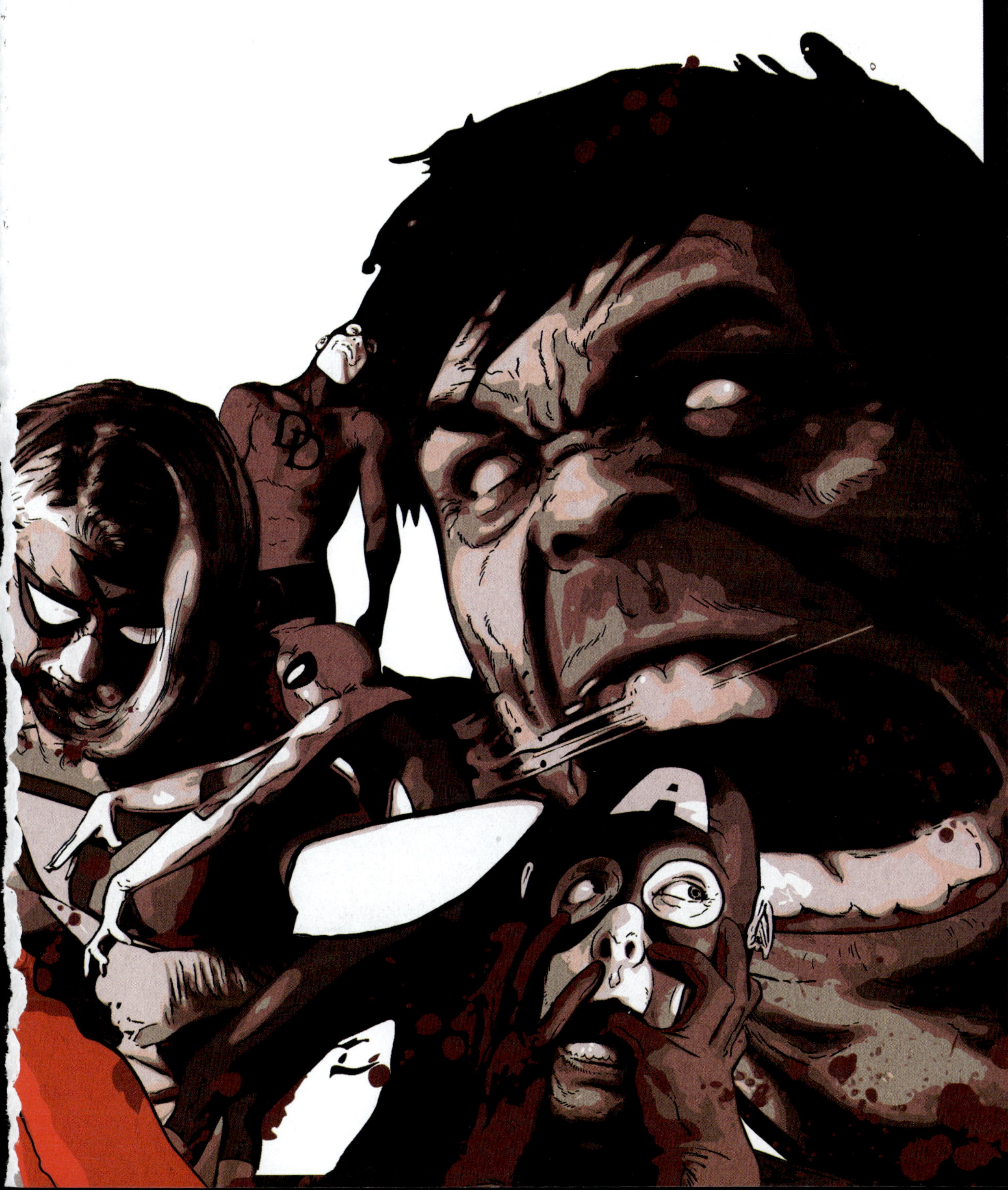

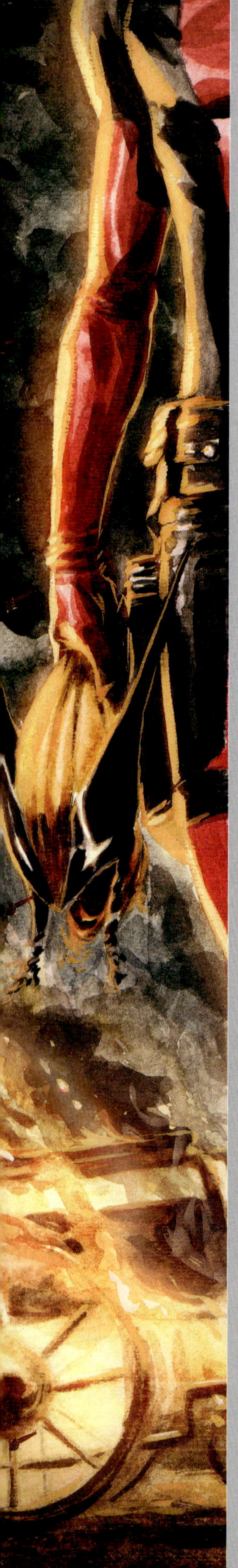

INHALT

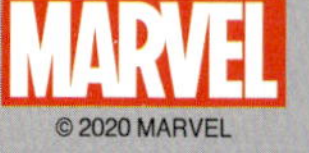
MARVEL

FSC
www.fsc.org
MIX
Paper from responsible sources
FSC® C115044

DEADPOOL

KILLT DAS MARVEL-UNIVERSUM

CULLEN BUNN
AUTOR

DALIBOR TALAJIĆ
ZEICHNER & TUSCHE

LEE LOUGHRIDGE
FARBEN

FABIO CIACCI
ELLETI
LETTERING

MARC-OLIVER FRISCH
ÜBERSETZUNG

NICK LOWE
JORDAN D. WHITE
REDAKTION USA

C. B. CEBULSKI
CHEFREDAKTEUR USA

JOE QUESADA
CHIEF CREATIVE OFFICER USA

DAN BUCKLEY
HERAUSGEBER USA

ALAN FINE
PRODUZENT USA

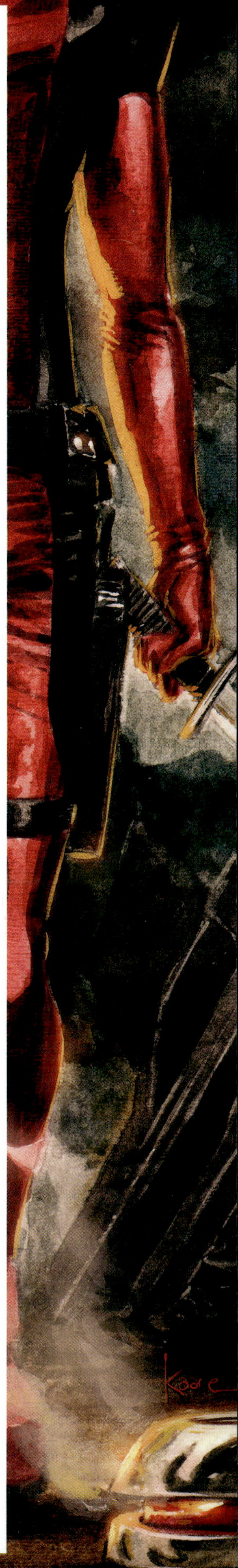

MARVEL MUST-HAVE: DEADPOOL KILLT DAS MARVEL-UNIVERSUM erscheint bei **PANINI COMICS**, Schloßstraße 76, D-70176 Stuttgart. Druck: Lito Terrazzi Industria Grafica. Pressevertrieb: Stella Distribution GmbH, D-22297 Hamburg. Direkt-Abos auf **www.paninicomics.de.** Anzeigenverkauf: BLAUFEUER VERLAGSVERTRETUNGEN GmbH, info@blaufeuer.com. Es gilt die Anzeigenpreisliste Nr. 17 vom 01.10.2019. Geschäftsführer **Hermann Paul**, Publishing Director Europe **Marco M. Lupoi**, Finanzen **Felix Bauer**, Marketing Director **Holger Wiest**, Marketing **Fabio Cunetto**, Vertrieb **Alexander Bubenheimer**, Logistik **Ronald Schäffer**, PR/Presse **Steffen Volkmer**, Publishing Manager **Lisa Pancaldi**, Redaktion **Harald Gantzberg**, **Matthias Korn**, **Anja Seiffert**, **Kristina Starschinski**, **Ilaria Tavoni**, **Daniela Uhlmann**, **Thomas Witzler**, Übersetzung **Marc-Oliver Frisch**, Proofreading **Iris Faigle**, Lettering **Fabio Ciacci**, **Elleti**, grafische Gestaltung **Marco Paroli**, **Barbara Sarti**, Art Director **Mario Corticelli**, Redaktion Panini Comics **Annalisa Califano**, **Beatrice Doti**, Prepress **Cristina Bedini**, **Andrea Lusoli**, **Nicola Soressi**, Repro/Packager **Alessandro Nalli** (coordinator), **Mario Da Rin Zanco**, **Valentina Esposito**, **Luca Ficarelli**, **Linda Leporati**. Deutsche Edition bei Panini Verlags-GmbH unter Lizenz von Marvel Characters B.V. Cover von **Kaare Andrews**, *Deadpool Kills the Marvel Universe* (2012) 1.

Bibliografische Information der Deutschen Nationalbibliothek
Die Deutsche Nationalbibliothek verzeichnet diese Publikation in der Deutschen Nationalbibliografie; detaillierte bibliografische Daten sind im Internet über dnb.d-nb.de abrufbar.

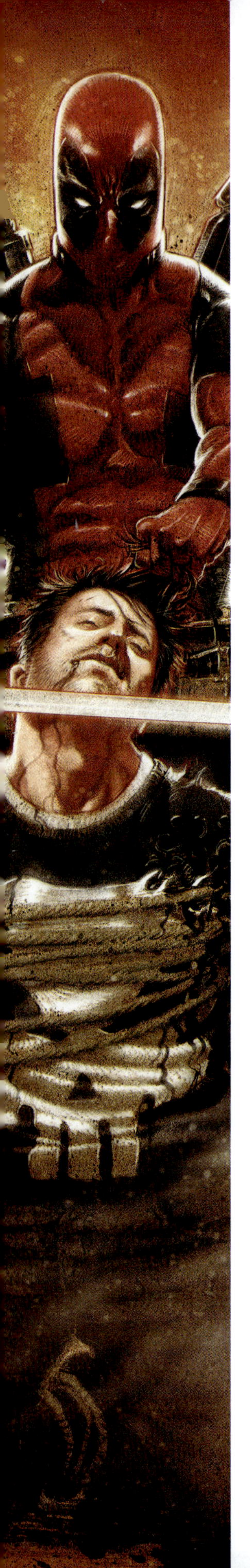

OVERKILL ...

Willkommen, Freunde dummer Sprüche und sinnbefreiter Metzeleien. Ich bin **Deadpool**. Ihr kennt mich. Ihr liebt mich. Und mit Sicherheit habt ihr in sittenwidrig-unschicklicher Art und Weise bereits das ein oder andere Mal von mir geträumt. Wer will es euch verdenken. Man nennt mich landauf und landab den Söldner mit der großen Klappe. Den regenerierenden Degenerierten. Mit anderen Worten den Schwachsinn verzapfenden Auftragskiller, dem kein Gift, keine Droge, keine Wunde oder noch so schwere Verletzung dauerhaft Schaden zufügen kann.

Ihr glaubt, ich bin lustig, richtig? Ich reiße Witze, fange mir 'ne Kugel ein, erhole mich, lasse eine geistreiche Bemerkung vom Stapel, alles lacht und klopft sich brüllend auf die Schenkel. Das mag für gewöhnlich schon so sein. Aber dieses Mal läuft alles anders. Dieses Mal bin ich der fleischgewordene Albtraum eines jeden Pilgers und Marvel-Zombies. Endlich habe ich kapiert, worum es wirklich geht. Einem armen, irren Gegner der **Fantastic Four** namens **Psycho-Man** (noch Fragen?) und der göttlichen Eingebung durch den unvergleichlichen **Cullen Bunn** sei Dank. Das ehemalige Landei aus North Carolina hat mir die Augen geöffnet. Ein Prachtbursche vor dem Herrn. Da sieht man, was ausreichend gesunde Luft nicht alles bewirken kann.

Erstmals hatte ich mit Bunn 2010 im Rahmen der 1000. US-Ausgabe von *Deadpool* zu tun. Keine Ahnung, ob tatsächlich bereits so viele Hefte von mir erschienen sind. Aber man wird ja besonderen Anlässen auch mal vorgreifen dürfen. Ein wenig vorfeiern sozusagen. Sei's drum. Mister Bunn schrieb 2011 zwei weitere Abenteuer von mir. Ein Jahr später kam ihm die Idee für die heutige Story. **Garth Ennis** hatte 17 Jahre zuvor mit dem One-Shot PUNISHER KILLT DAS MARVEL-UNIVERSUM bereits eine ähnliche Geschichte auf den Markt gebracht. Aber viel kürzer und mit dem falschen Mann am Abzug. Die Leser waren trotzdem begeistert. Warum auch immer. Ehrlich, Leute ... Das ist, als würde man mit einem Luftgewehr auf Elefantenjagd gehen. Bei dieser ambitionierten Herausforderung braucht es Finesse, einen unbändigen Willen und geeignete Fähigkeiten. Kurz gesagt, einen Heilfaktor, der selbst die regenerativen Kräfte von **Wolverine** in den Schatten stellt. Bunn hat erkannt, dass ich viel besser geeignet bin, dem Marvel-Universum den Garaus zu machen als der olle Frank Castle. Bei allem Respekt. Ich mache auch vor großen Namen und kosmischen Mächten nicht halt. Bei mir muss jeder dran glauben. Selbst der intergalaktische Spanner mit der überdimensionalen Fleischmütze und der Pseudo-Beachboy aus dem All auf seinem silberglitzernden Surfboard samt Ex-Herrchen. Und wenn ich alle Superhelden, Antihelden und Bösewichte erledigt habe, kommen die ganzen literarischen Figuren an die Reihe (Anm. d. Red.: Cullen Bunns DEADPOOL: KILLUSTRIERTE KLASSIKER). Last but not least werde ich jede alternative Variante meiner selbst aus irgendwelchen, fernen Parallelwelten um die Ecke bringen (Anm. d. Red.: Cullen Bunns DEADPOOL KILLT DEADPOOL). Warum? Doofe Frage. Weil ihr es so wolltet!

~~von Thomas Witzler~~
Wade W. Wilson

DEADPOOL KILLT DAS MARVEL-UNIVERSUM, TEIL 1

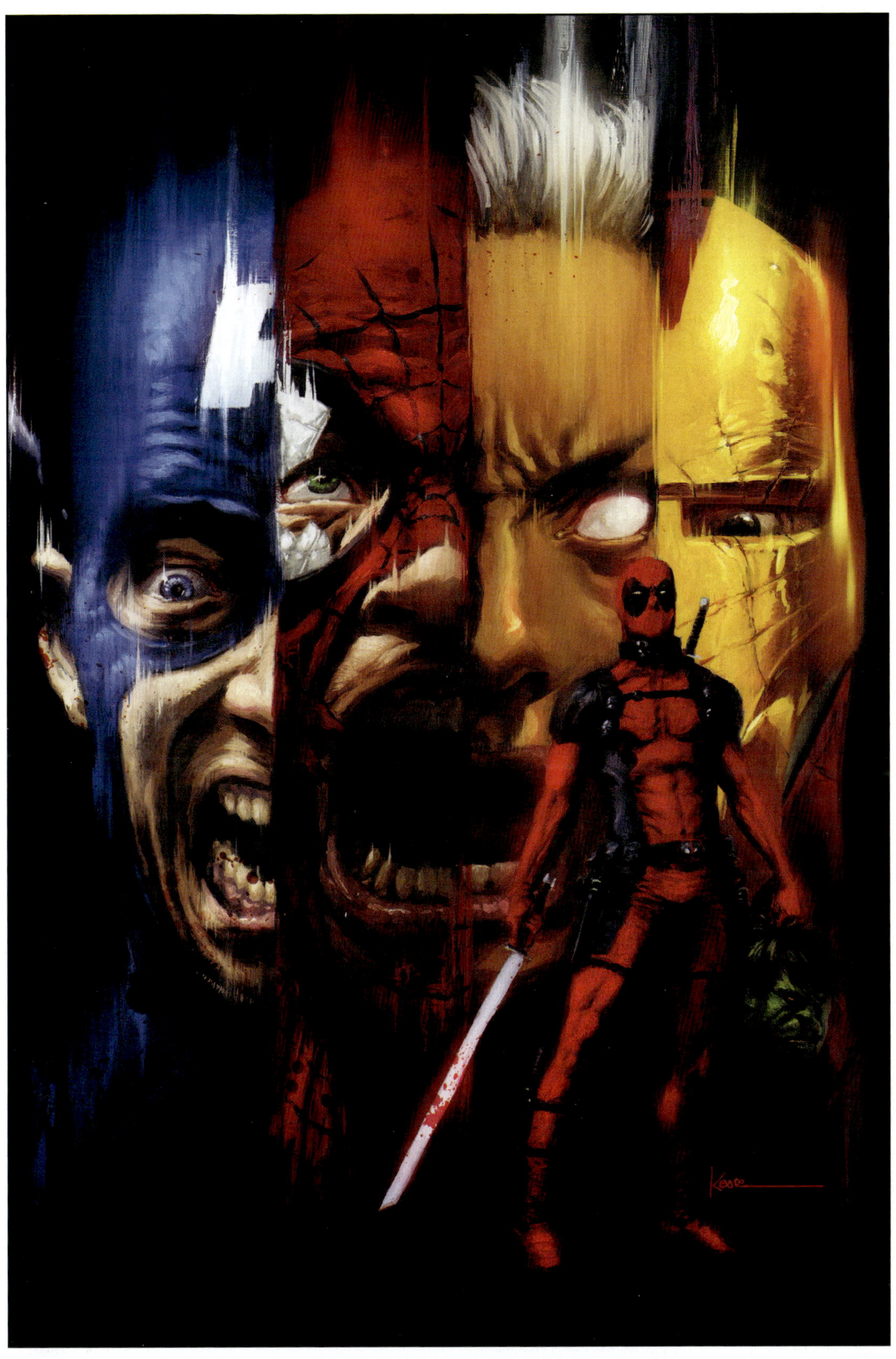

Deadpool Kills the Marvel Universe (2012) 1
Cover von **KAARE ANDREWS**

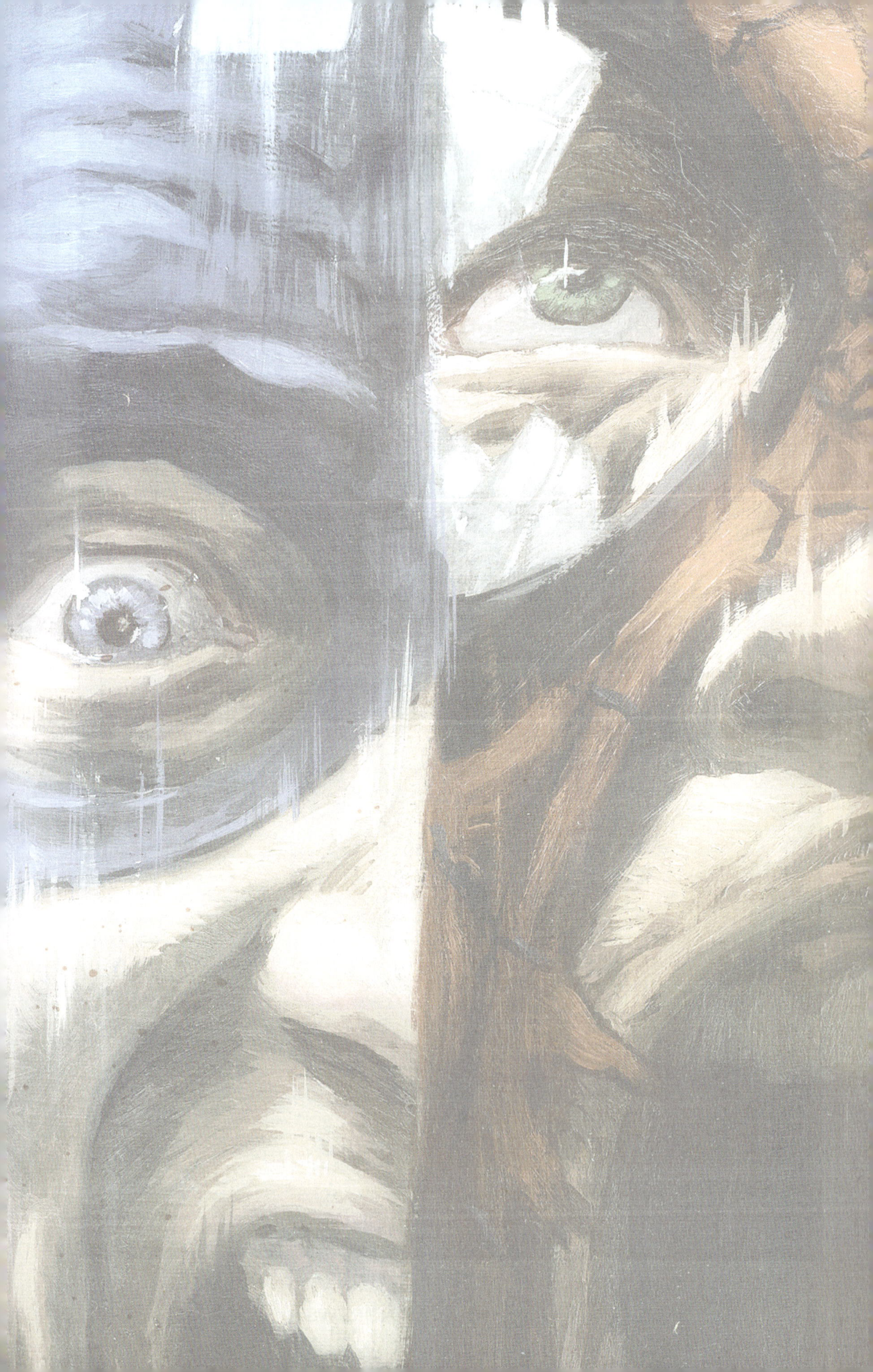

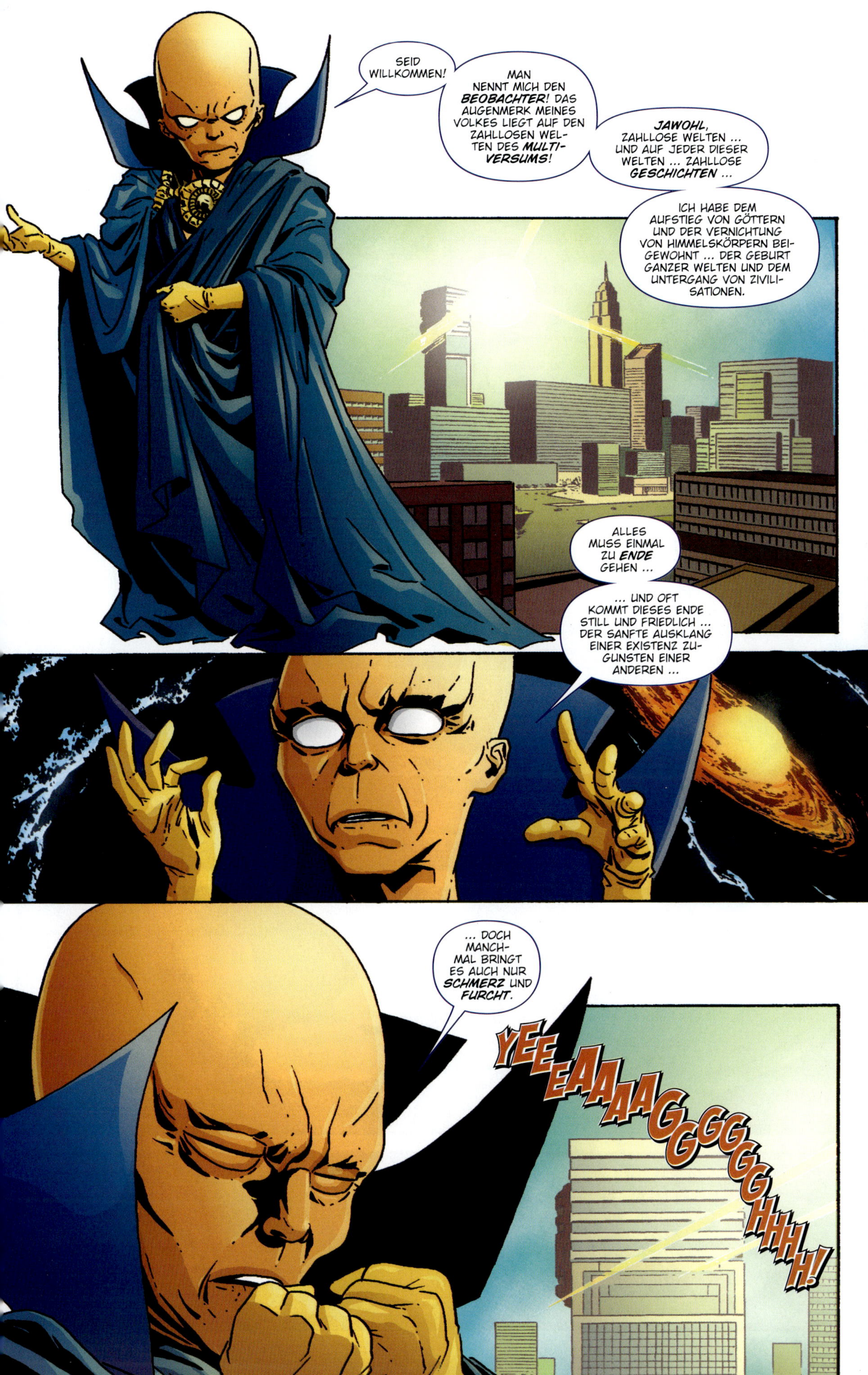
SEID WILLKOMMEN!
MAN NENNT MICH DEN BEOBACHTER! DAS AUGENMERK MEINES VOLKES LIEGT AUF DEN ZAHLLOSEN WELTEN DES MULTIVERSUMS!
JAWOHL, ZAHLLOSE WELTEN ... UND AUF JEDER DIESER WELTEN ... ZAHLLOSE GESCHICHTEN ...
ICH HABE DEM AUFSTIEG VON GÖTTERN UND DER VERNICHTUNG VON HIMMELSKÖRPERN BEIGEWOHNT ... DER GEBURT GANZER WELTEN UND DEM UNTERGANG VON ZIVILISATIONEN.
ALLES MUSS EINMAL ZU ENDE GEHEN ...
... UND OFT KOMMT DIESES ENDE STILL UND FRIEDLICH ... DER SANFTE AUSKLANG EINER EXISTENZ ZUGUNSTEN EINER ANDEREN ...
... DOCH MANCHMAL BRINGT ES AUCH NUR SCHMERZ UND FURCHT.
YEEEAAAAAGGGGGGHHHH!

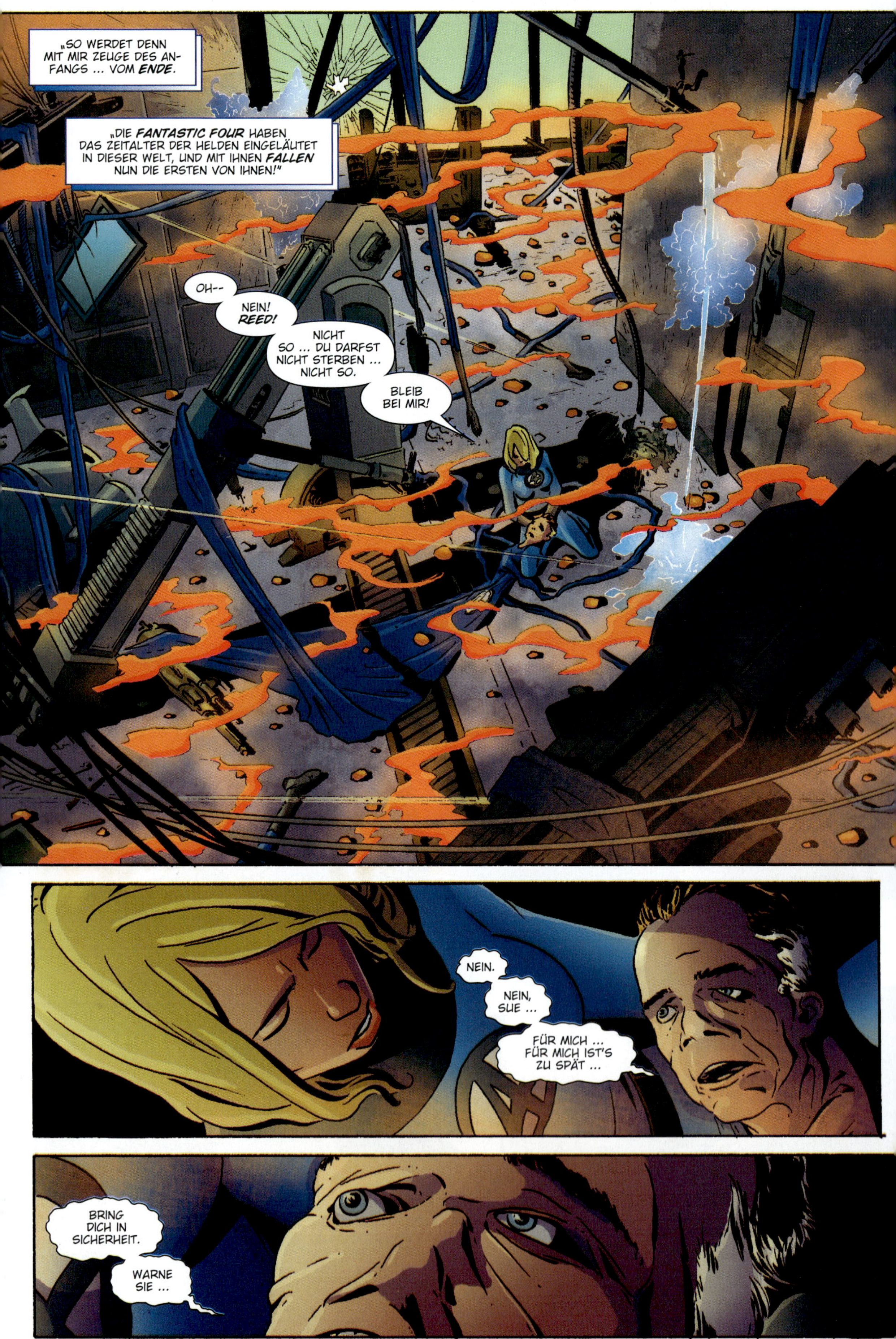
„SO WERDET DENN MIT MIR ZEUGE DES ANFANGS ... VOM ENDE.
„DIE FANTASTIC FOUR HABEN DAS ZEITALTER DER HELDEN EINGELÄUTET IN DIESER WELT, UND MIT IHNEN FALLEN NUN DIE ERSTEN VON IHNEN!"
OH--
NEIN! REED!
NICHT SO ... DU DARFST NICHT STERBEN ... NICHT SO.
BLEIB BEI MIR!
NEIN.
NEIN, SUE ...
FÜR MICH ... FÜR MICH IST'S ZU SPÄT ...
BRING DICH IN SICHERHEIT.
WARNE SIE ...

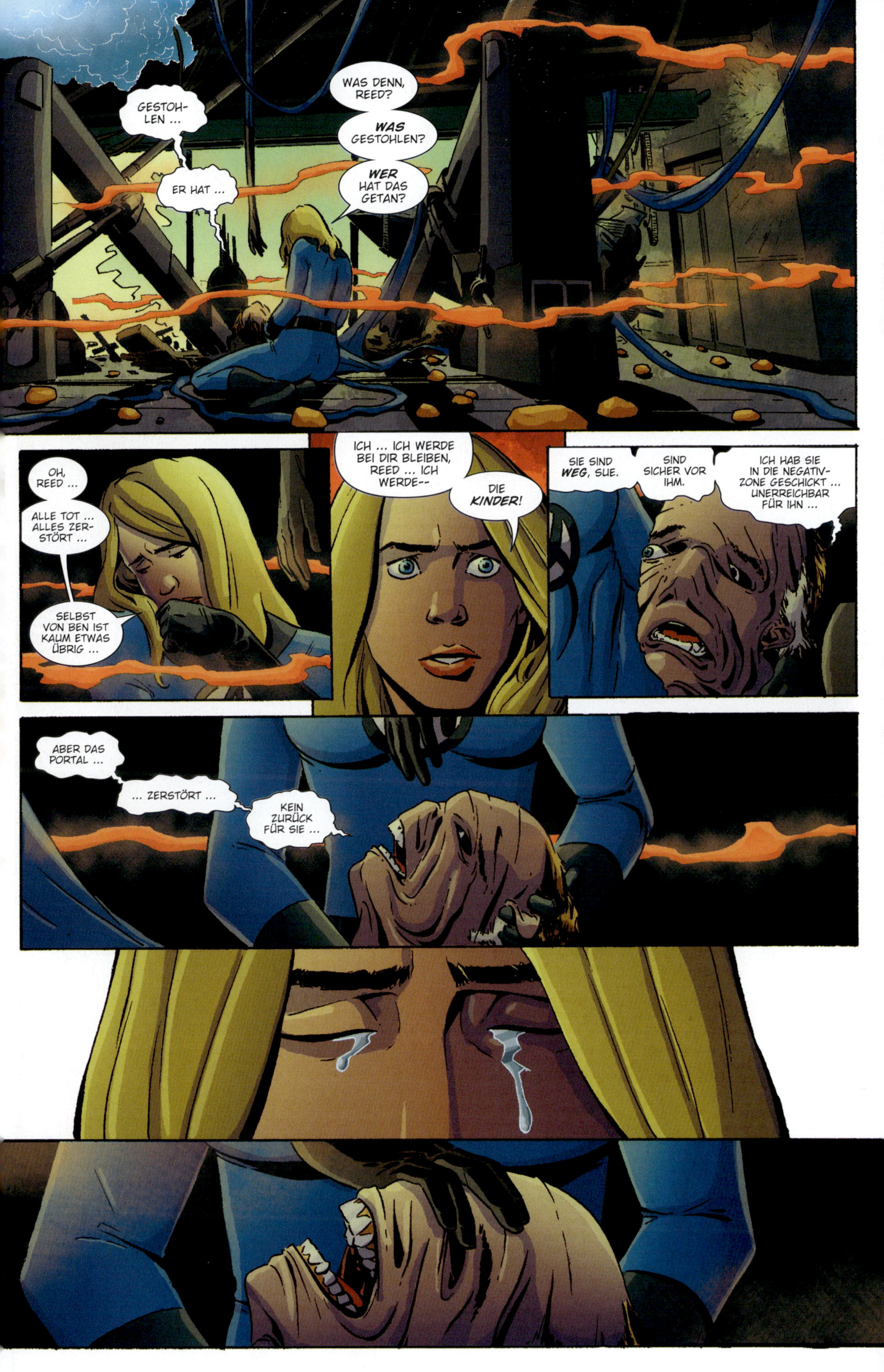
GESTOH-
LEN ...
ER HAT ...
WAS DENN, REED?
WAS GESTOHLEN?
WER HAT DAS GETAN?
OH, REED ...
ALLE TOT ... ALLES ZER-STÖRT ...
SELBST VON BEN IST KAUM ETWAS ÜBRIG ...
ICH ... ICH WERDE BEI DIR BLEIBEN, REED ... ICH WERDE--
DIE KINDER!
SIE SIND WEG, SUE.
SIND SICHER VOR IHM.
ICH HAB SIE IN DIE NEGATIV-ZONE GESCHICKT ... UNERREICHBAR FÜR IHN ...
ABER DAS PORTAL ...
... ZERSTÖRT ...
KEIN ZURÜCK FÜR SIE ...

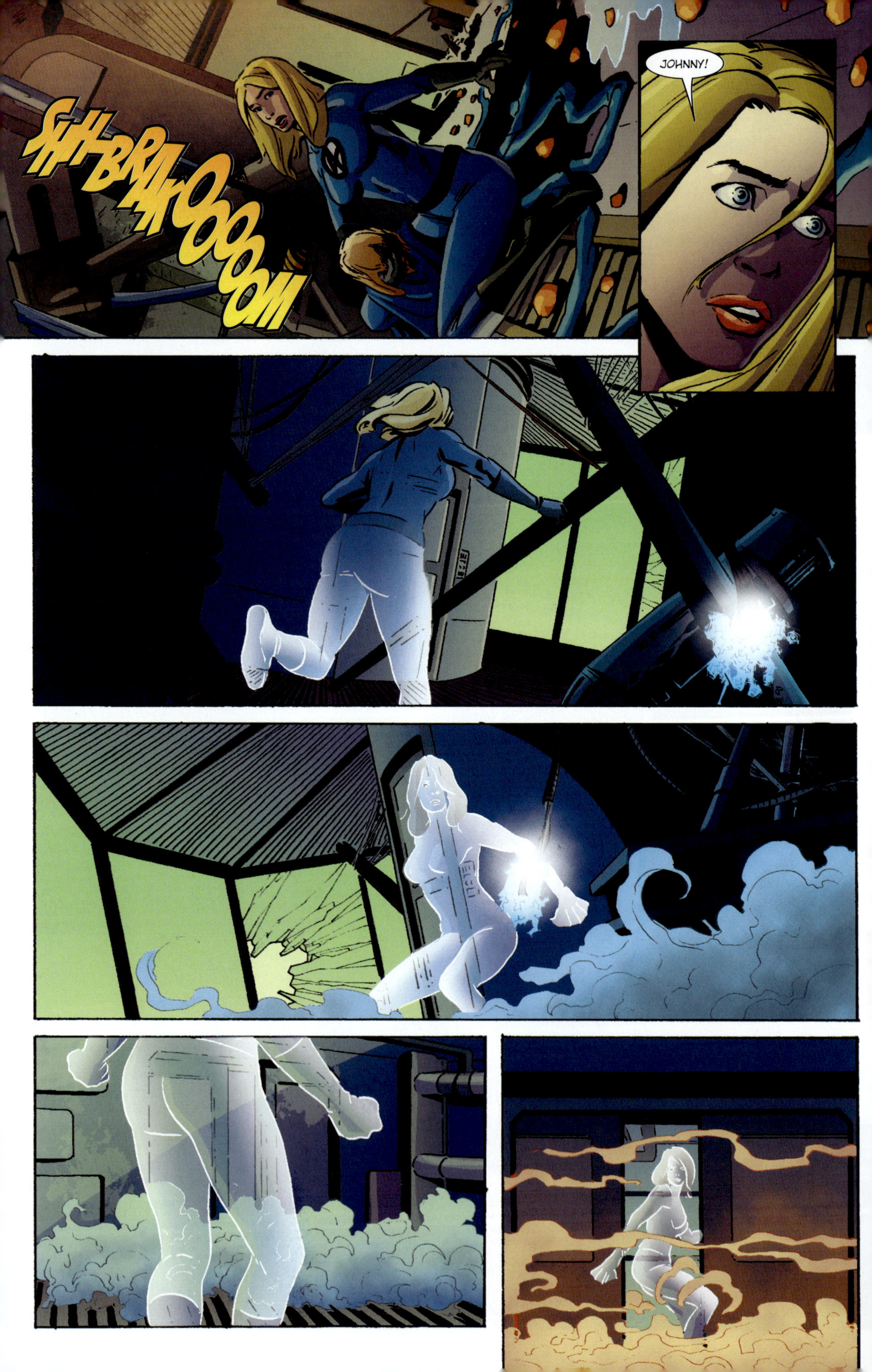

SHBRAKOOOOM

JOHNNY!

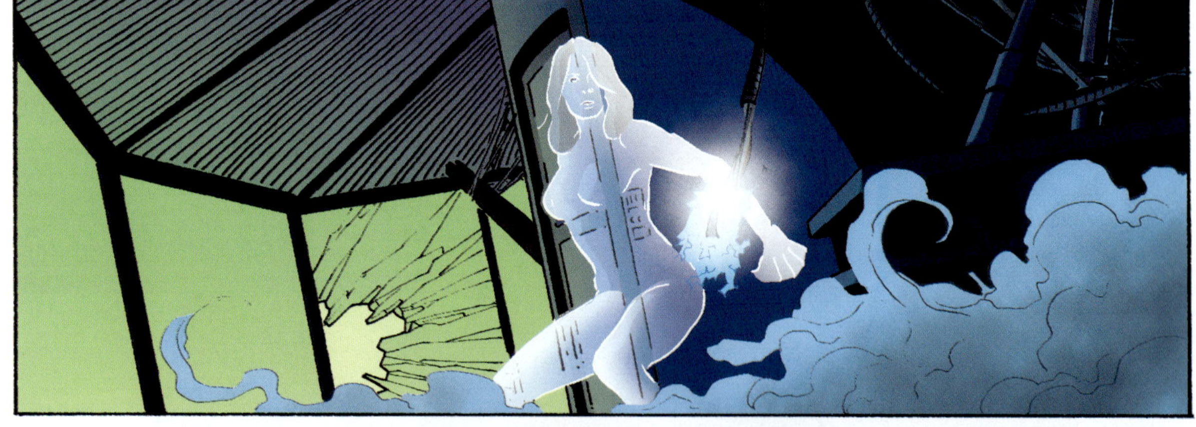

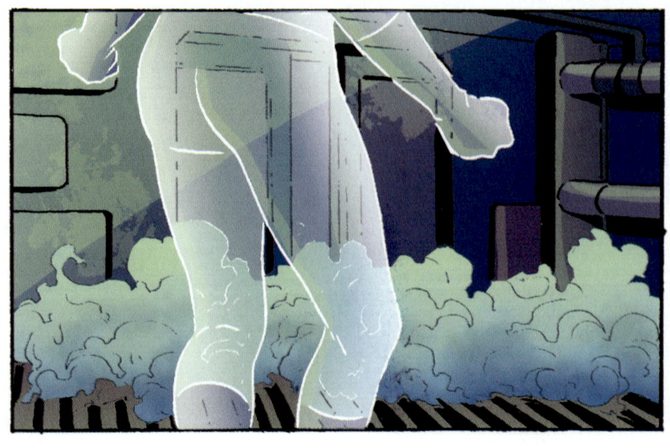

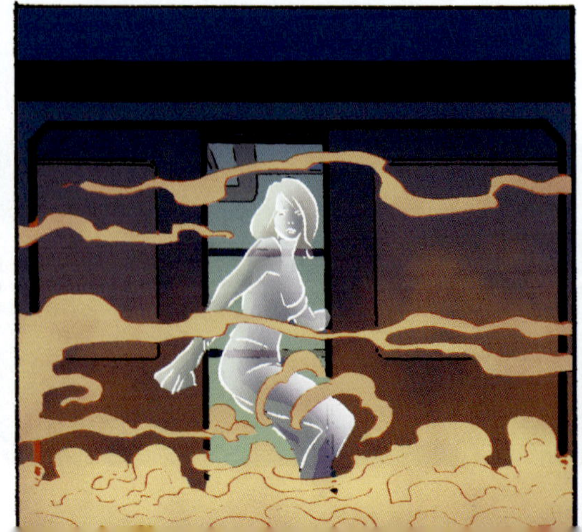

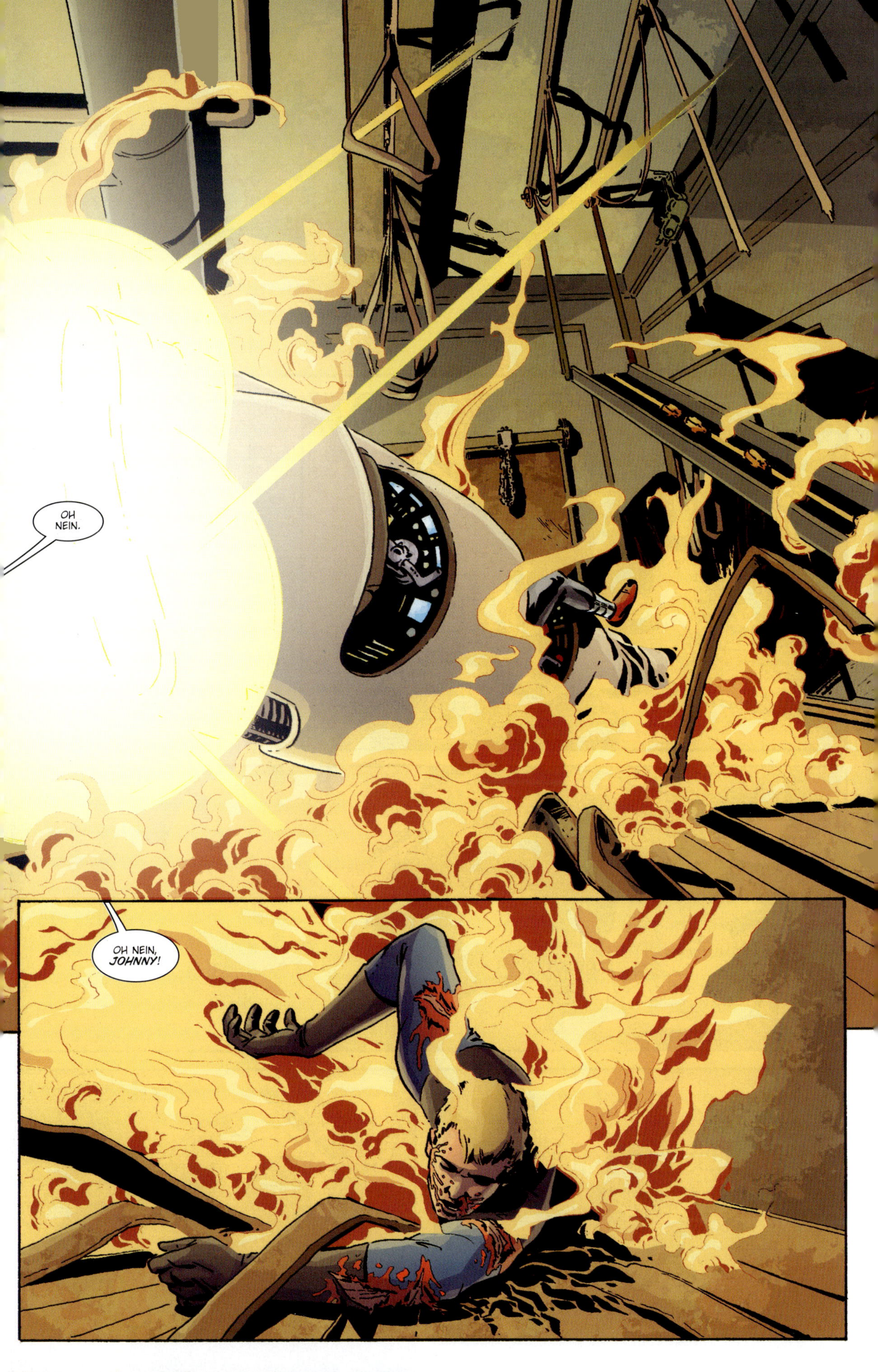

OH NEIN.
OH NEIN, JOHNNY!

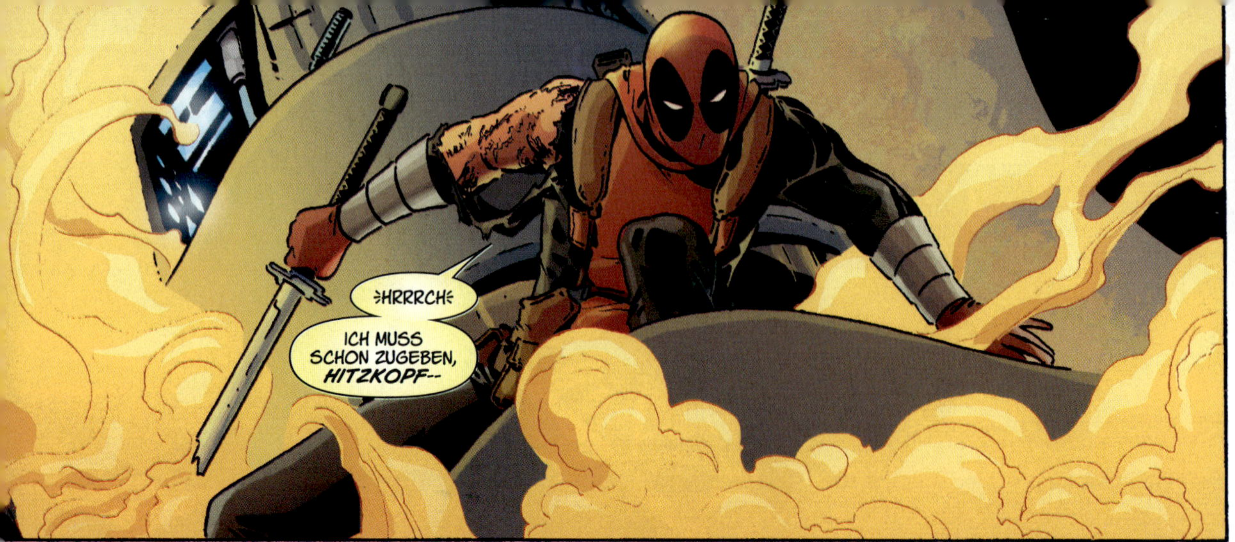

HRRRCH
ICH MUSS SCHON ZUGEBEN, HITZKOPF--

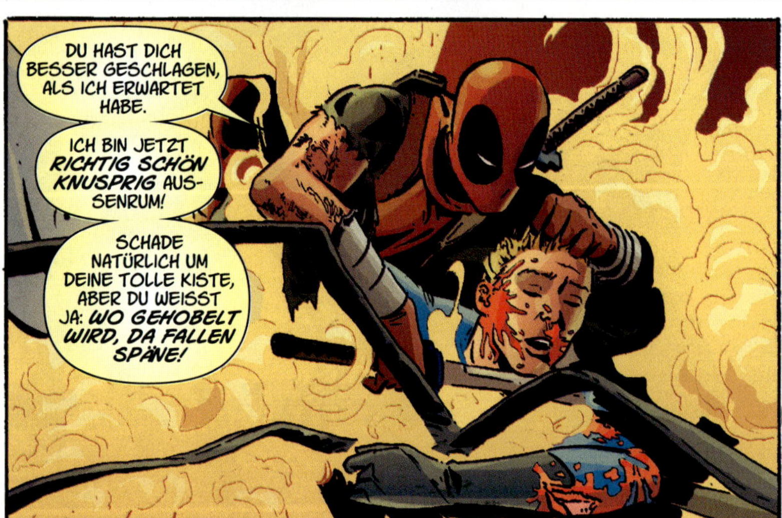

DU HAST DICH BESSER GESCHLAGEN, ALS ICH ERWARTET HABE.
ICH BIN JETZT RICHTIG SCHÖN KNUSPRIG AUSSENRUM!
SCHADE NATÜRLICH UM DEINE TOLLE KISTE, ABER DU WEISST JA: WO GEHOBELT WIRD, DA FALLEN SPÄNE!

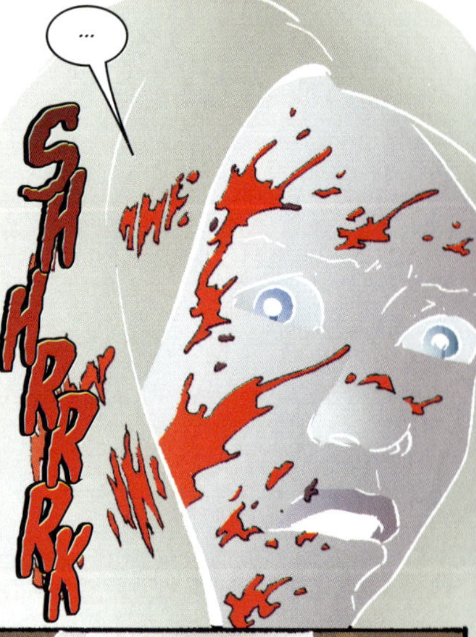

...
SHHRRRK

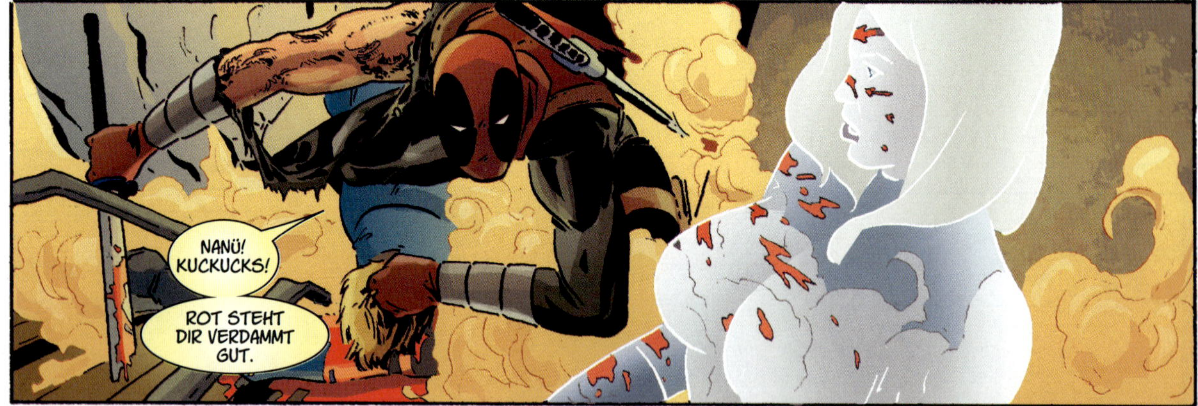

NANÜ! KUCKUCKS!
ROT STEHT DIR VERDAMMT GUT.

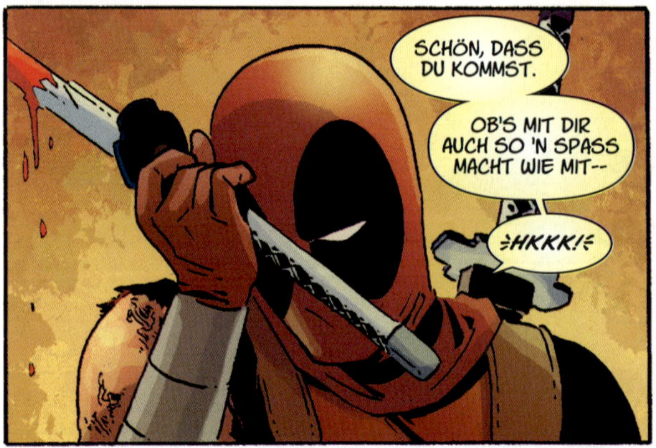

SCHÖN, DASS DU KOMMST.
OB'S MIT DIR AUCH SO 'N SPASS MACHT WIE MIT--
HKKK!

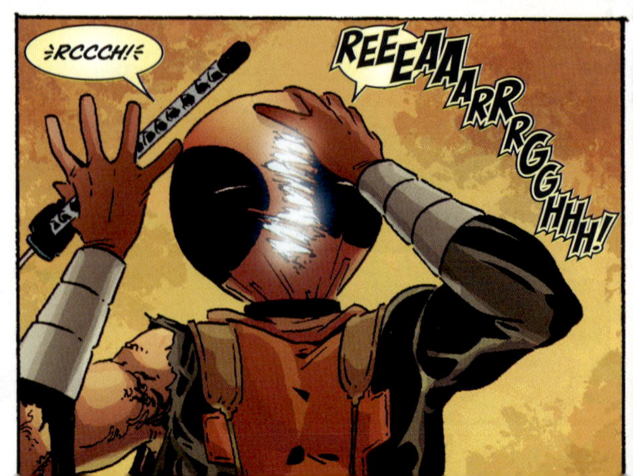

RCCCH!
REEEAAARRRGGHHH!

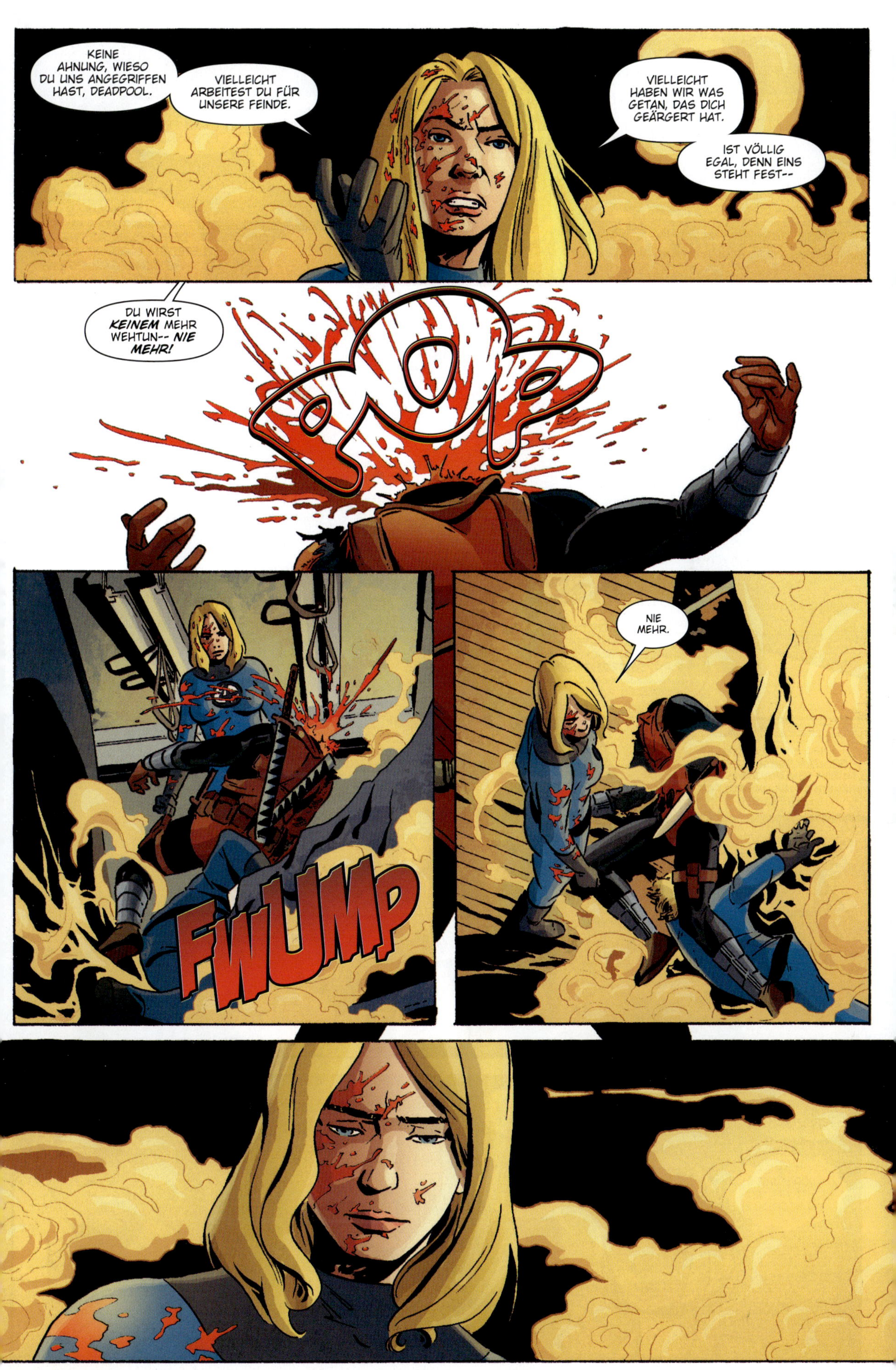
KEINE AHNUNG, WIESO DU UNS ANGEGRIFFEN HAST, DEADPOOL.
VIELLEICHT ARBEITEST DU FÜR UNSERE FEINDE.
VIELLEICHT HABEN WIR WAS GETAN, DAS DICH GEÄRGERT HAT.
IST VÖLLIG EGAL, DENN EINS STEHT FEST--
DU WIRST *KEINEM* MEHR WEHTUN-- *NIE MEHR!*
POP
FWUMP
NIE MEHR.

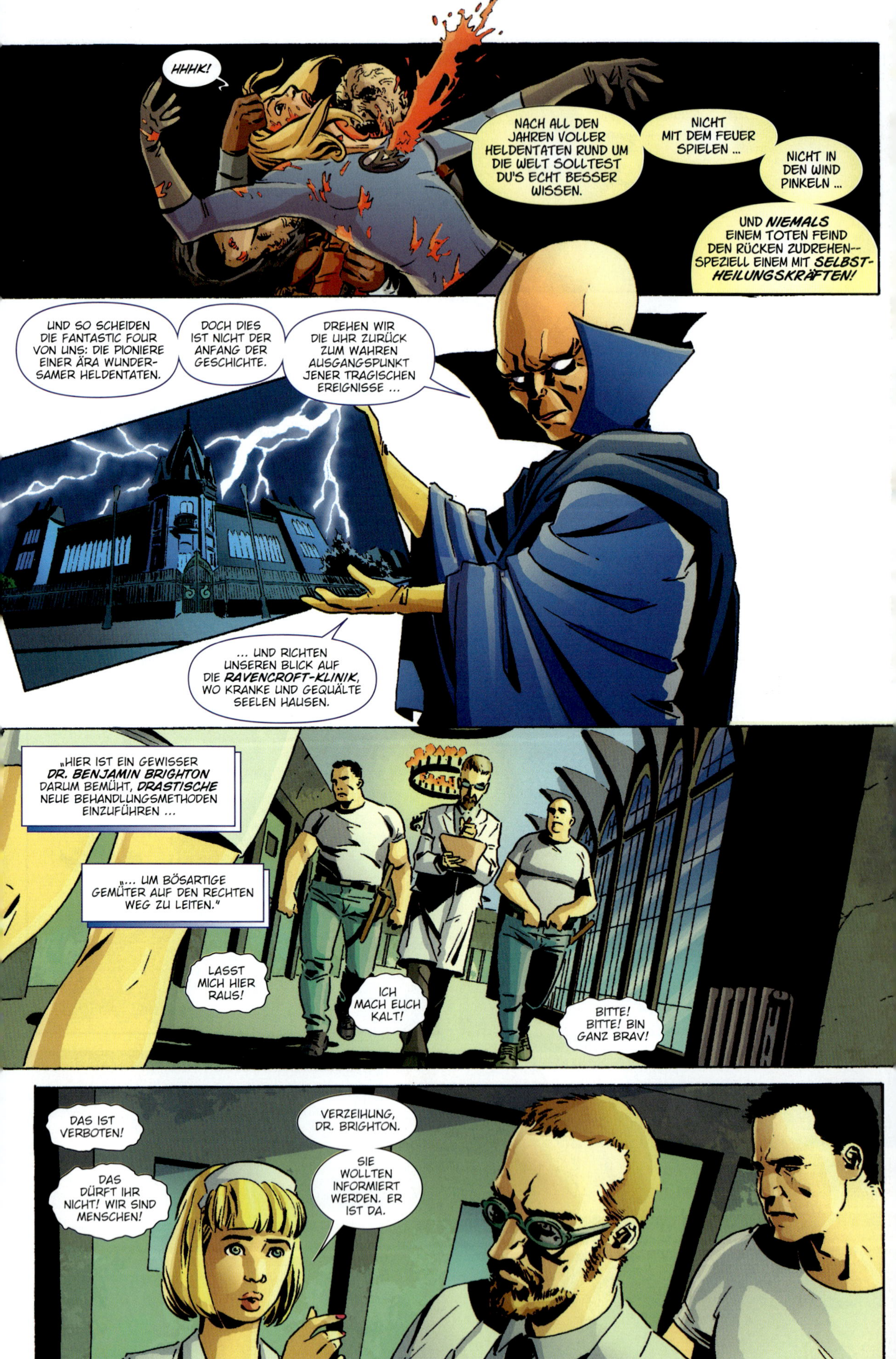
HHHK!
NACH ALL DEN JAHREN VOLLER HELDENTATEN RUND UM DIE WELT SOLLTEST DU'S ECHT BESSER WISSEN.
NICHT MIT DEM FEUER SPIELEN ...
NICHT IN DEN WIND PINKELN ...
UND NIEMALS EINEM TOTEN FEIND DEN RÜCKEN ZUDREHEN-- SPEZIELL EINEM MIT SELBST-HEILUNGSKRÄFTEN!
UND SO SCHEIDEN DIE FANTASTIC FOUR VON UNS: DIE PIONIERE EINER ÄRA WUNDER-SAMER HELDENTATEN.
DOCH DIES IST NICHT DER ANFANG DER GESCHICHTE.
DREHEN WIR DIE UHR ZURÜCK ZUM WAHREN AUSGANGSPUNKT JENER TRAGISCHEN EREIGNISSE ...
... UND RICHTEN UNSEREN BLICK AUF DIE RAVENCROFT-KLINIK, WO KRANKE UND GEQUÄLTE SEELEN HAUSEN.
„HIER IST EIN GEWISSER DR. BENJAMIN BRIGHTON DARUM BEMÜHT, DRASTISCHE NEUE BEHANDLUNGSMETHODEN EINZUFÜHREN ...
„... UM BÖSARTIGE GEMÜTER AUF DEN RECHTEN WEG ZU LEITEN."
LASST MICH HIER RAUS!
ICH MACH EUCH KALT!
BITTE! BITTE! BIN GANZ BRAV!
DAS IST VERBOTEN!
DAS DÜRFT IHR NICHT! WIR SIND MENSCHEN!
VERZEIHUNG, DR. BRIGHTON.
SIE WOLLTEN INFORMIERT WERDEN. ER IST DA.

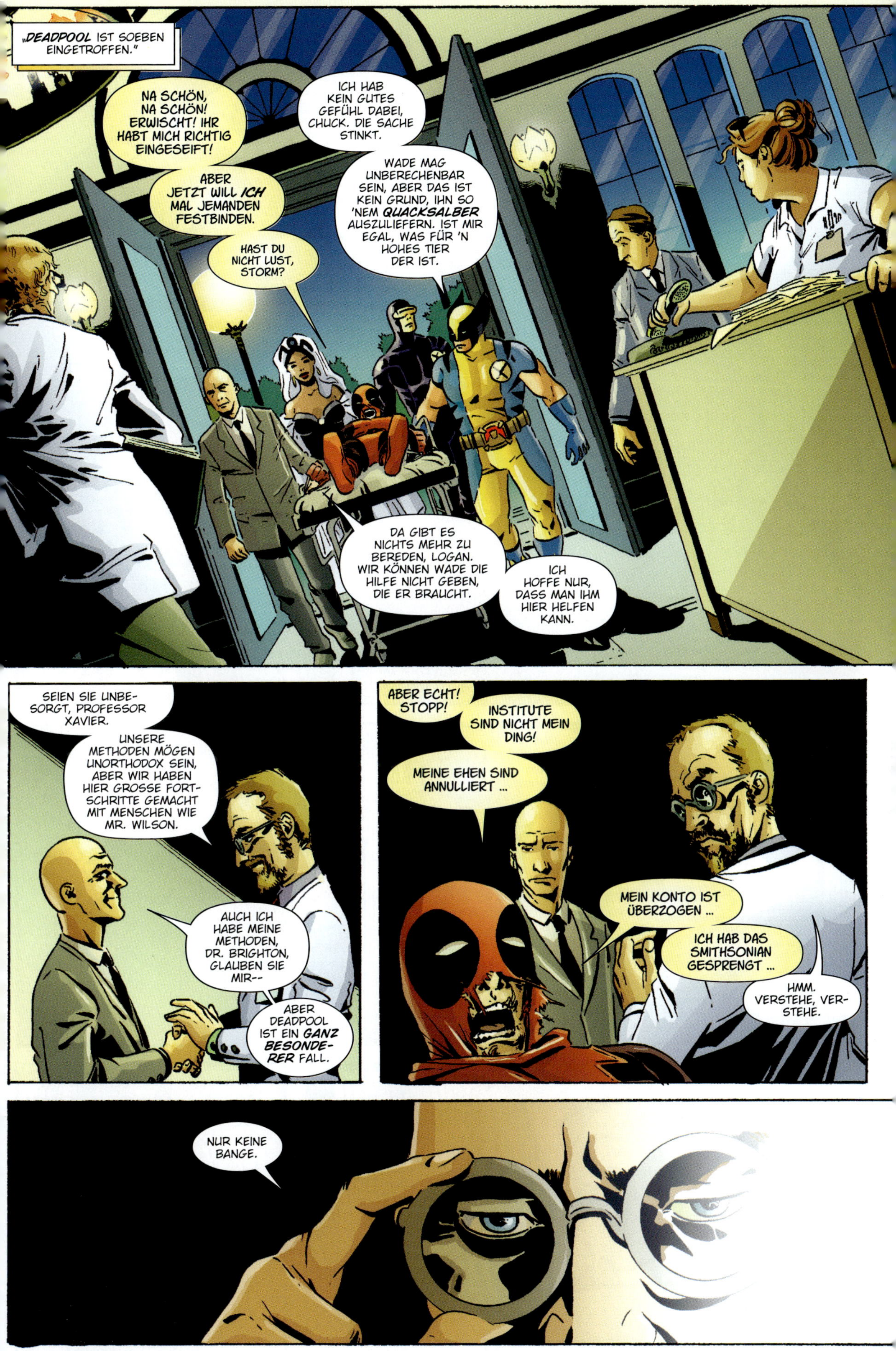

„**DEADPOOL** IST SOEBEN EINGETROFFEN."
NA SCHÖN, NA SCHÖN! ERWISCHT! IHR HABT MICH RICHTIG EINGESEIFT!
ABER JETZT WILL ***ICH*** MAL JEMANDEN FESTBINDEN.
HAST DU NICHT LUST, STORM?
ICH HAB KEIN GUTES GEFÜHL DABEI, CHUCK. DIE SACHE STINKT.
WADE MAG UNBERECHENBAR SEIN, ABER DAS IST KEIN GRUND, IHN SO 'NEM ***QUACKSALBER*** AUSZULIEFERN. IST MIR EGAL, WAS FÜR 'N HOHES TIER DER IST.
DA GIBT ES NICHTS MEHR ZU BEREDEN, LOGAN. WIR KÖNNEN WADE DIE HILFE NICHT GEBEN, DIE ER BRAUCHT.
ICH HOFFE NUR, DASS MAN IHM HIER HELFEN KANN.

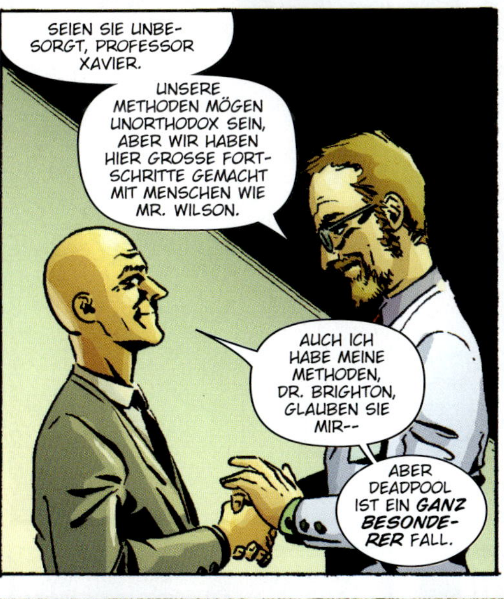
SEIEN SIE UNBESORGT, PROFESSOR XAVIER.
UNSERE METHODEN MÖGEN UNORTHODOX SEIN, ABER WIR HABEN HIER GROSSE FORTSCHRITTE GEMACHT MIT MENSCHEN WIE MR. WILSON.
AUCH ICH HABE MEINE METHODEN, DR. BRIGHTON, GLAUBEN SIE MIR--
ABER DEADPOOL IST EIN ***GANZ BESONDERER*** FALL.

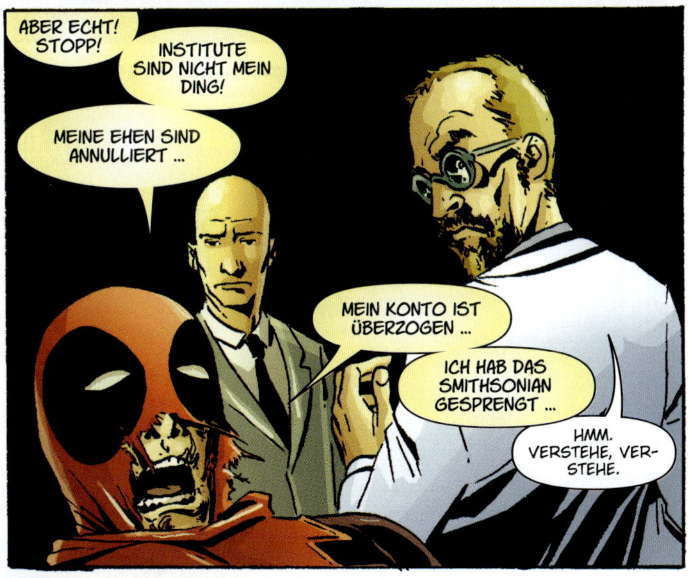
ABER ECHT! STOPP!
INSTITUTE SIND NICHT MEIN DING!
MEINE EHEN SIND ANNULLIERT ...
MEIN KONTO IST ÜBERZOGEN ...
ICH HAB DAS SMITHSONIAN GESPRENGT ...
HMM. VERSTEHE, VERSTEHE.

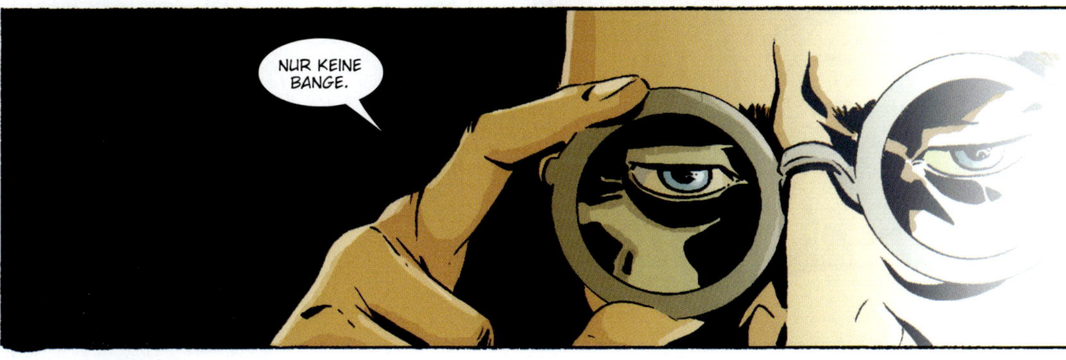
NUR KEINE BANGE.

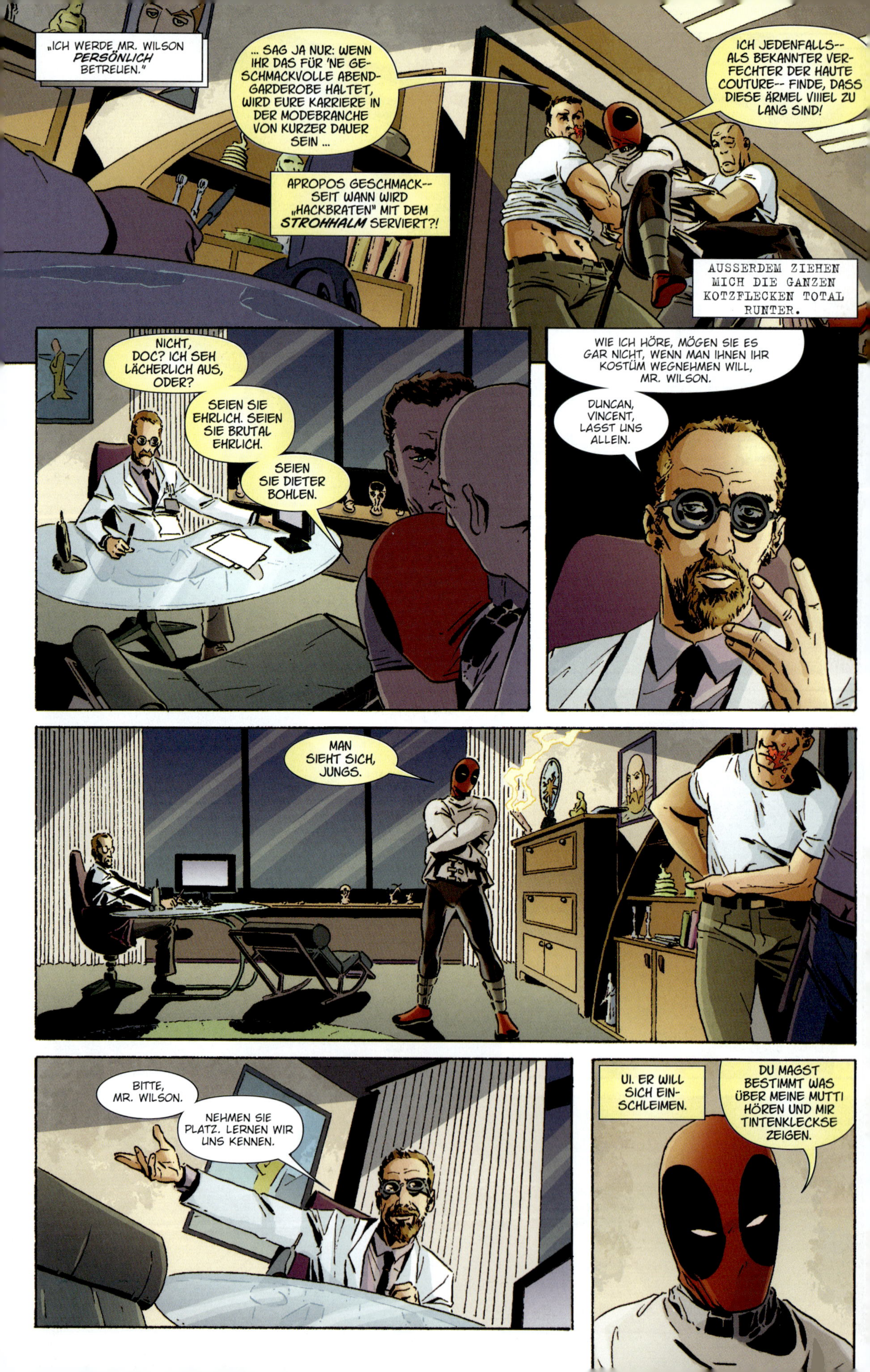

„ICH WERDE MR. WILSON *PERSÖNLICH* BETREUEN.“
... SAG JA NUR: WENN IHR DAS FÜR 'NE GESCHMACKVOLLE ABENDGARDEROBE HALTET, WIRD EURE KARRIERE IN DER MODEBRANCHE VON KURZER DAUER SEIN ...
APROPOS GESCHMACK-- SEIT WANN WIRD „HACKBRATEN“ MIT DEM *STROHHALM* SERVIERT?!
ICH JEDENFALLS-- ALS BEKANNTER VERFECHTER DER HAUTE COUTURE-- FINDE, DASS DIESE ÄRMEL VIIIEL ZU LANG SIND!
AUSSERDEM ZIEHEN MICH DIE GANZEN KOTZFLECKEN TOTAL RUNTER.

NICHT, DOC? ICH SEH LÄCHERLICH AUS, ODER?
SEIEN SIE EHRLICH. SEIEN SIE BRUTAL EHRLICH.
SEIEN SIE DIETER BOHLEN.

WIE ICH HÖRE, MÖGEN SIE ES GAR NICHT, WENN MAN IHNEN IHR KOSTÜM WEGNEHMEN WILL, MR. WILSON.
DUNCAN, VINCENT, LASST UNS ALLEIN.

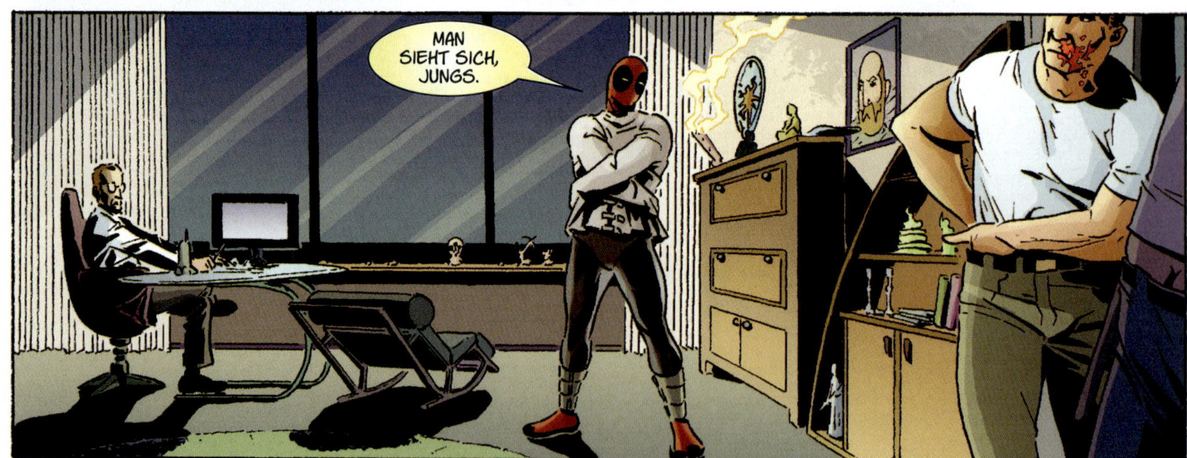

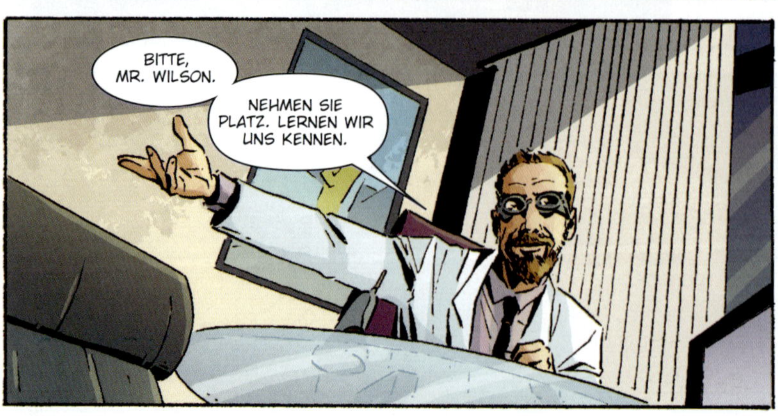

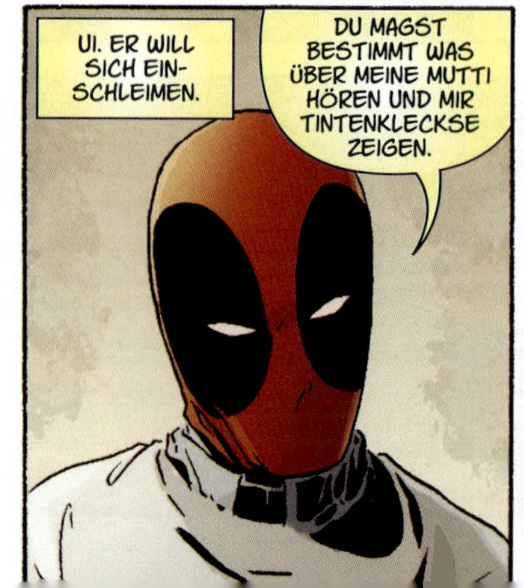

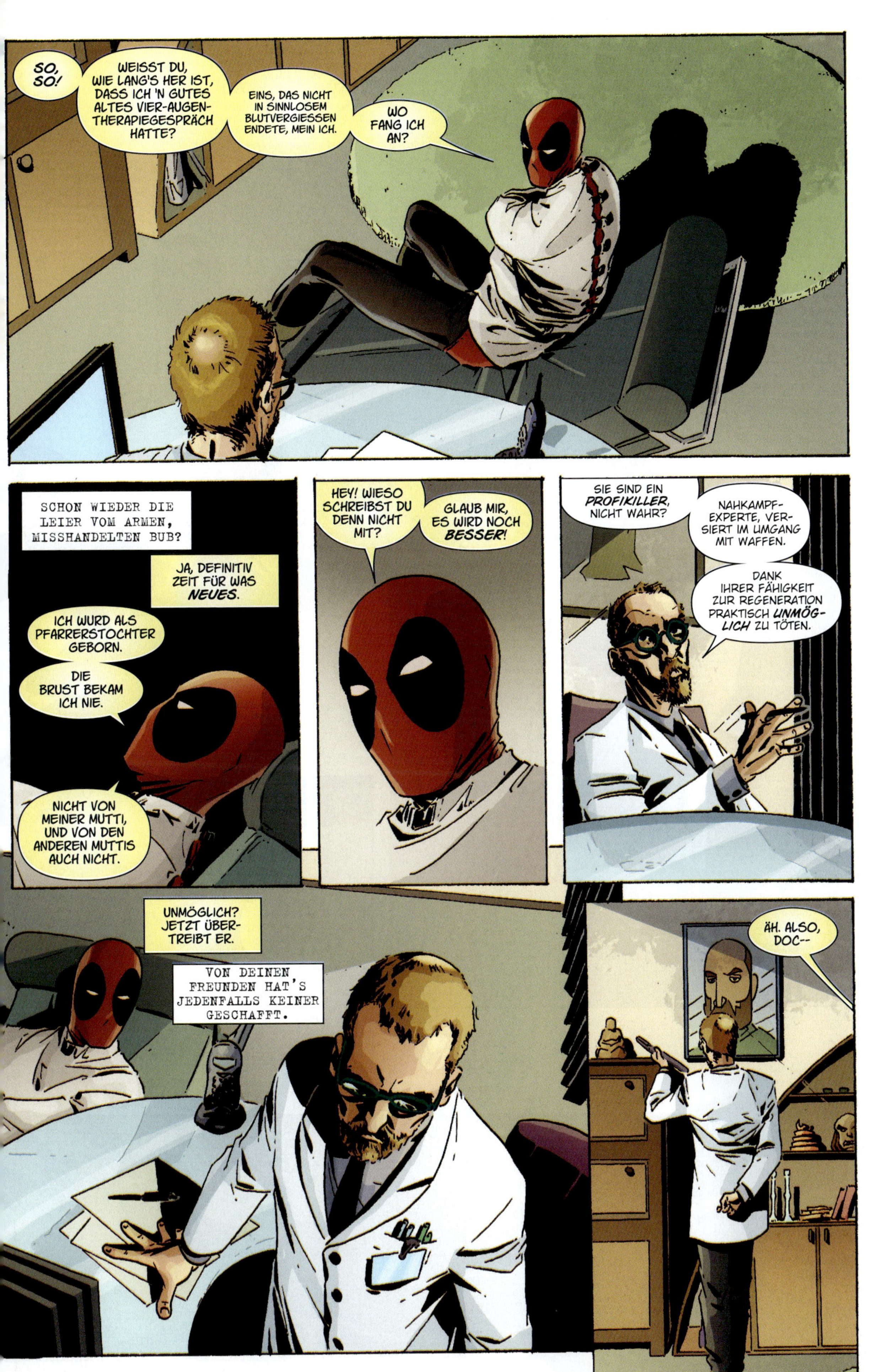
SO, SO!
WEISST DU, WIE LANG'S HER IST, DASS ICH 'N GUTES ALTES VIER-AUGEN-THERAPIEGESPRÄCH HATTE?
EINS, DAS NICHT IN SINNLOSEM BLUTVERGIESSEN ENDETE, MEIN ICH.
WO FANG ICH AN?
SCHON WIEDER DIE LEIER VOM ARMEN, MISSHANDELTEN BUB?
JA, DEFINITIV ZEIT FÜR WAS NEUES.
ICH WURD ALS PFARRERSTOCHTER GEBORN.
DIE BRUST BEKAM ICH NIE.
NICHT VON MEINER MUTTI, UND VON DEN ANDEREN MUTTIS AUCH NICHT.
HEY! WIESO SCHREIBST DU DENN NICHT MIT?
GLAUB MIR, ES WIRD NOCH BESSER!
SIE SIND EIN PROFIKILLER, NICHT WAHR?
NAHKAMPF-EXPERTE, VER-SIERT IM UMGANG MIT WAFFEN.
DANK IHRER FÄHIGKEIT ZUR REGENERATION PRAKTISCH UNMÖG-LICH ZU TÖTEN.
UNMÖGLICH? JETZT ÜBER-TREIBT ER.
VON DEINEN FREUNDEN HAT'S JEDENFALLS KEINER GESCHAFFT.
ÄH. ALSO, DOC--

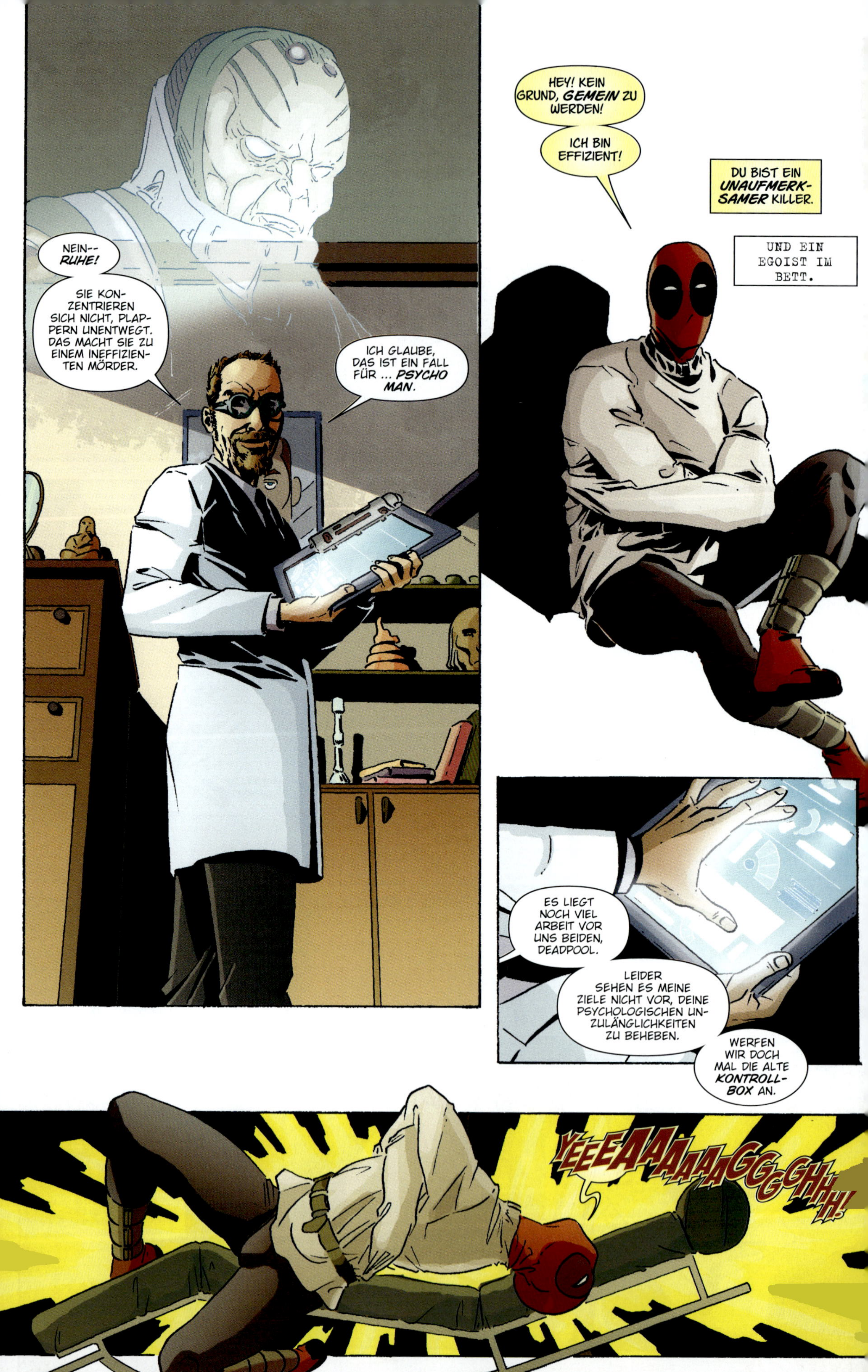
NEIN-- RUHE!
SIE KONZENTRIEREN SICH NICHT, PLAPPERN UNENTWEGT. DAS MACHT SIE ZU EINEM INEFFIZIENTEN MÖRDER.
ICH GLAUBE, DAS IST EIN FALL FÜR ... PSYCHO MAN.
HEY! KEIN GRUND, GEMEIN ZU WERDEN!
ICH BIN EFFIZIENT!
DU BIST EIN UNAUFMERKSAMER KILLER.
UND EIN EGOIST IM BETT.
ES LIEGT NOCH VIEL ARBEIT VOR UNS BEIDEN, DEADPOOL.
LEIDER SEHEN ES MEINE ZIELE NICHT VOR, DEINE PSYCHOLOGISCHEN UNZULÄNGLICHKEITEN ZU BEHEBEN.
WERFEN WIR DOCH MAL DIE ALTE KONTROLLBOX AN.
YEEEAAAAAAGGGGHHH!

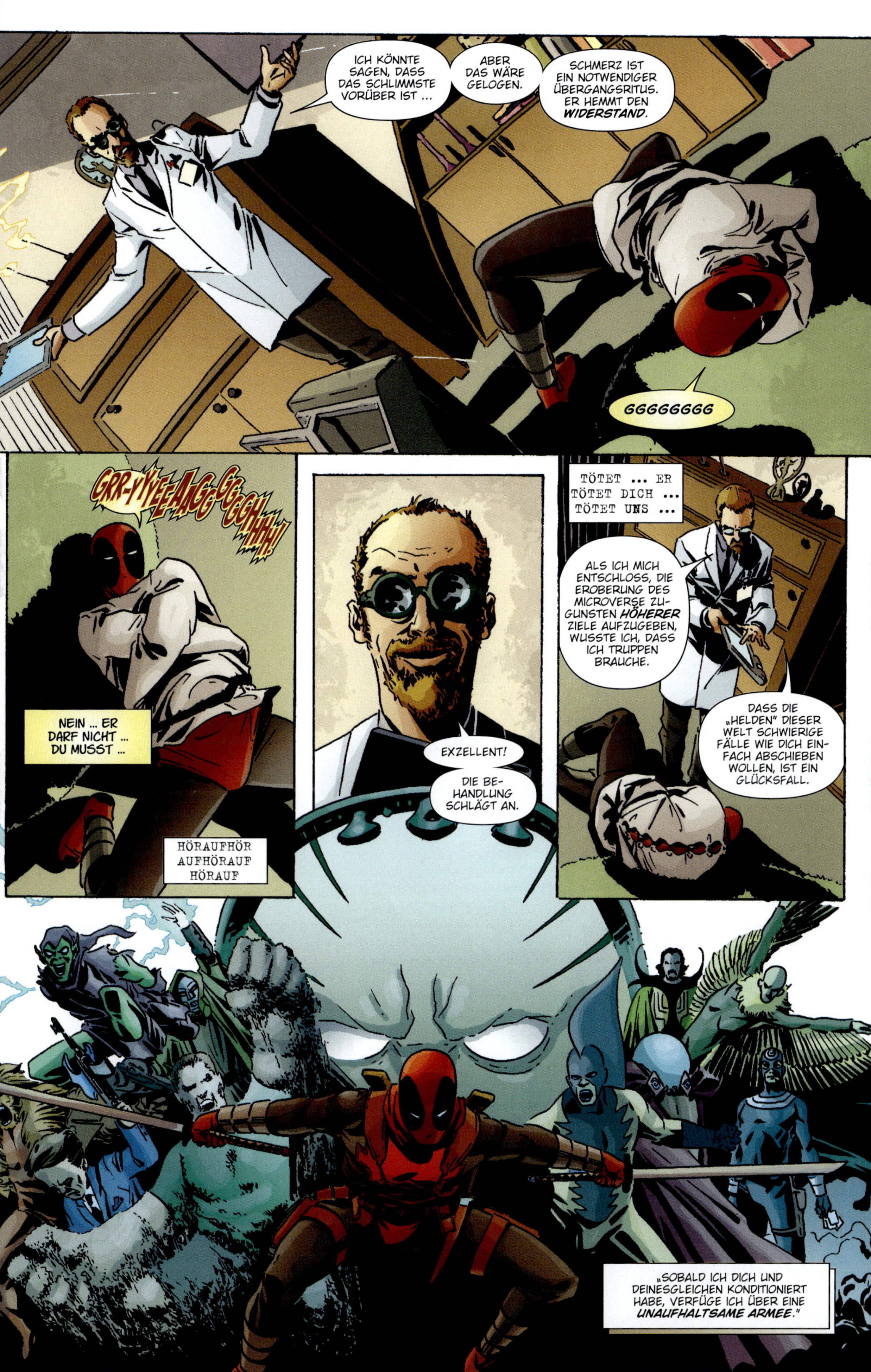
ICH KÖNNTE SAGEN, DASS DAS SCHLIMMSTE VORÜBER IST ...
ABER DAS WÄRE GELOGEN.
SCHMERZ IST EIN NOTWENDIGER ÜBERGANGSRITUS. ER HEMMT DEN WIDERSTAND.
GGGGGGGG
GRR-YYYEEAAGGGGGHHH!
NEIN ... ER DARF NICHT ... DU MUSST ...
HÖRAUFHÖR AUFHÖRAUF HÖRAUF
EXZELLENT!
DIE BEHANDLUNG SCHLÄGT AN.
TÖTET ... ER TÖTET DICH ... TÖTET UNS ...
ALS ICH MICH ENTSCHLOSS, DIE EROBERUNG DES MICROVERSE ZUGUNSTEN HÖHERER ZIELE AUFZUGEBEN, WUSSTE ICH, DASS ICH TRUPPEN BRAUCHE.
DASS DIE „HELDEN" DIESER WELT SCHWIERIGE FÄLLE WIE DICH EINFACH ABSCHIEBEN WOLLEN, IST EIN GLÜCKSFALL.
„SOBALD ICH DICH UND DEINESGLEICHEN KONDITIONIERT HABE, VERFÜGE ICH ÜBER EINE UNAUFHALTSAME ARMEE."

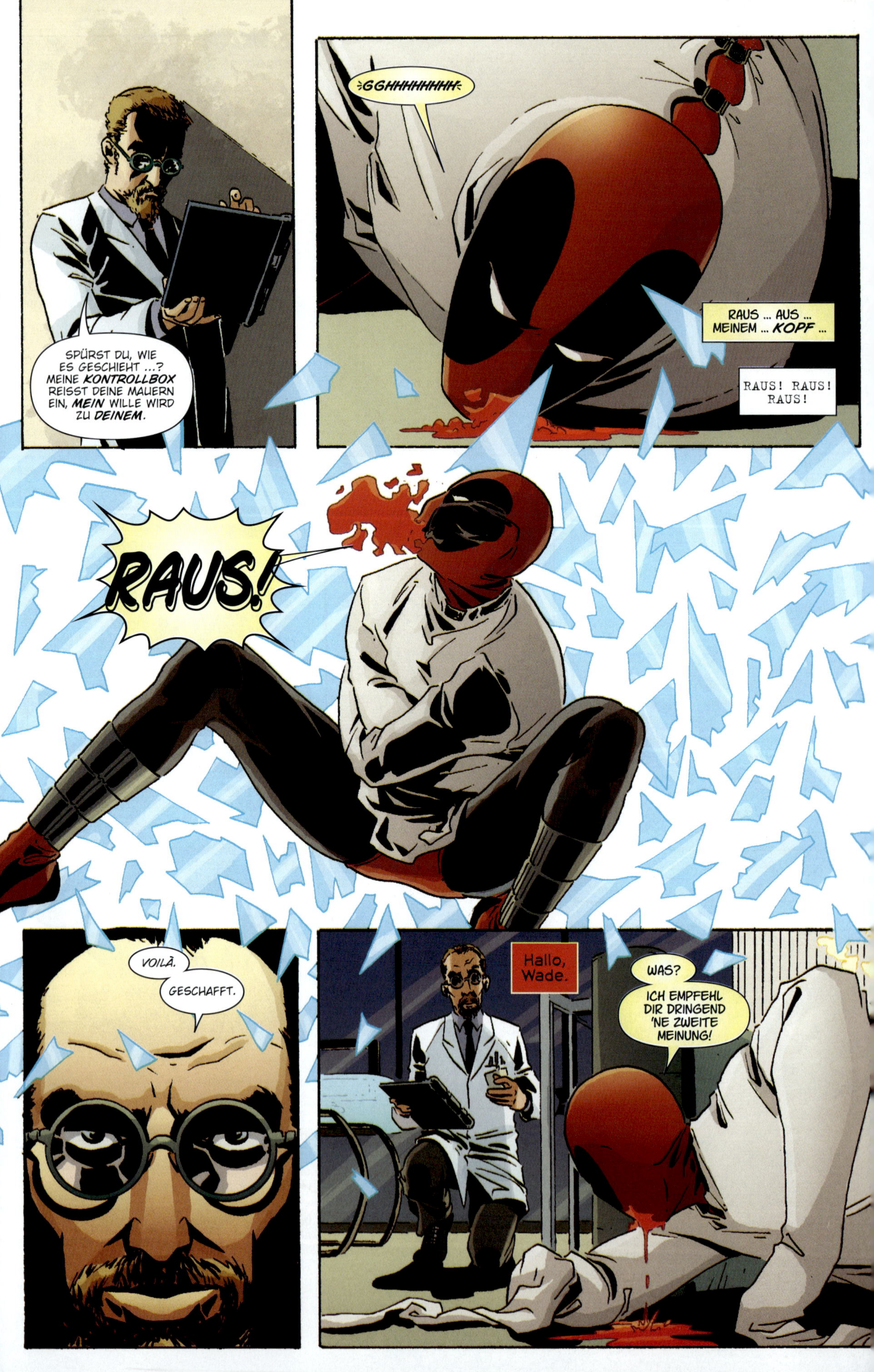
SPÜRST DU, WIE ES GESCHIEHT ...? MEINE KONTROLLBOX REISST DEINE MAUERN EIN, MEIN WILLE WIRD ZU DEINEM.
GGHHHHHHHH
RAUS ... AUS ... MEINEM ... KOPF ...
RAUS! RAUS! RAUS!
RAUS!
VOILÀ.
GESCHAFFT.
Hallo, Wade.
WAS?
ICH EMPFEHL DIR DRINGEND 'NE ZWEITE MEINUNG!

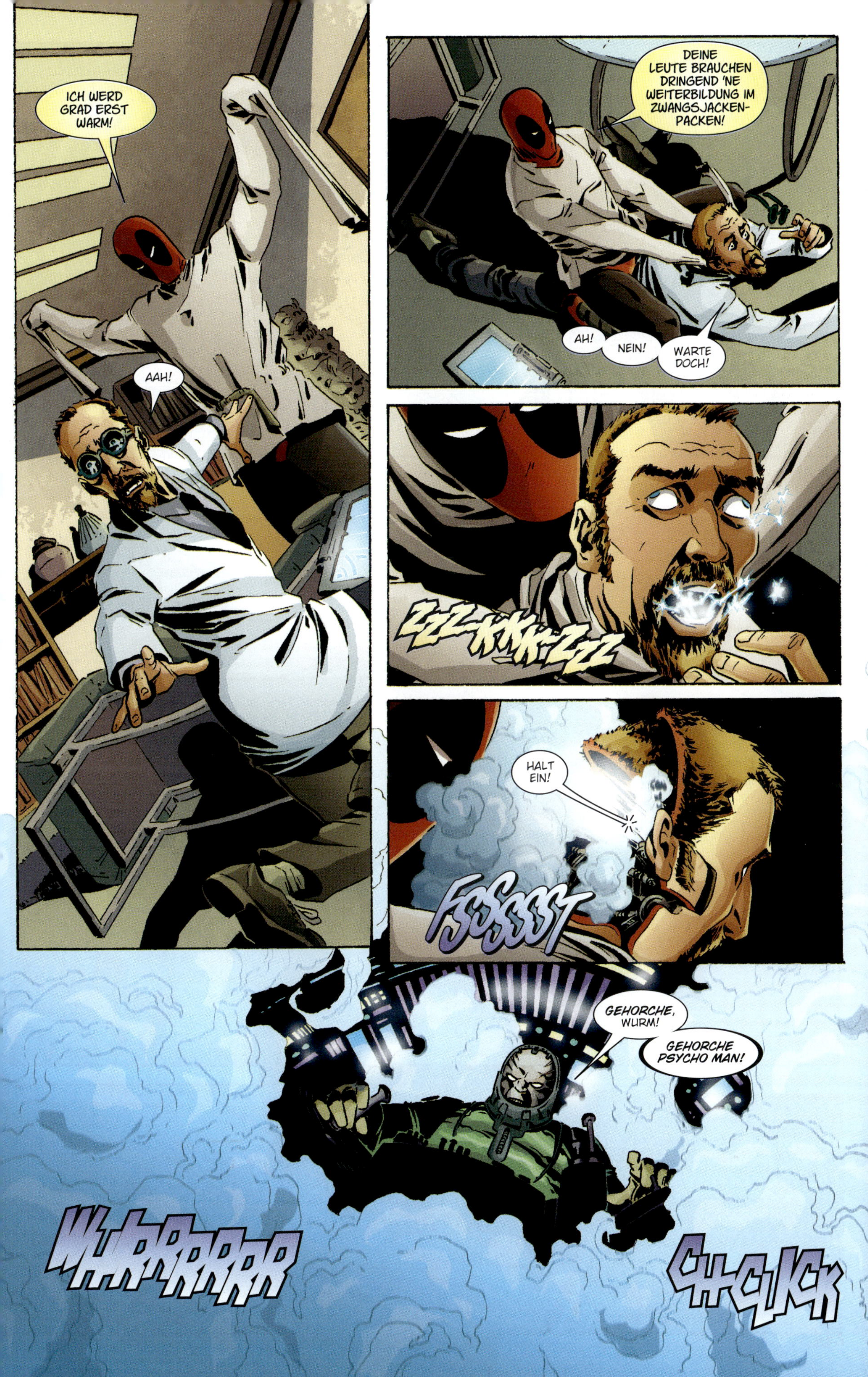
ICH WERD GRAD ERST WARM!
AAH!
DEINE LEUTE BRAUCHEN DRINGEND 'NE WEITERBILDUNG IM ZWANGSJACKEN-PACKEN!
AH!
NEIN!
WARTE DOCH!
ZZZ-KKK-ZZZ
HALT EIN!
FSSSSST
GEHORCHE, WURM!
GEHORCHE PSYCHO MAN!
WHIRRRRRR
CH-CLICK

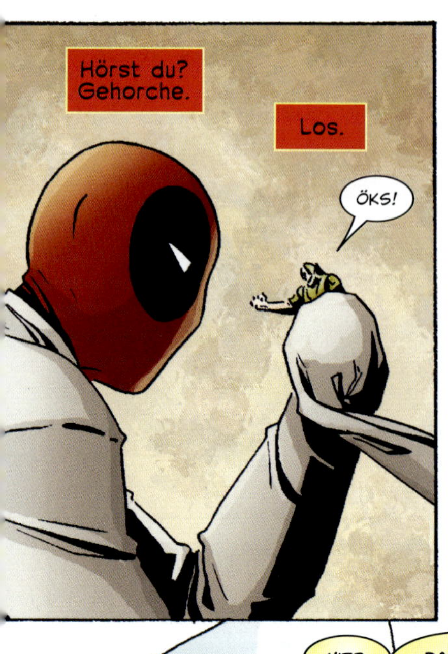

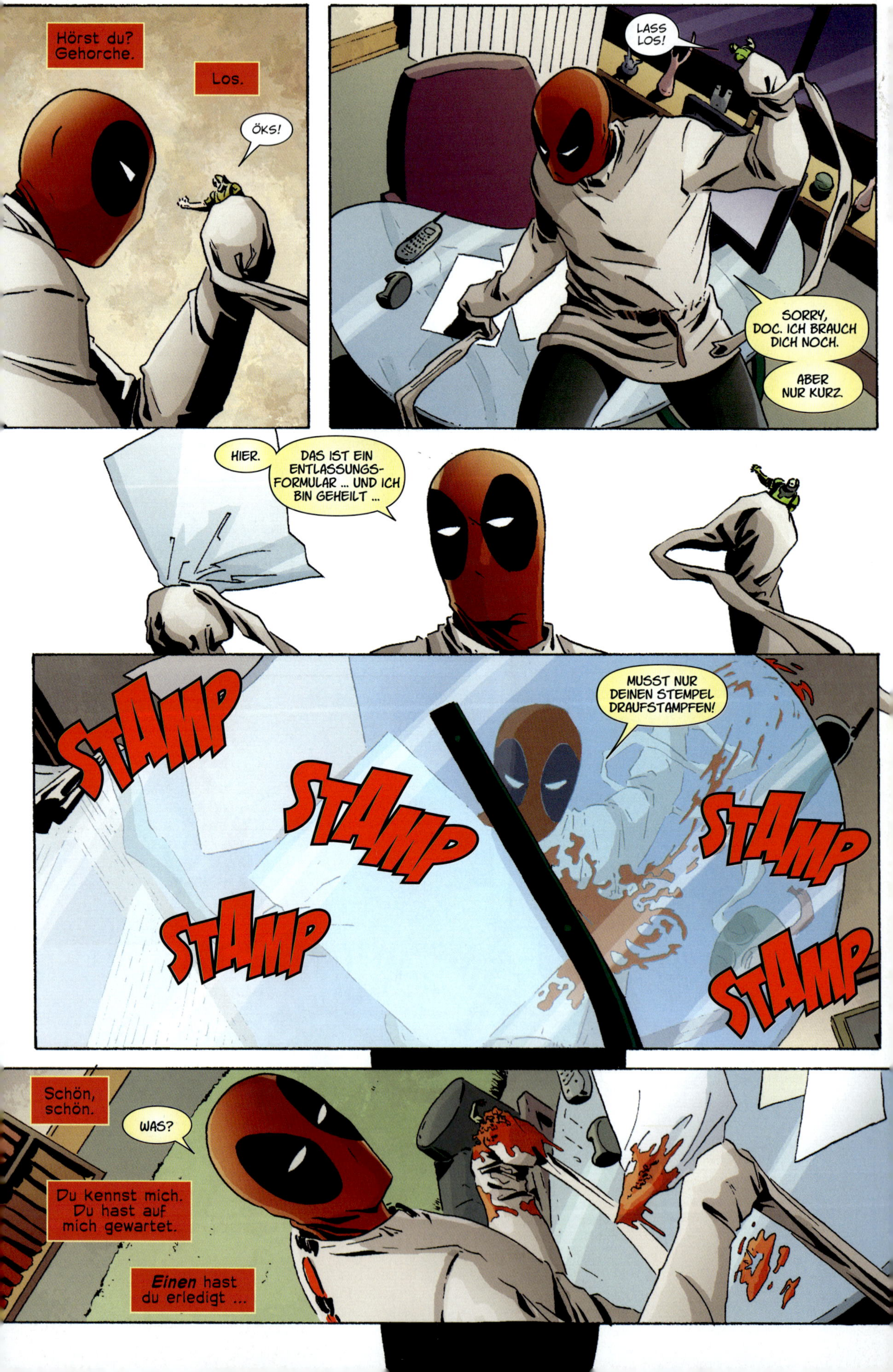

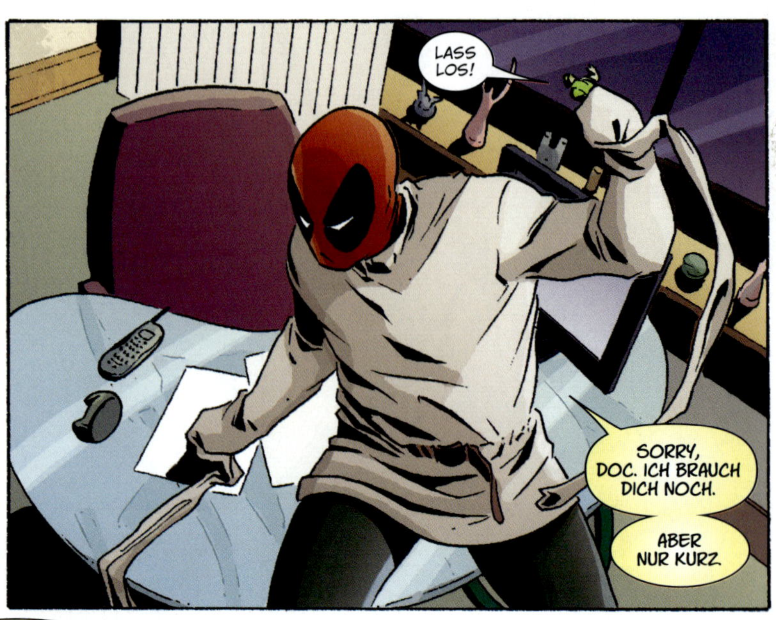

HIER.
DAS IST EIN ENTLASSUNGS-FORMULAR ... UND ICH BIN GEHEILT ...

STAMP
STAMP
MUSST NUR DEINEN STEMPEL DRAUFSTAMPFEN!
STAMP
STAMP
STAMP

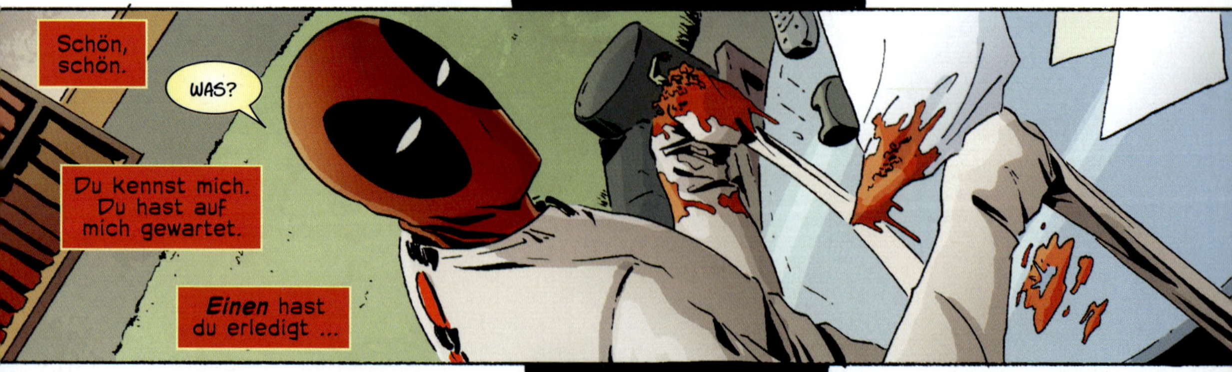

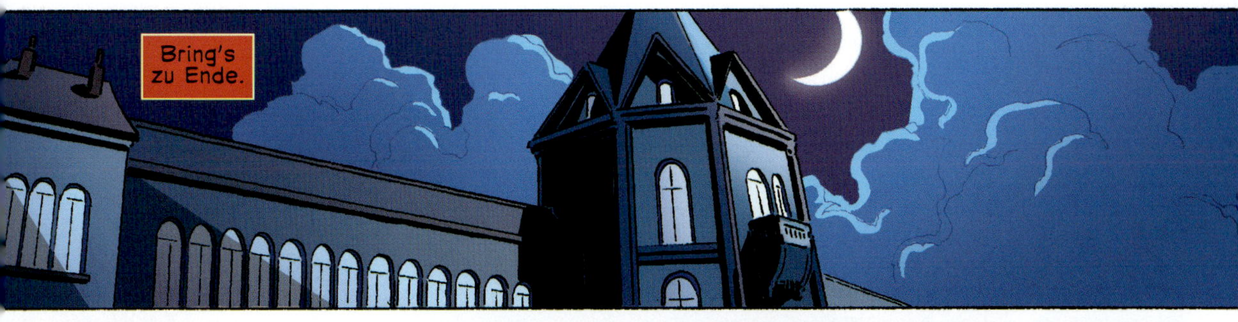

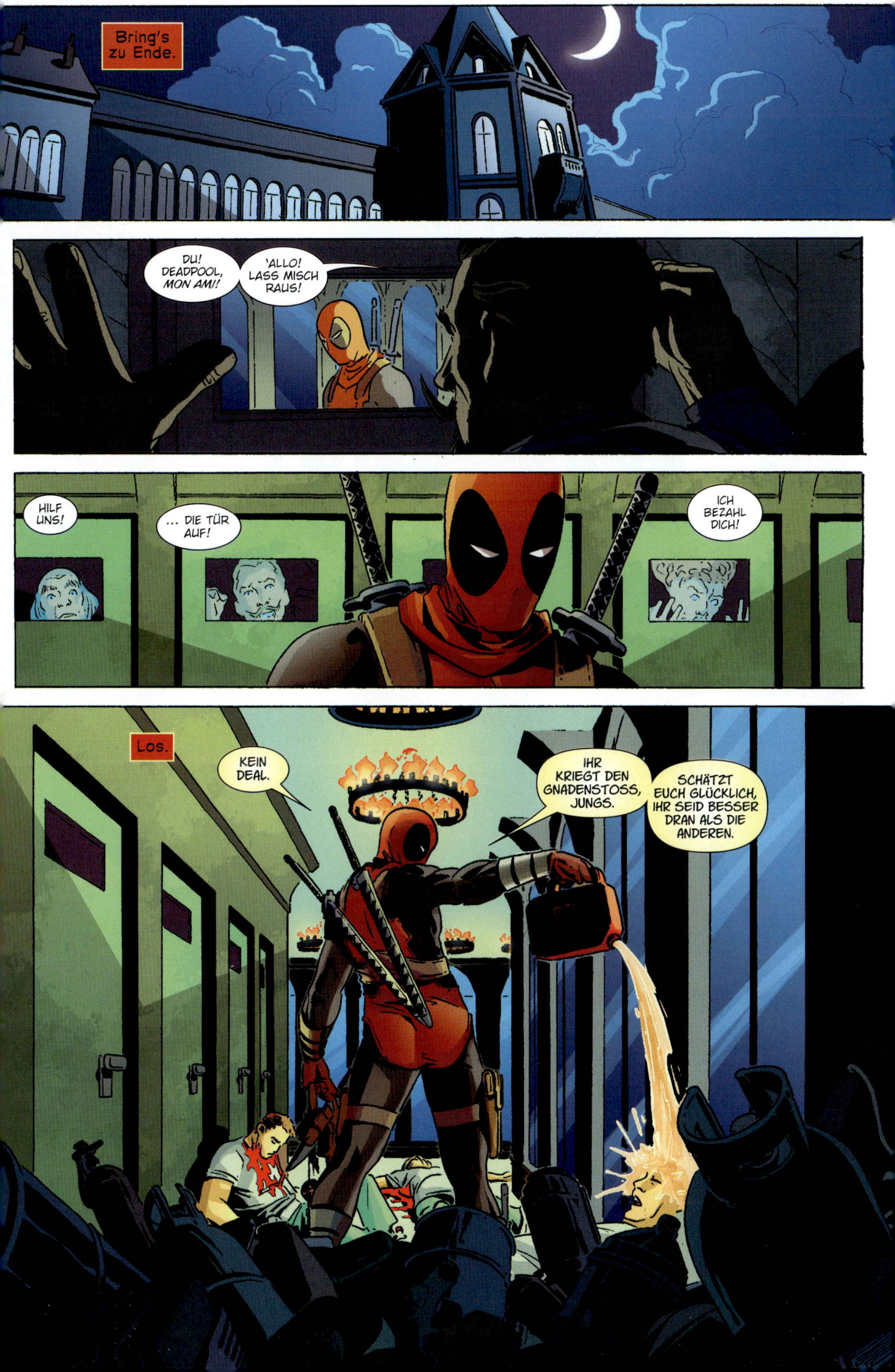

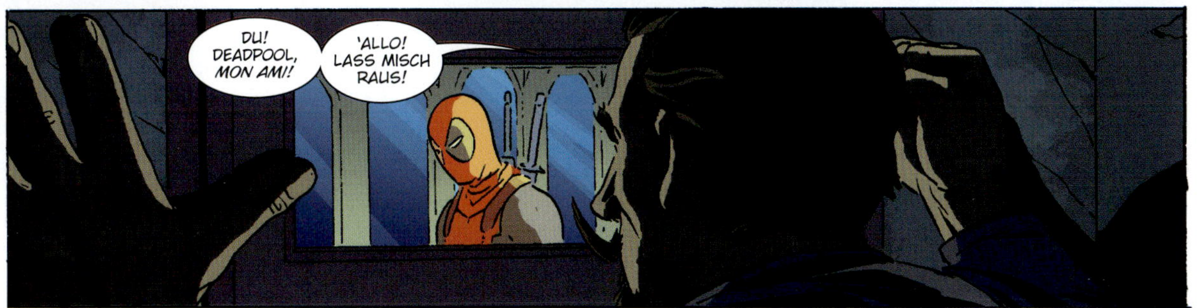

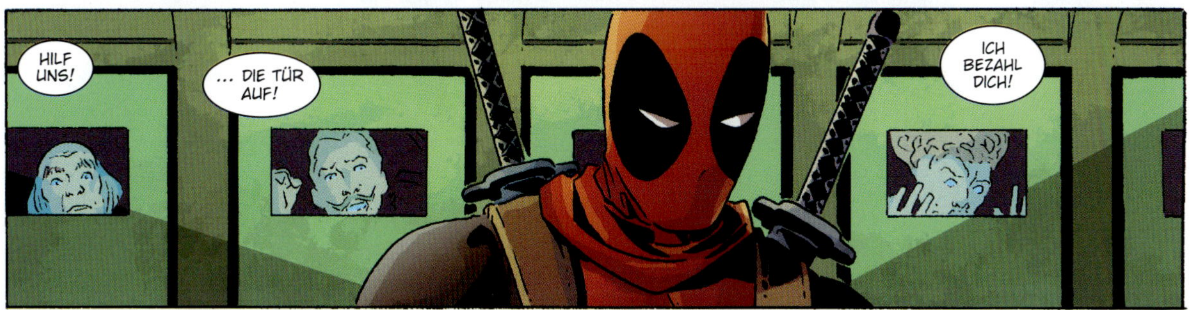

Los.

KEIN DEAL.

IHR KRIEGT DEN GNADENSTOSS, JUNGS.

SCHÄTZT EUCH GLÜCKLICH, IHR SEID BESSER DRAN ALS DIE ANDEREN.

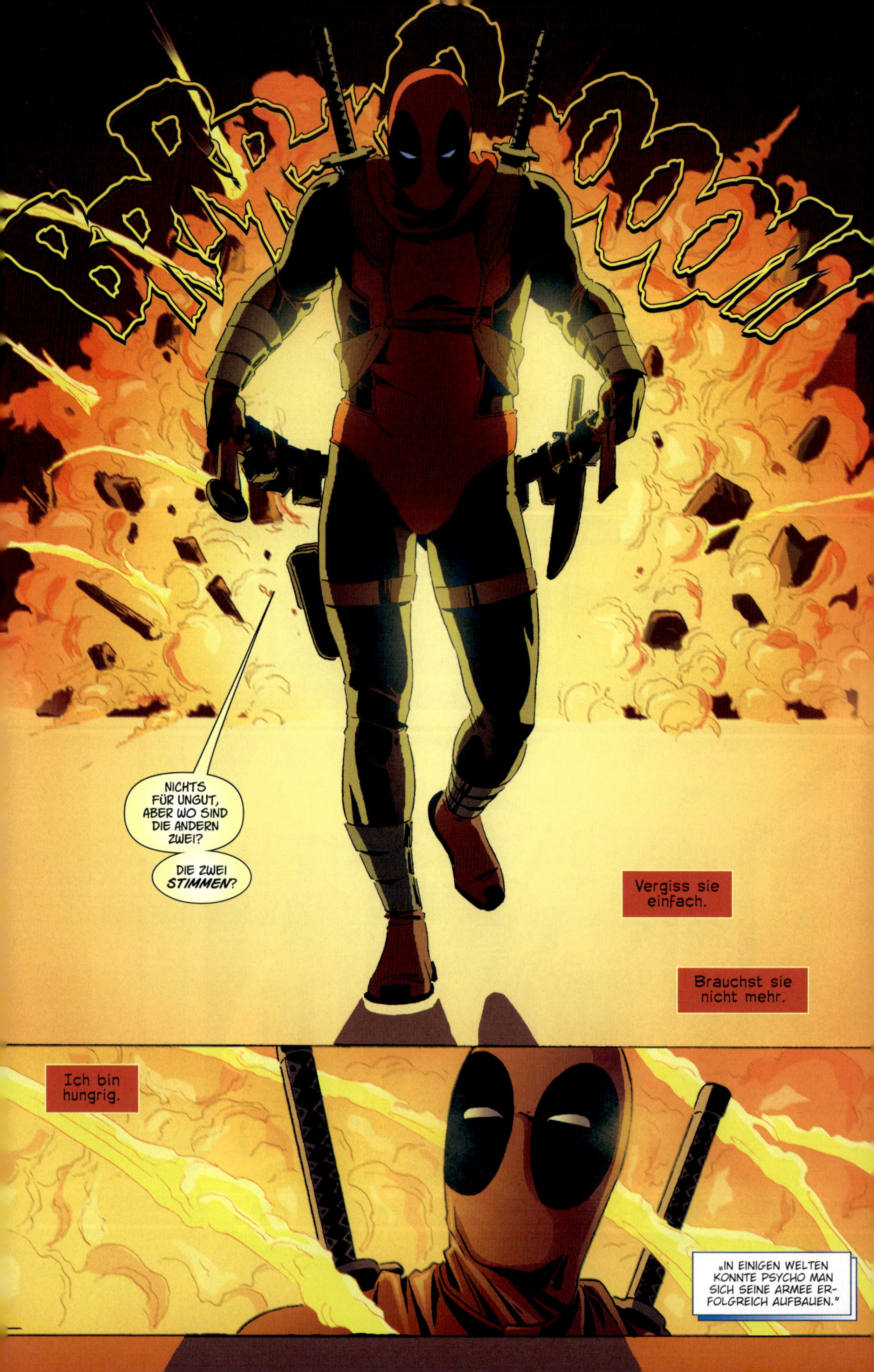
BRRRROOOOM
NICHTS FÜR UNGUT, ABER WO SIND DIE ANDERN ZWEI?
DIE ZWEI STIMMEN?
Vergiss sie einfach.
Brauchst sie nicht mehr.
Ich bin hungrig.
„IN EINIGEN WELTEN KONNTE PSYCHO MAN SICH SEINE ARMEE ERFOLGREICH AUFBAUEN."

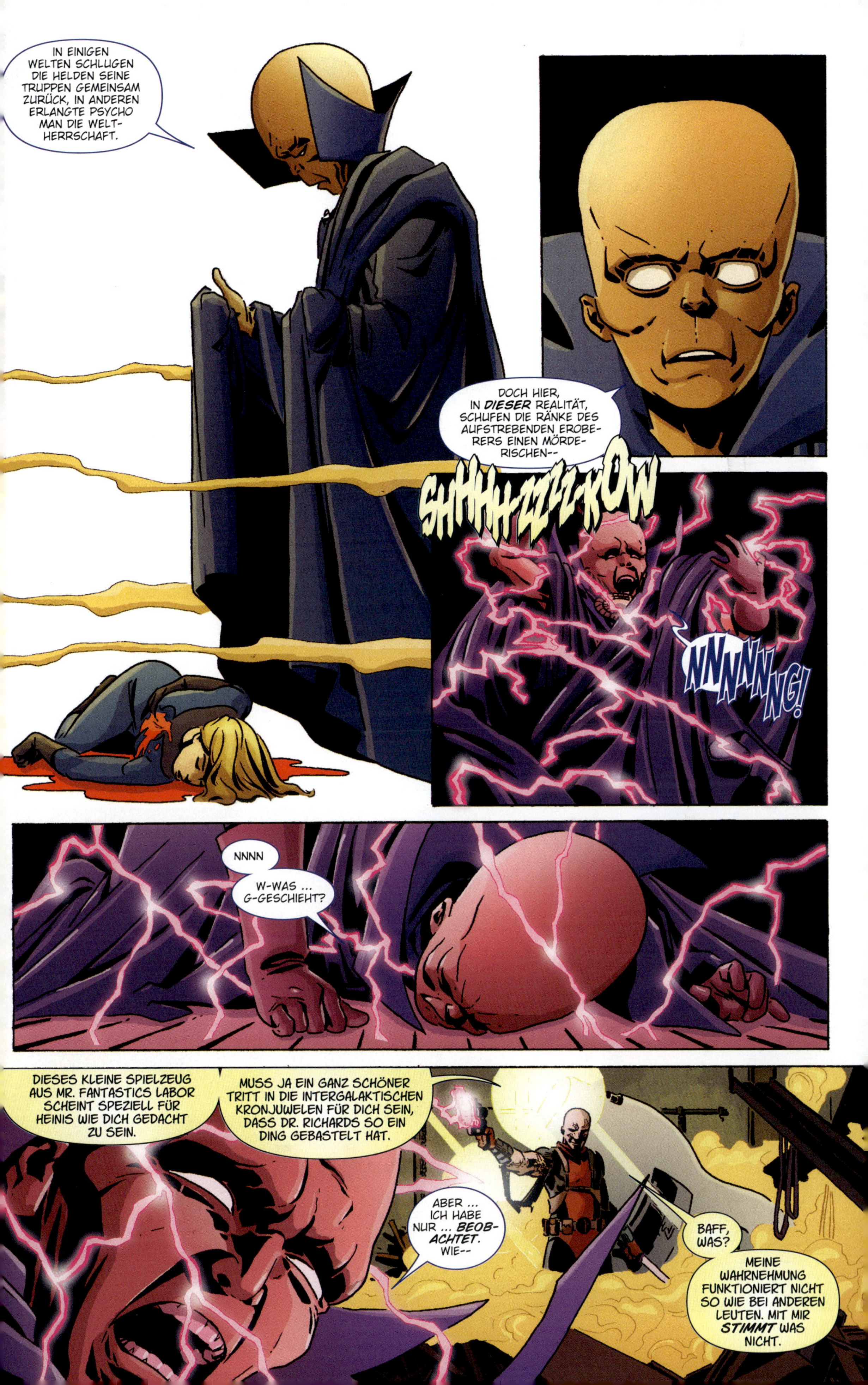

IN EINIGEN WELTEN SCHLUGEN DIE HELDEN SEINE TRUPPEN GEMEINSAM ZURÜCK, IN ANDEREN ERLANGTE PSYCHO MAN DIE WELT-HERRSCHAFT.

DOCH HIER, IN *DIESER* REALITÄT, SCHUFEN DIE RÄNKE DES AUFSTREBENDEN EROBERERS EINEN MÖRDERISCHEN--

SHHHH-ZZZZ-KOW

NNNNNNG!

NNNN

W-WAS ... G-GESCHIEHT?

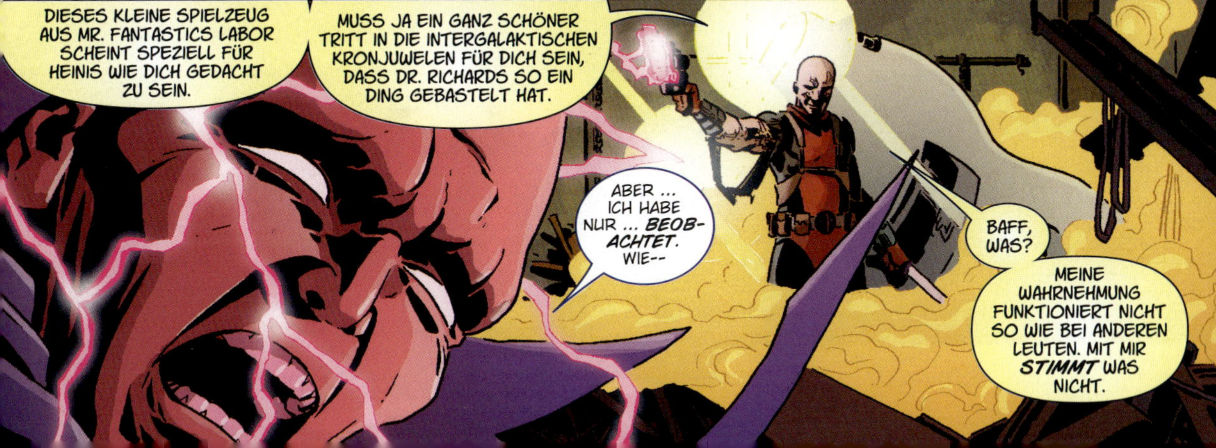

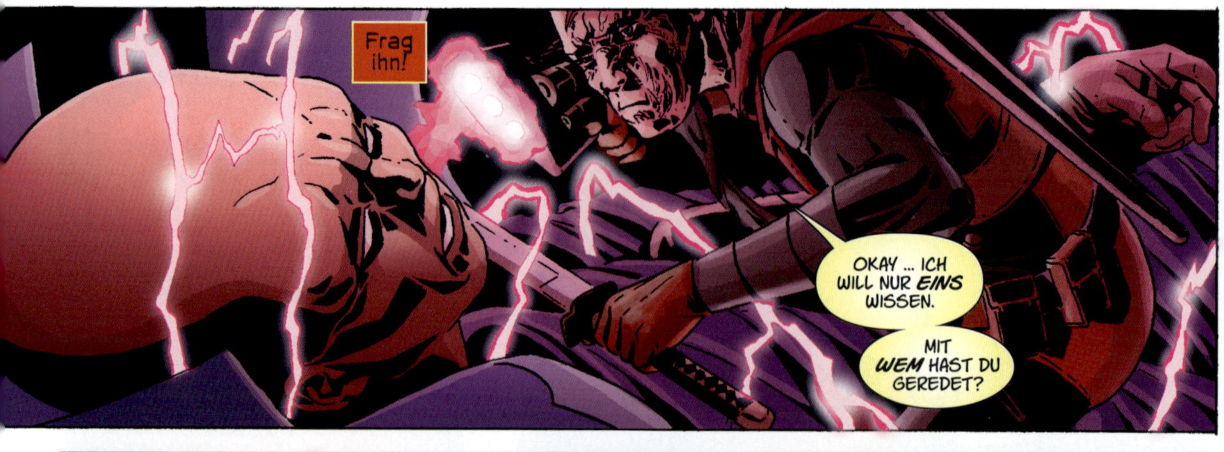

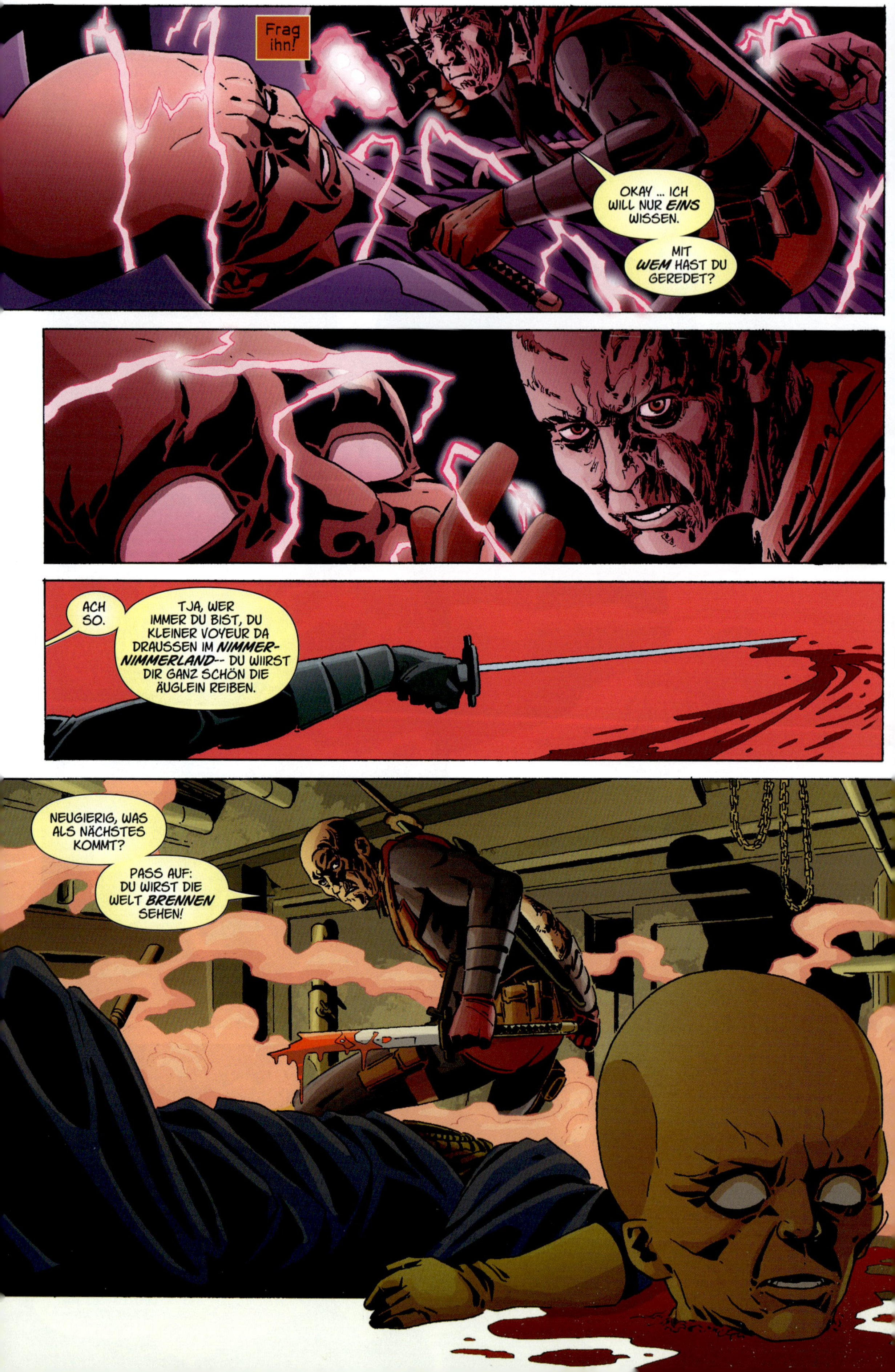

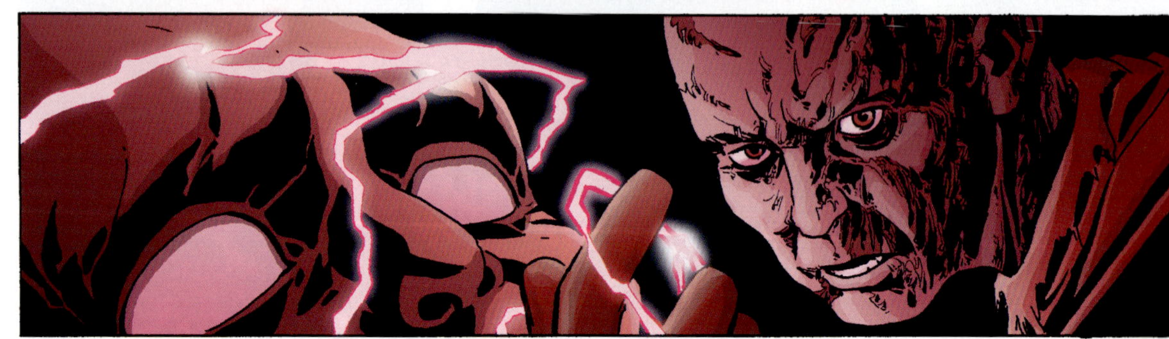

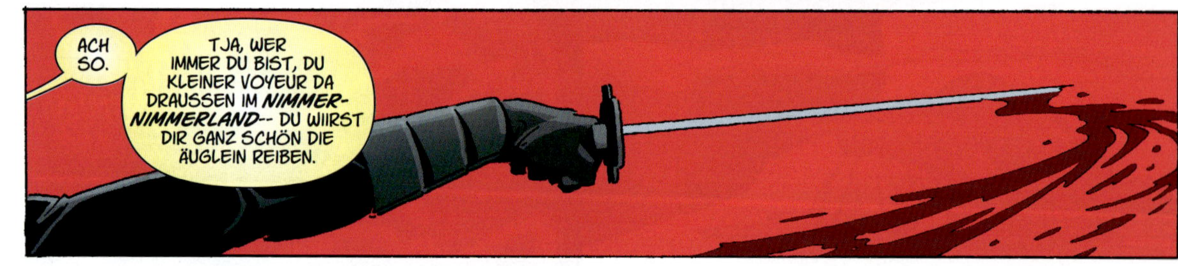

NEUGIERIG, WAS ALS NÄCHSTES KOMMT?
PASS AUF: DU WIRST DIE WELT **BRENNEN** SEHEN!

DEADPOOL KILLT DAS MARVEL-UNIVERSUM, TEIL 2

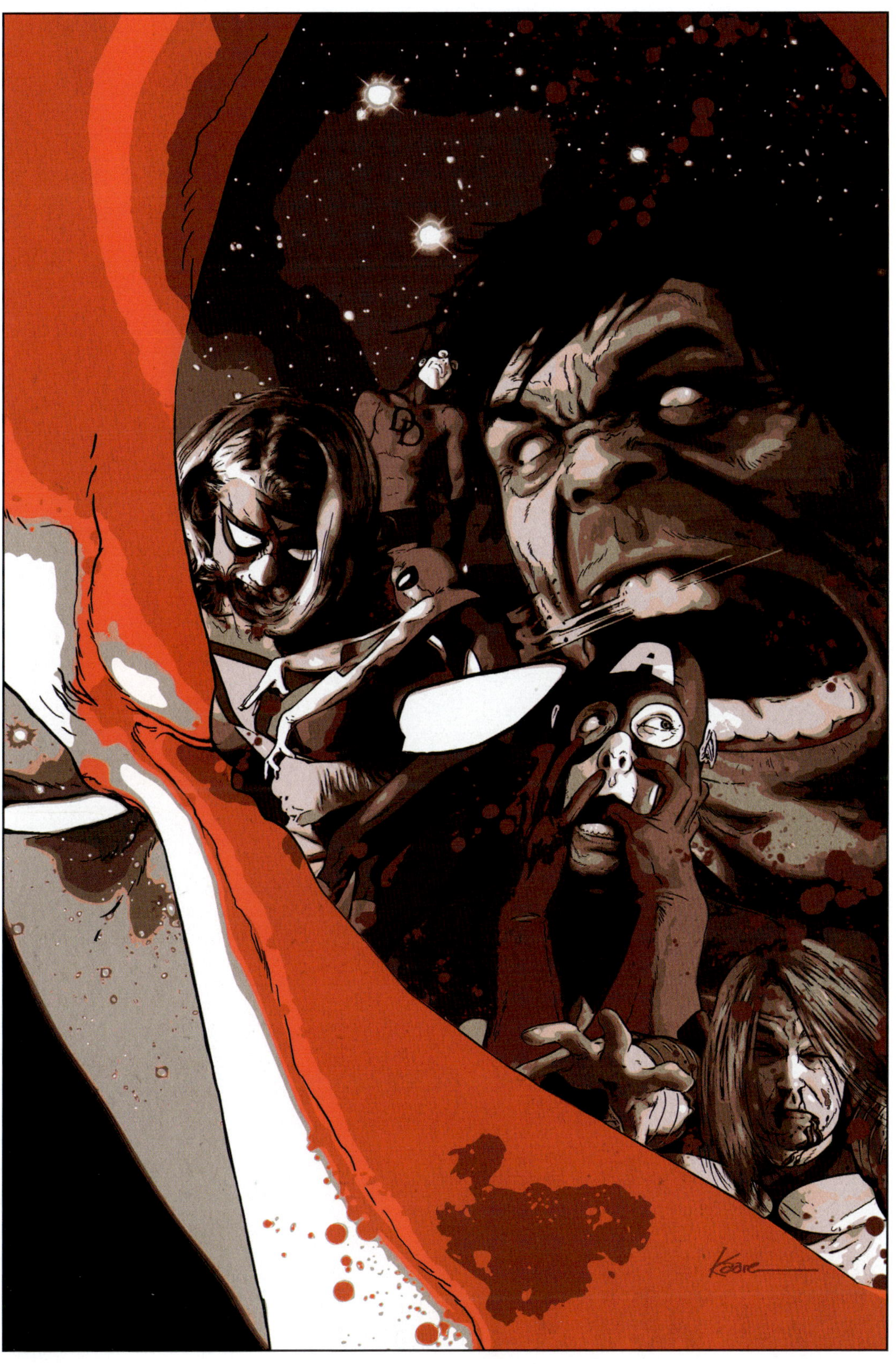

Deadpool Kills the Marvel Universe (2012) 2
Cover von **KAARE ANDREWS**

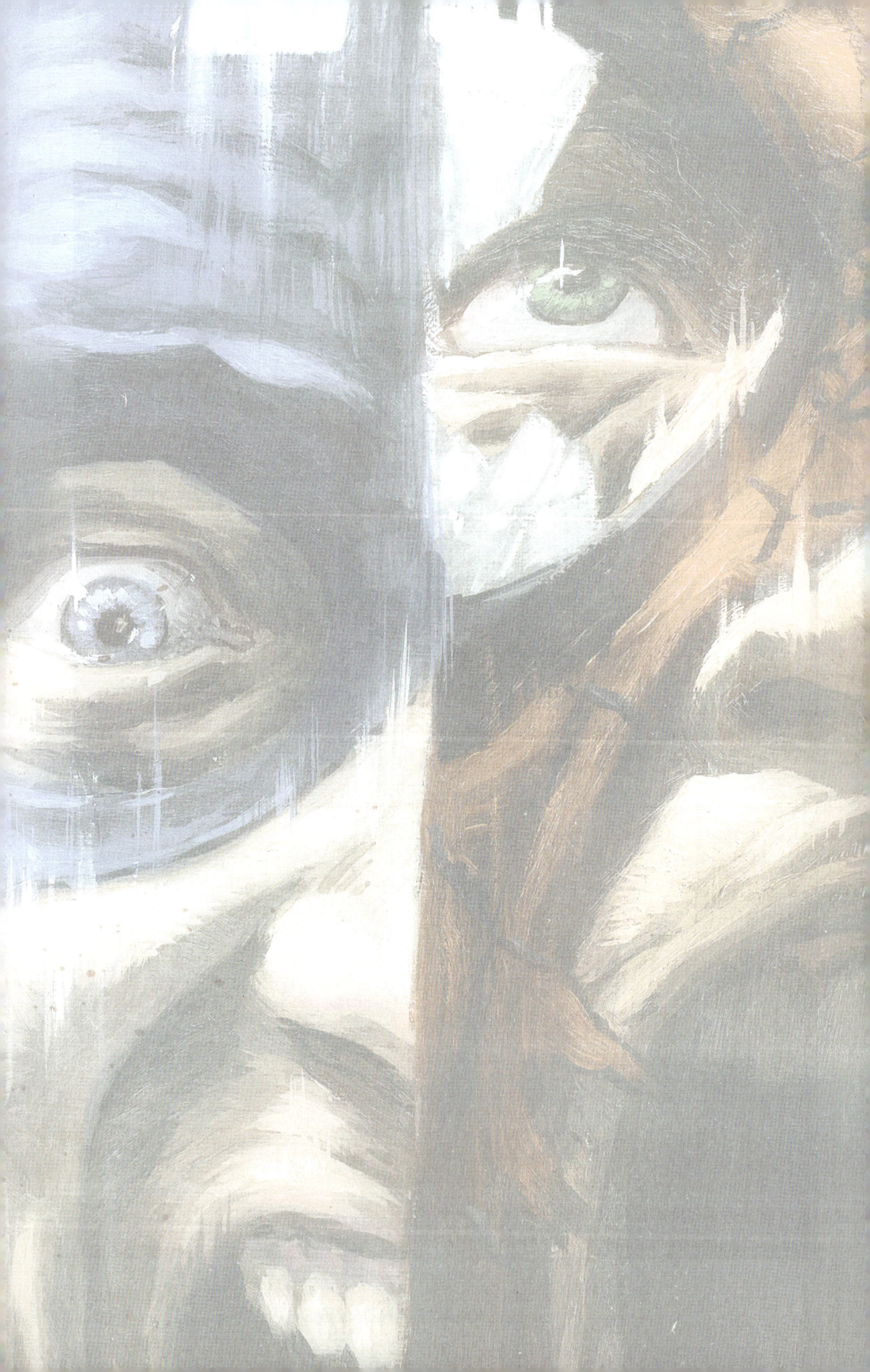

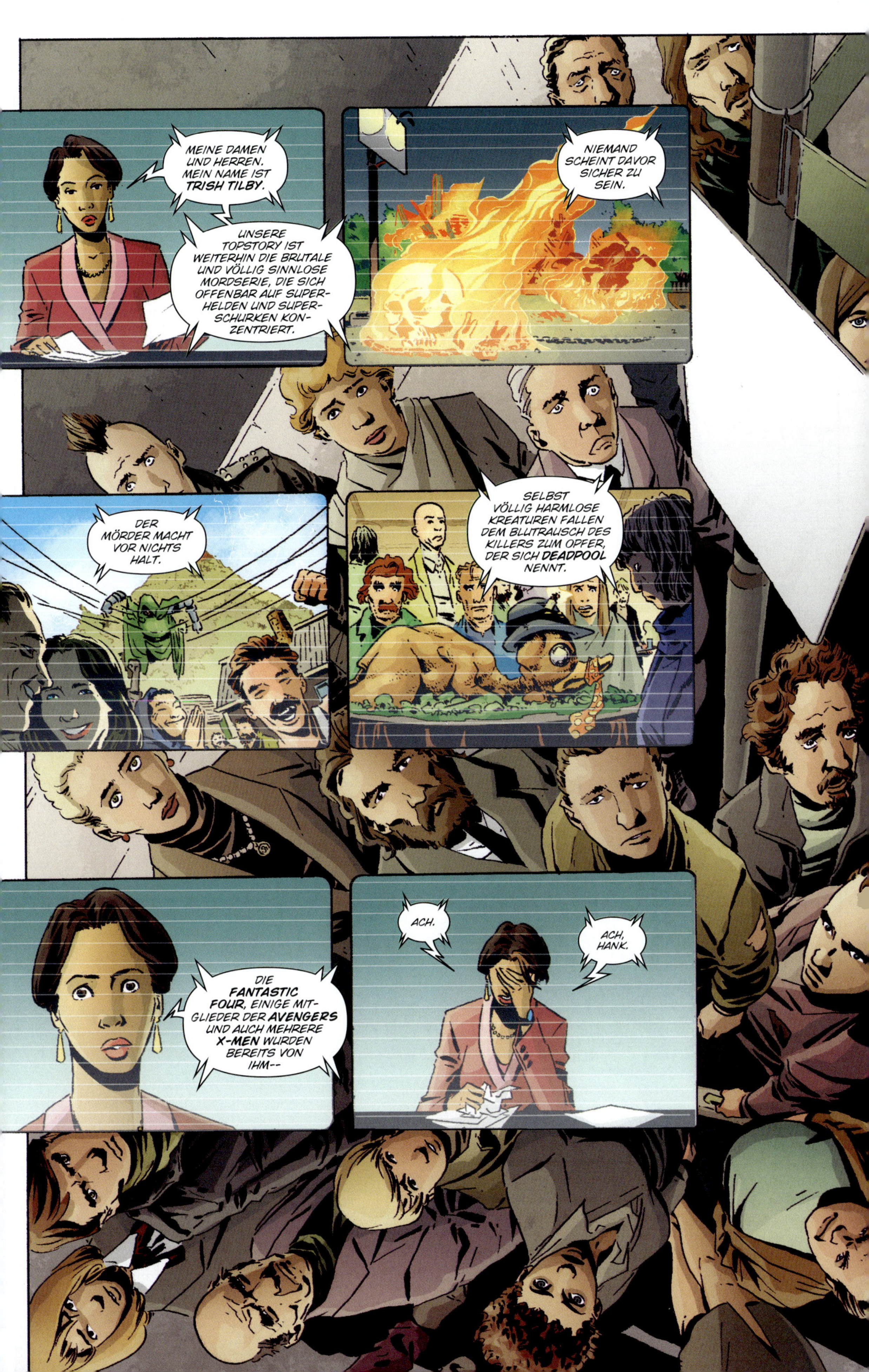
MEINE DAMEN UND HERREN. MEIN NAME IST TRISH TILBY.
UNSERE TOPSTORY IST WEITERHIN DIE BRUTALE UND VÖLLIG SINNLOSE MORDSERIE, DIE SICH OFFENBAR AUF SUPER-HELDEN UND SUPER-SCHURKEN KON-ZENTRIERT.
NIEMAND SCHEINT DAVOR SICHER ZU SEIN.
DER MÖRDER MACHT VOR NICHTS HALT.
SELBST VÖLLIG HARMLOSE KREATUREN FALLEN DEM BLUTRAUSCH DES KILLERS ZUM OPFER, DER SICH DEADPOOL NENNT.
DIE FANTASTIC FOUR, EINIGE MIT-GLIEDER DER AVENGERS UND AUCH MEHRERE X-MEN WURDEN BEREITS VON IHM--
ACH.
ACH, HANK.

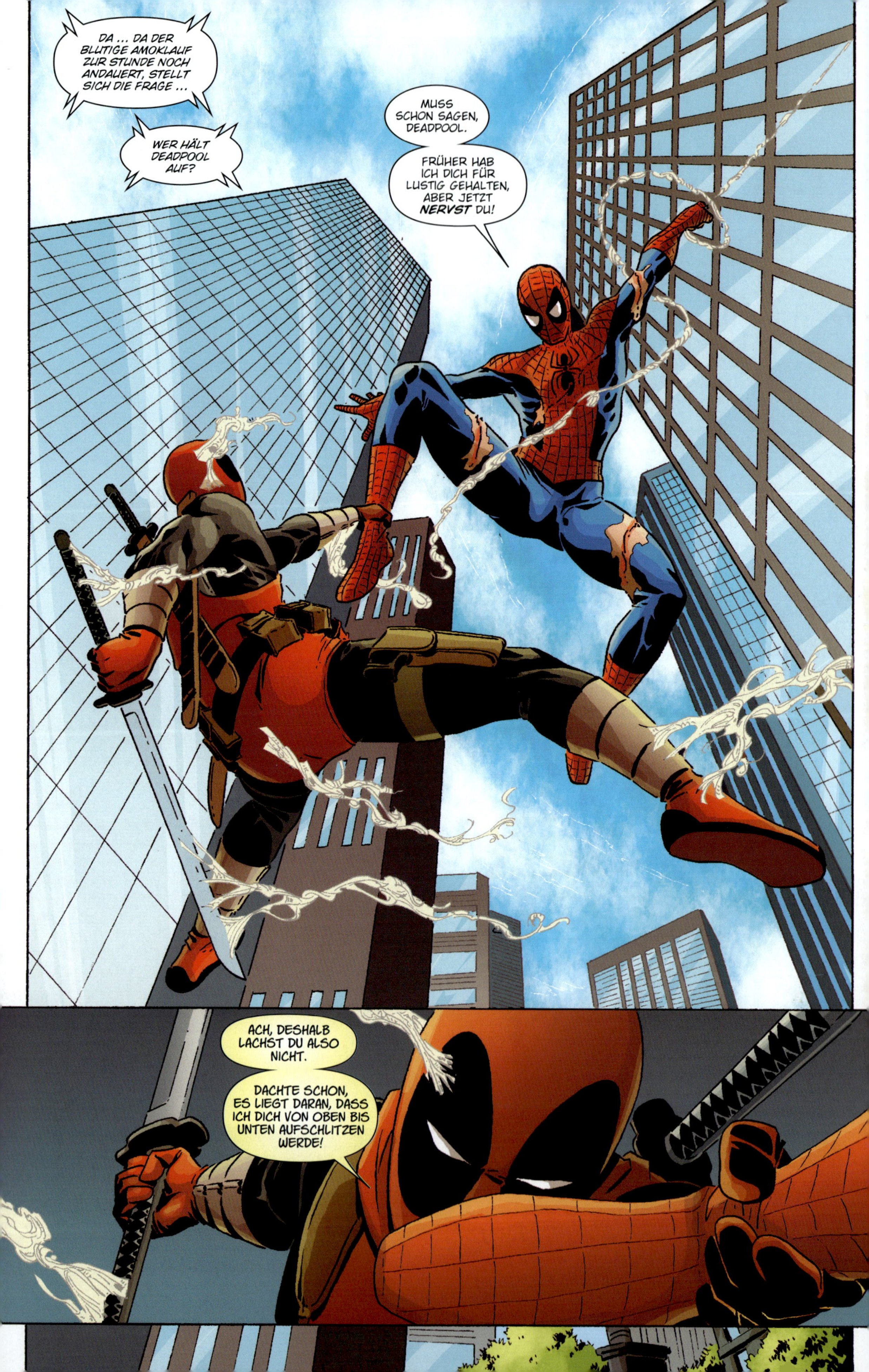
DA ... DA DER BLUTIGE AMOKLAUF ZUR STUNDE NOCH ANDAUERT, STELLT SICH DIE FRAGE ...
WER HÄLT DEADPOOL AUF?
MUSS SCHON SAGEN, DEADPOOL.
FRÜHER HAB ICH DICH FÜR LUSTIG GEHALTEN, ABER JETZT NERVST DU!
ACH, DESHALB LACHST DU ALSO NICHT.
DACHTE SCHON, ES LIEGT DARAN, DASS ICH DICH VON OBEN BIS UNTEN AUFSCHLITZEN WERDE!

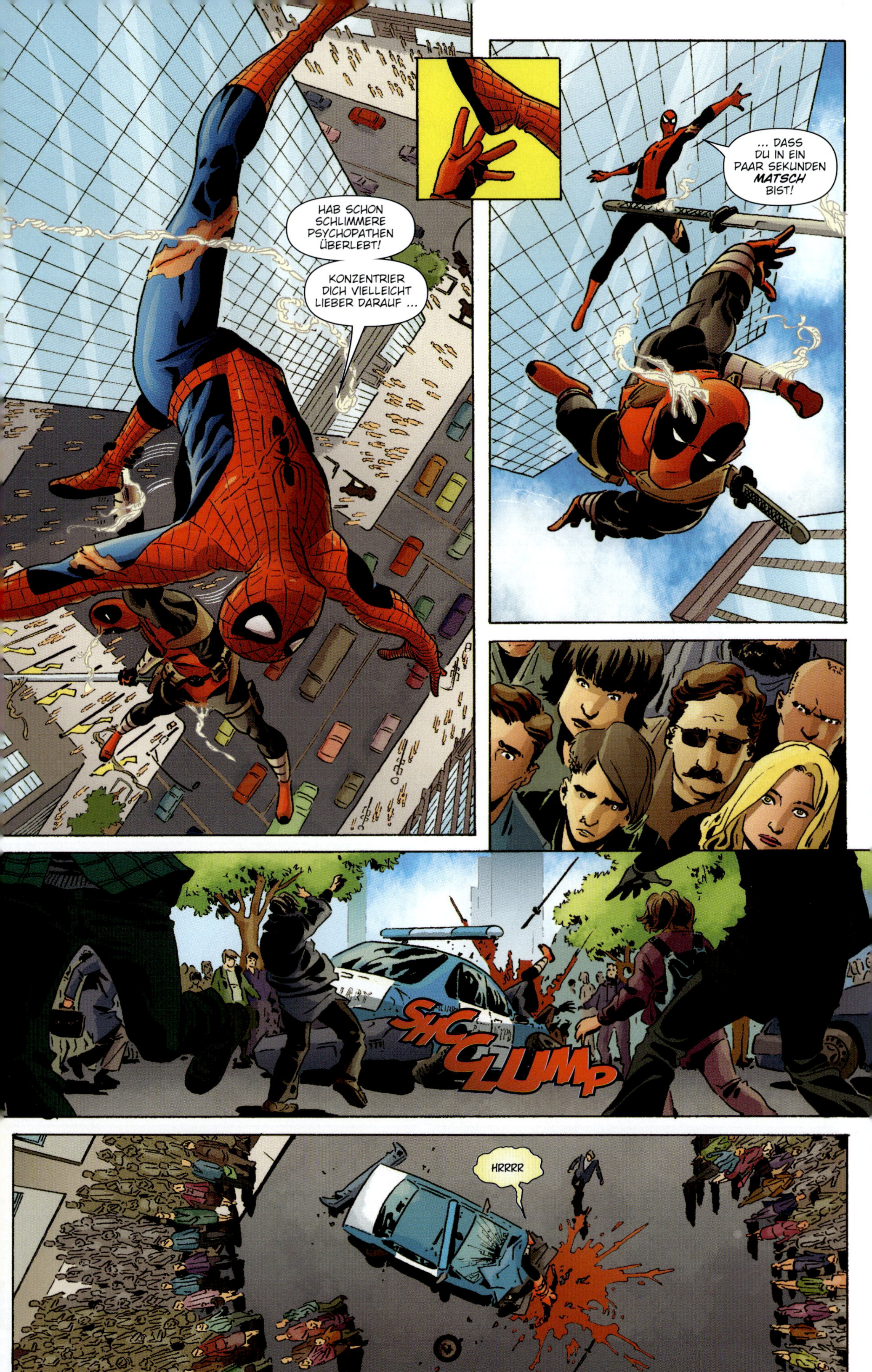
HAB SCHON SCHLIMMERE PSYCHOPATHEN ÜBERLEBT!
KONZENTRIER DICH VIELLEICHT LIEBER DARAUF ...
... DASS DU IN EIN PAAR SEKUNDEN MATSCH BIST!
SHCGLUMP
HRRRR

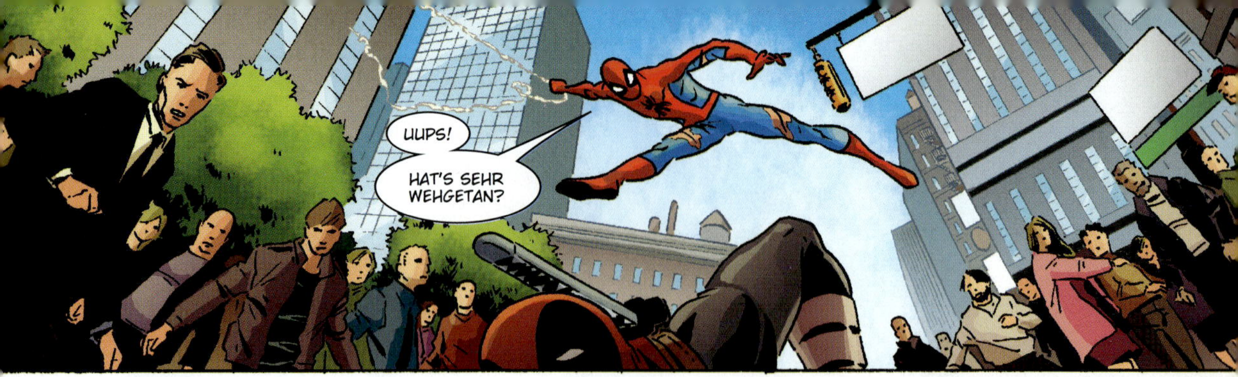
UUPS!
HAT'S SEHR WEHGETAN?

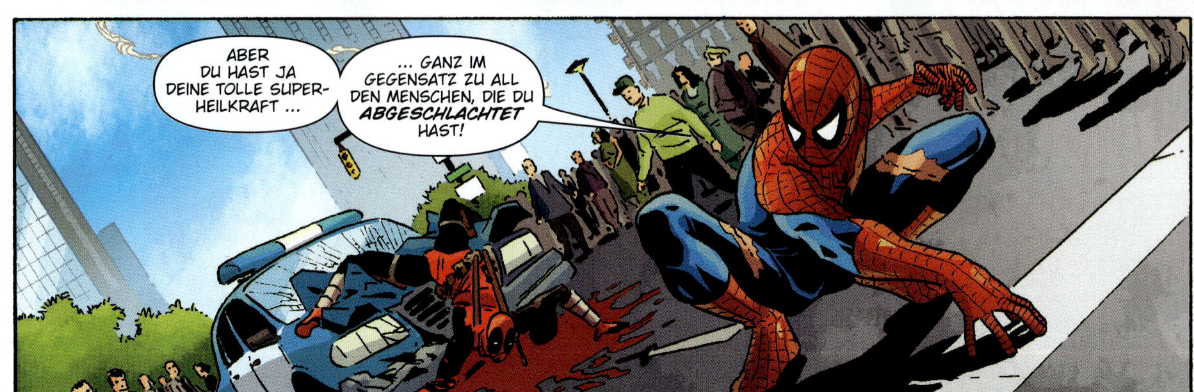
ABER DU HAST JA DEINE TOLLE SUPER-HEILKRAFT ...
... GANZ IM GEGENSATZ ZU ALL DEN MENSCHEN, DIE DU ***ABGESCHLACHTET*** HAST!

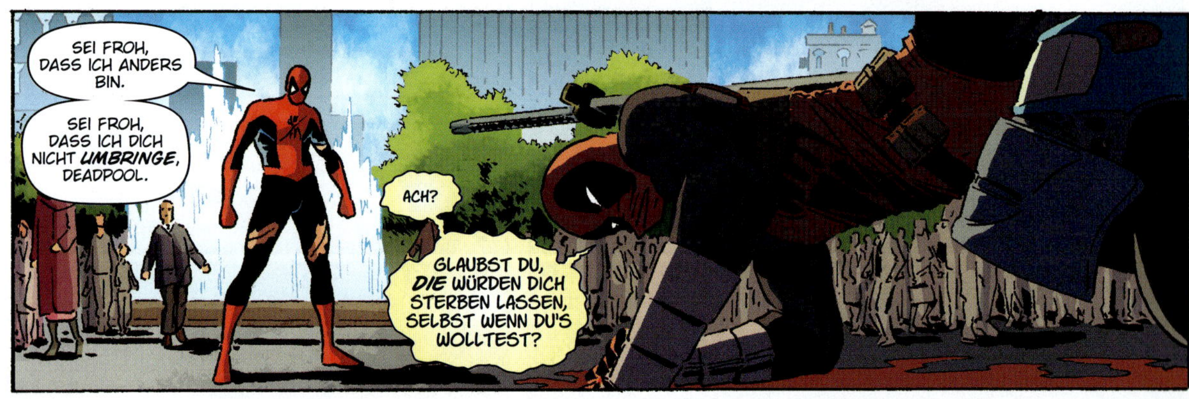
SEI FROH, DASS ICH ANDERS BIN.
SEI FROH, DASS ICH DICH NICHT ***UMBRINGE***, DEADPOOL.
ACH?
GLAUBST DU, ***DIE*** WÜRDEN DICH STERBEN LASSEN, SELBST WENN DU'S WOLLTEST?

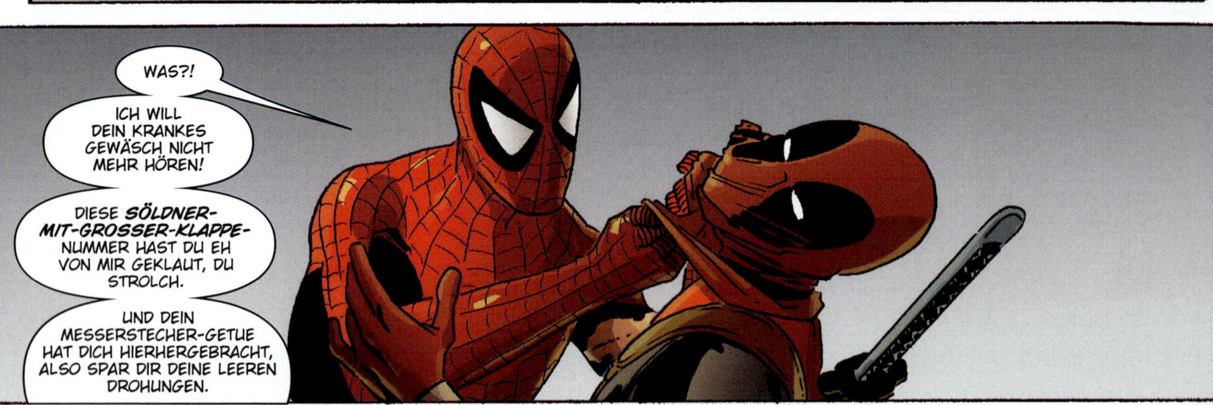
WAS?!
ICH WILL DEIN KRANKES GEWÄSCH NICHT MEHR HÖREN!
DIESE ***SÖLDNER-MIT-GROSSER-KLAPPE***-NUMMER HAST DU EH VON MIR GEKLAUT, DU STROLCH.
UND DEIN MESSERSTECHER-GETUE HAT DICH HIERHERGEBRACHT, ALSO SPAR DIR DEINE LEEREN DROHUNGEN.

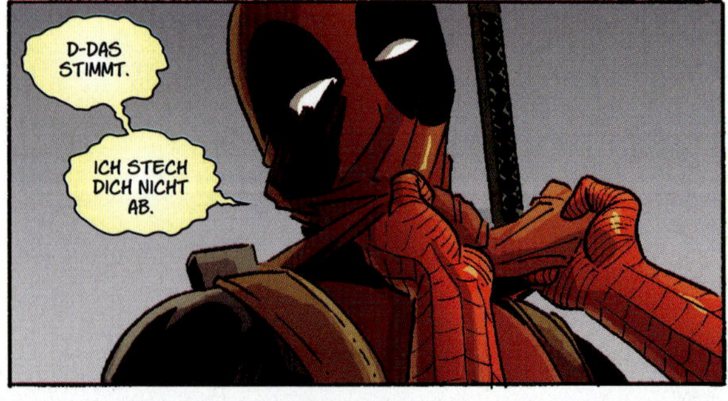
D-DAS STIMMT.
ICH STECH DICH NICHT AB.

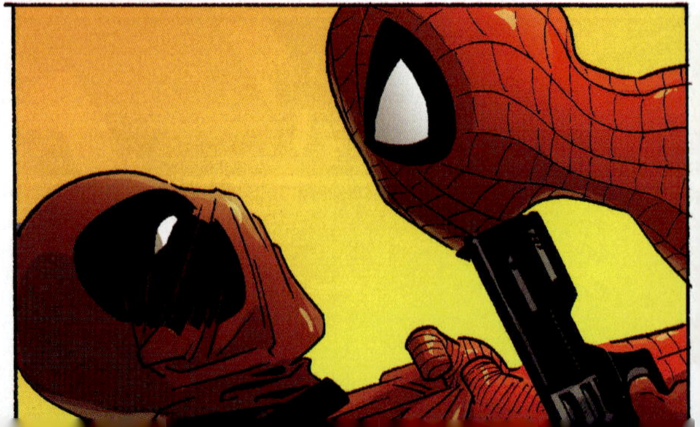

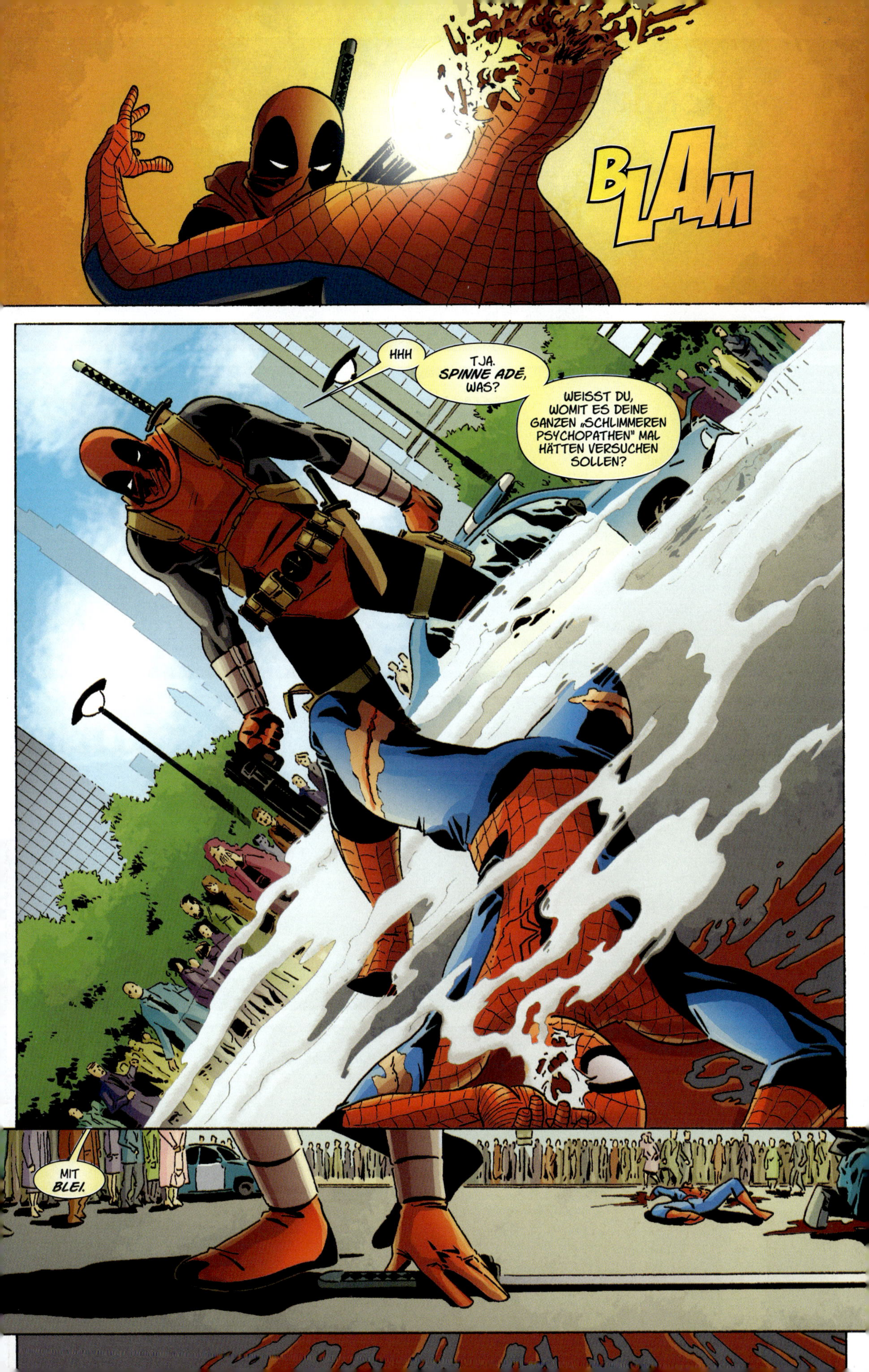

BLAM

HHH

TJA. *SPINNE ADÉ,* WAS?

WEISST DU, WOMIT ES DEINE GANZEN „SCHLIMMEREN PSYCHOPATHEN" MAL HÄTTEN VERSUCHEN SOLLEN?

MIT *BLEI.*

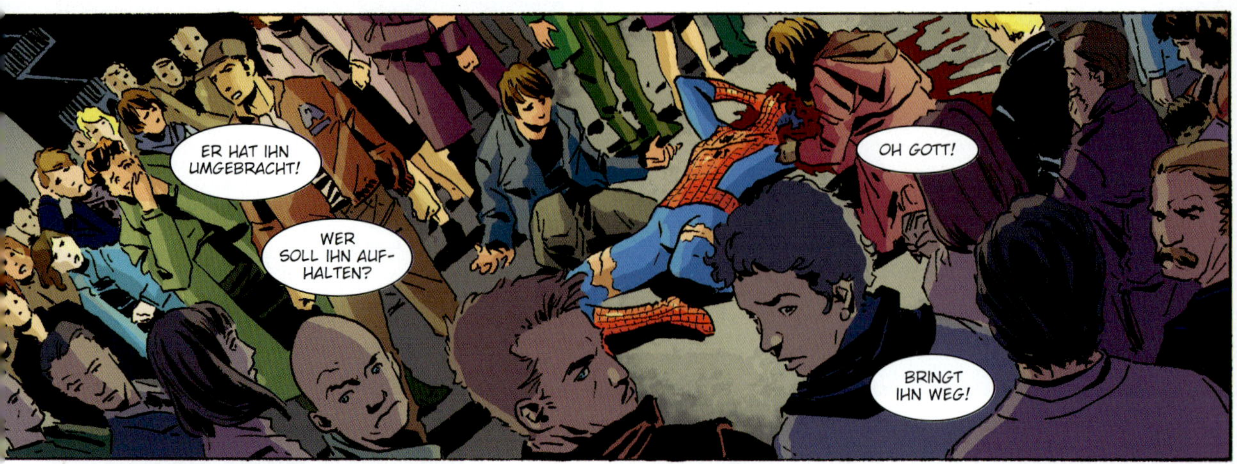
ER HAT IHN UMGEBRACHT!
WER SOLL IHN AUF-HALTEN?
OH GOTT!
BRINGT IHN WEG!

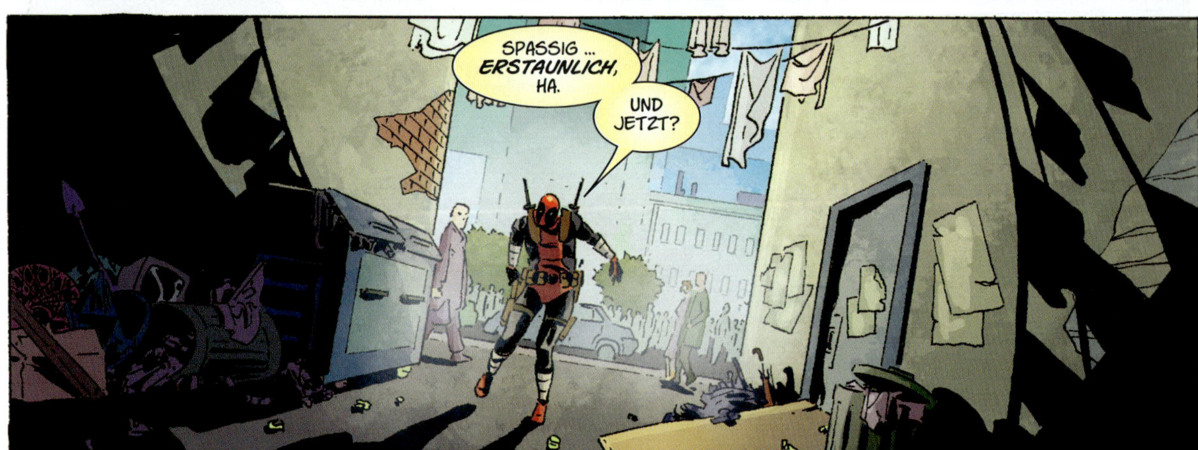
SPASSIG ... ERSTAUNLICH, HA.
UND JETZT?

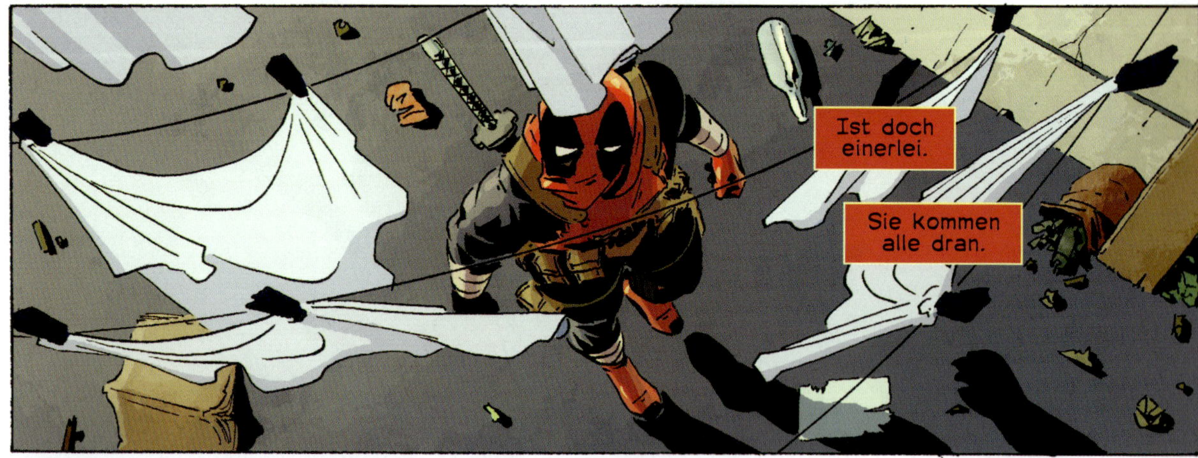
Ist doch einerlei.
Sie kommen alle dran.

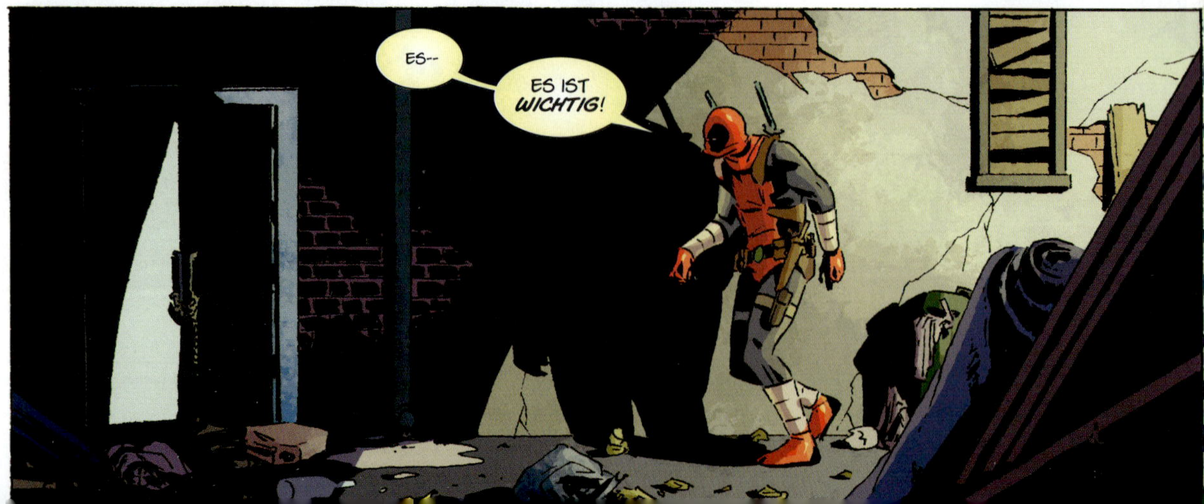
ES--
ES IST WICHTIG!

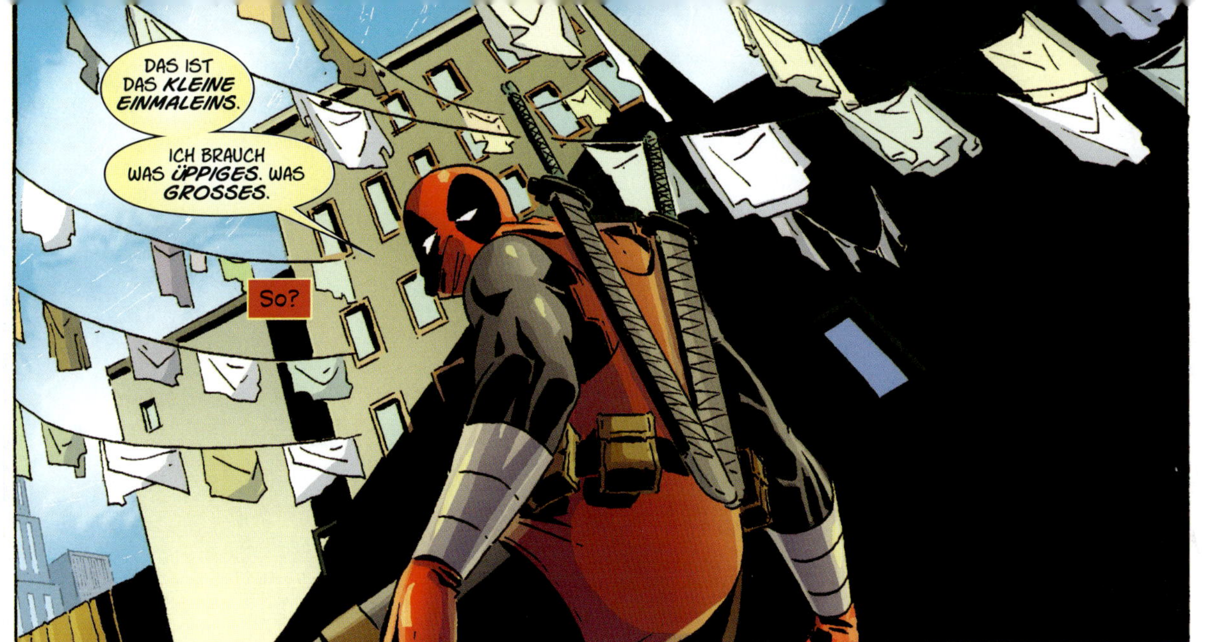
DAS IST DAS KLEINE EINMALEINS.
ICH BRAUCH WAS ÜPPIGES. WAS GROSSES.
So?

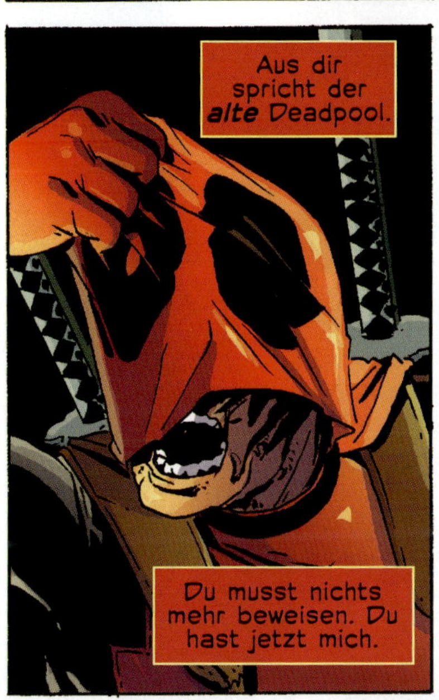
Aus dir spricht der alte Deadpool.
Du musst nichts mehr beweisen. Du hast jetzt mich.

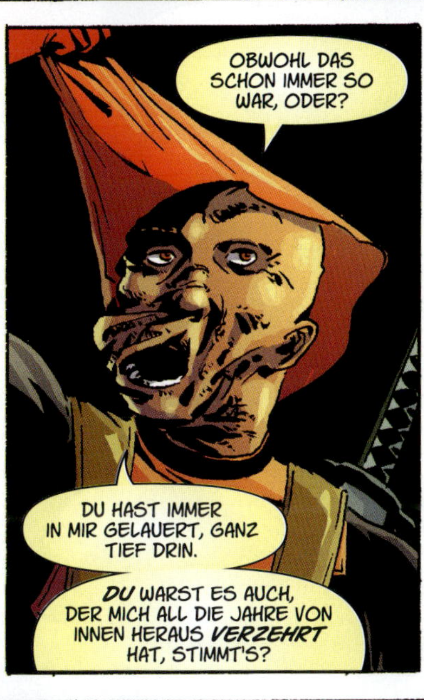
OBWOHL DAS SCHON IMMER SO WAR, ODER?
DU HAST IMMER IN MIR GELAUERT, GANZ TIEF DRIN.
DU WARST ES AUCH, DER MICH ALL DIE JAHRE VON INNEN HERAUS VERZEHRT HAT, STIMMT'S?

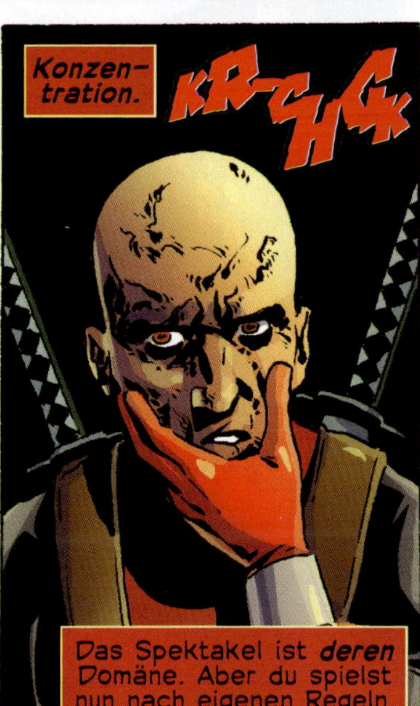
Konzen-tration.
KR-CHGK
Das Spektakel ist deren Domäne. Aber du spielst nun nach eigenen Regeln.

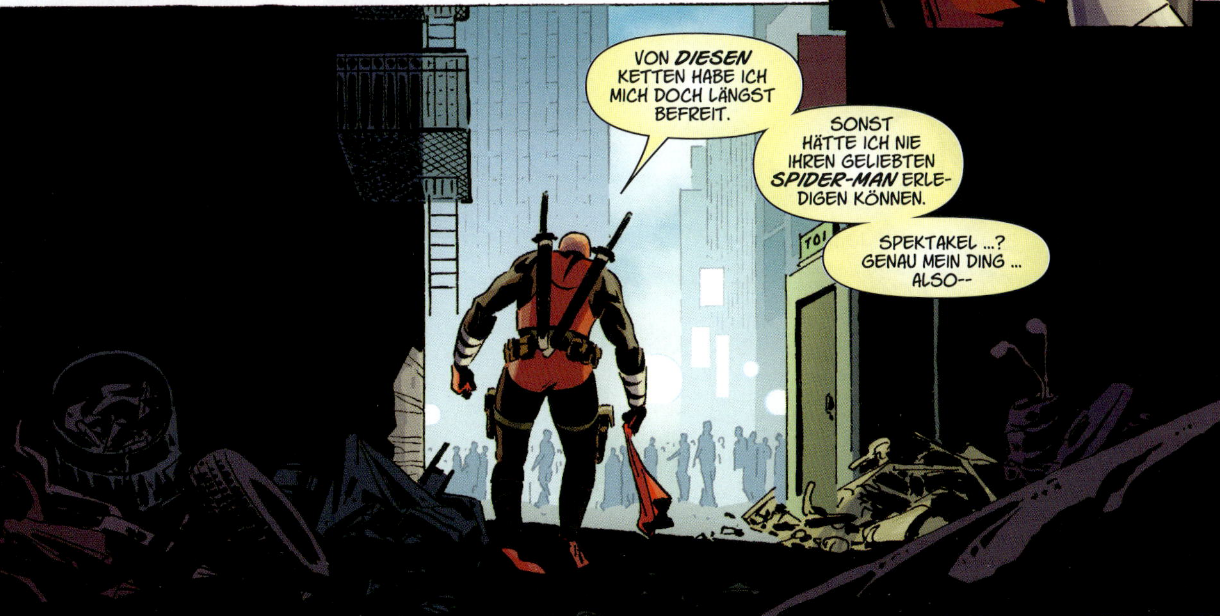
VON DIESEN KETTEN HABE ICH MICH DOCH LÄNGST BEFREIT.
SONST HÄTTE ICH NIE IHREN GELIEBTEN SPIDER-MAN ERLE-DIGEN KÖNNEN.
SPEKTAKEL ...? GENAU MEIN DING ... ALSO--

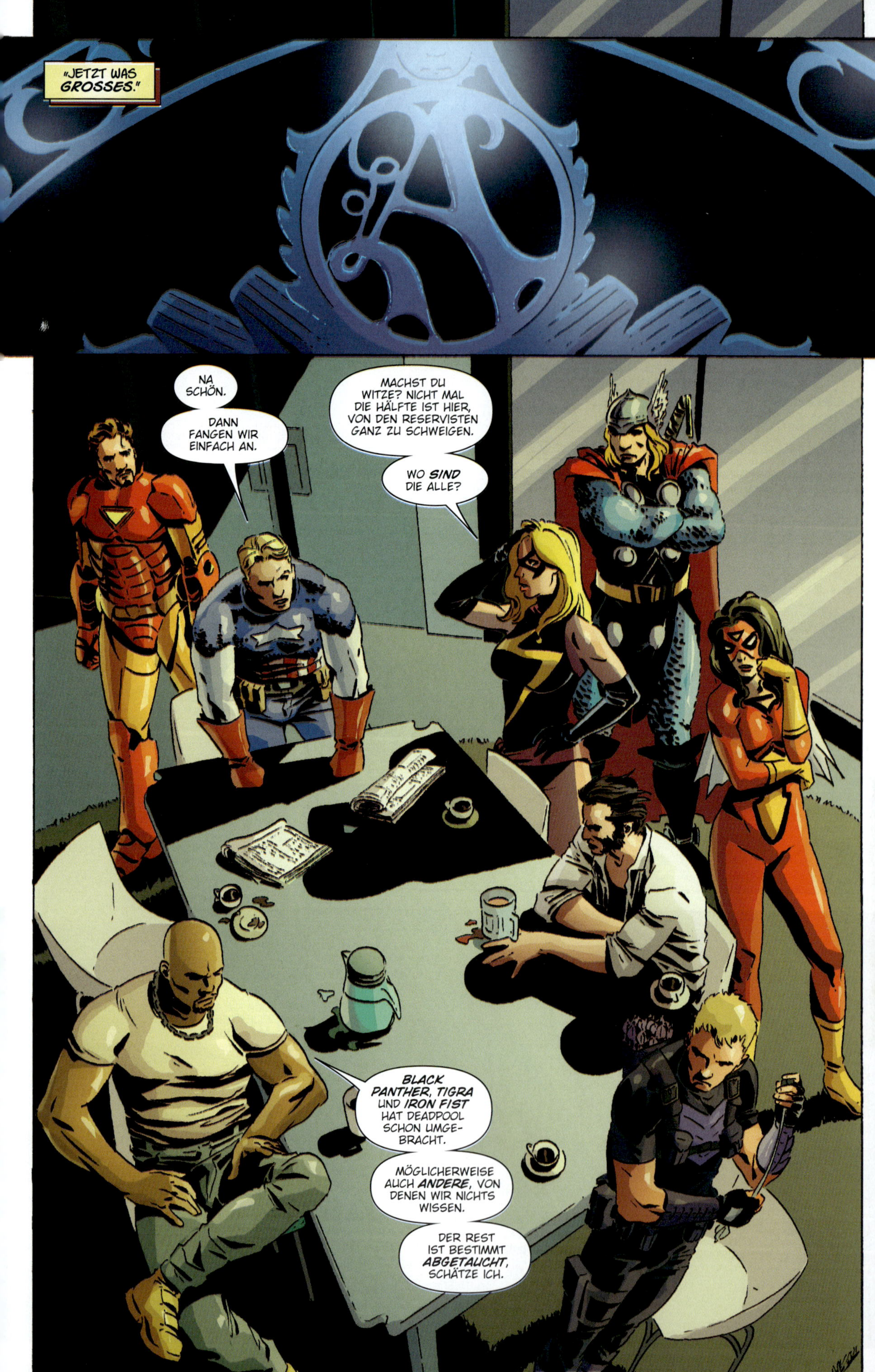
„JETZT WAS GROSSES."
NA SCHÖN.
DANN FANGEN WIR EINFACH AN.
MACHST DU WITZE? NICHT MAL DIE HÄLFTE IST HIER, VON DEN RESERVISTEN GANZ ZU SCHWEIGEN.
WO SIND DIE ALLE?
BLACK PANTHER, TIGRA UND IRON FIST HAT DEADPOOL SCHON UMGEBRACHT.
MÖGLICHERWEISE AUCH ANDERE, VON DENEN WIR NICHTS WISSEN.
DER REST IST BESTIMMT ABGETAUCHT, SCHÄTZE ICH.

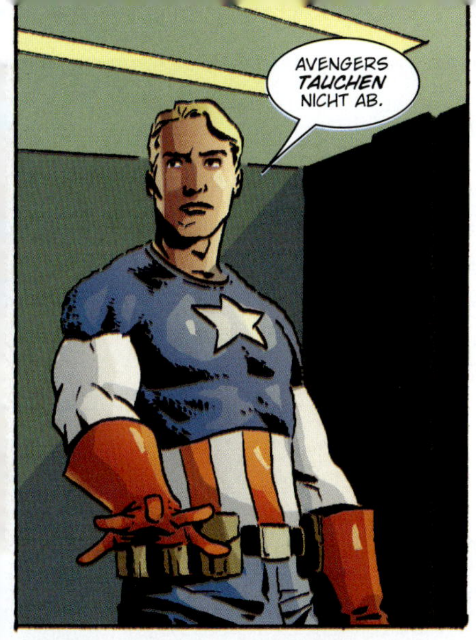
AVENGERS TAUCHEN NICHT AB.

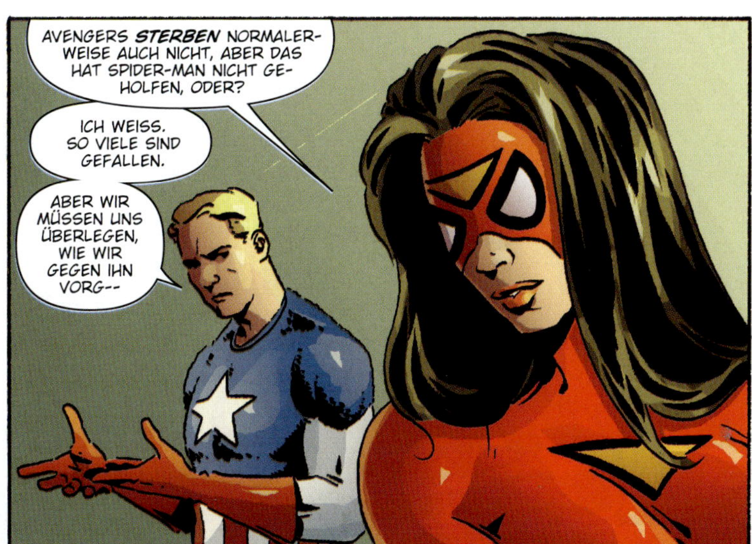
AVENGERS STERBEN NORMALERWEISE AUCH NICHT, ABER DAS HAT SPIDER-MAN NICHT GEHOLFEN, ODER?
ICH WEISS. SO VIELE SIND GEFALLEN.
ABER WIR MÜSSEN UNS ÜBERLEGEN, WIE WIR GEGEN IHN VORG--

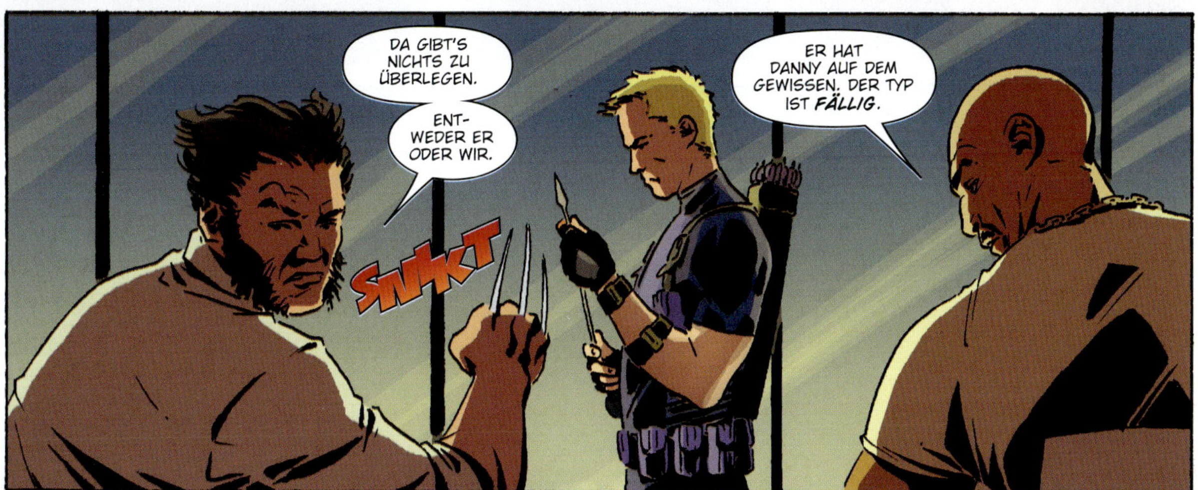
DA GIBT'S NICHTS ZU ÜBERLEGEN.
ENTWEDER ER ODER WIR.
SNIKT
ER HAT DANNY AUF DEM GEWISSEN. DER TYP IST FÄLLIG.

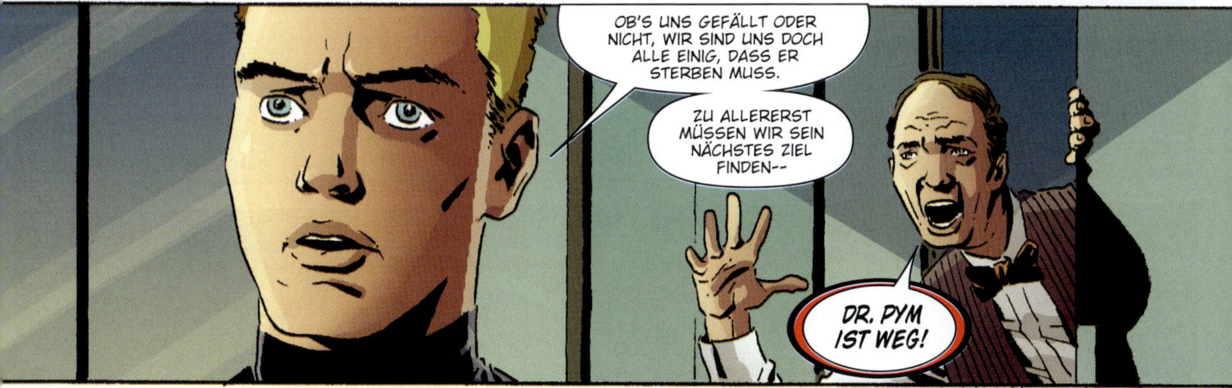
OB'S UNS GEFÄLLT ODER NICHT, WIR SIND UNS DOCH ALLE EINIG, DASS ER STERBEN MUSS.
ZU ALLERERST MÜSSEN WIR SEIN NÄCHSTES ZIEL FINDEN--
DR. PYM IST WEG!

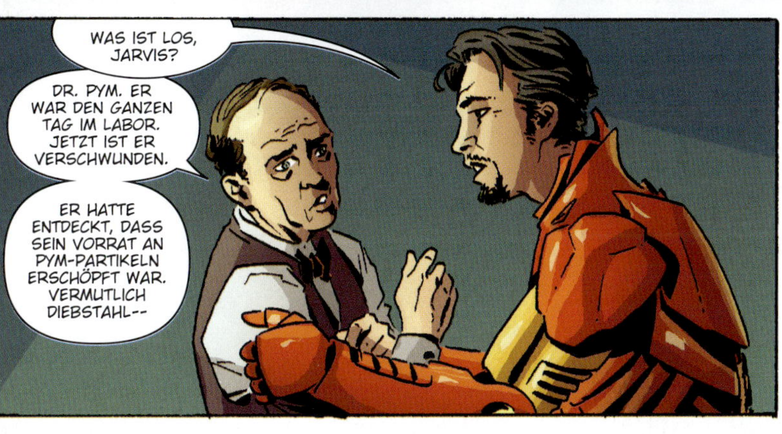
WAS IST LOS, JARVIS?
DR. PYM. ER WAR DEN GANZEN TAG IM LABOR. JETZT IST ER VERSCHWUNDEN.
ER HATTE ENTDECKT, DASS SEIN VORRAT AN PYM-PARTIKELN ERSCHÖPFT WAR. VERMUTLICH DIEBSTAHL--

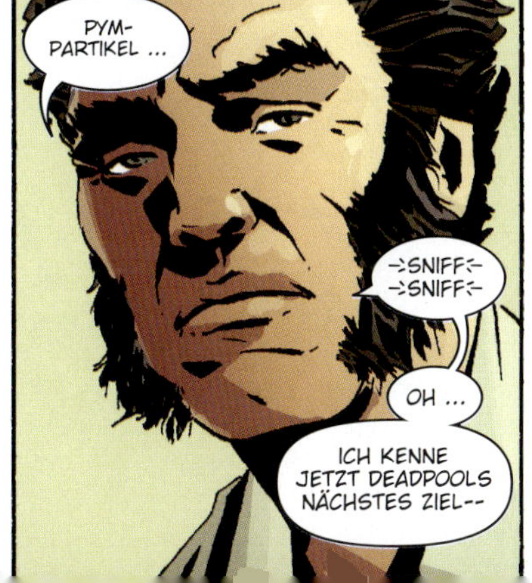
PYM-PARTIKEL ...
-SNIFF- -SNIFF-
OH ...
ICH KENNE JETZT DEADPOOLS NÄCHSTES ZIEL--

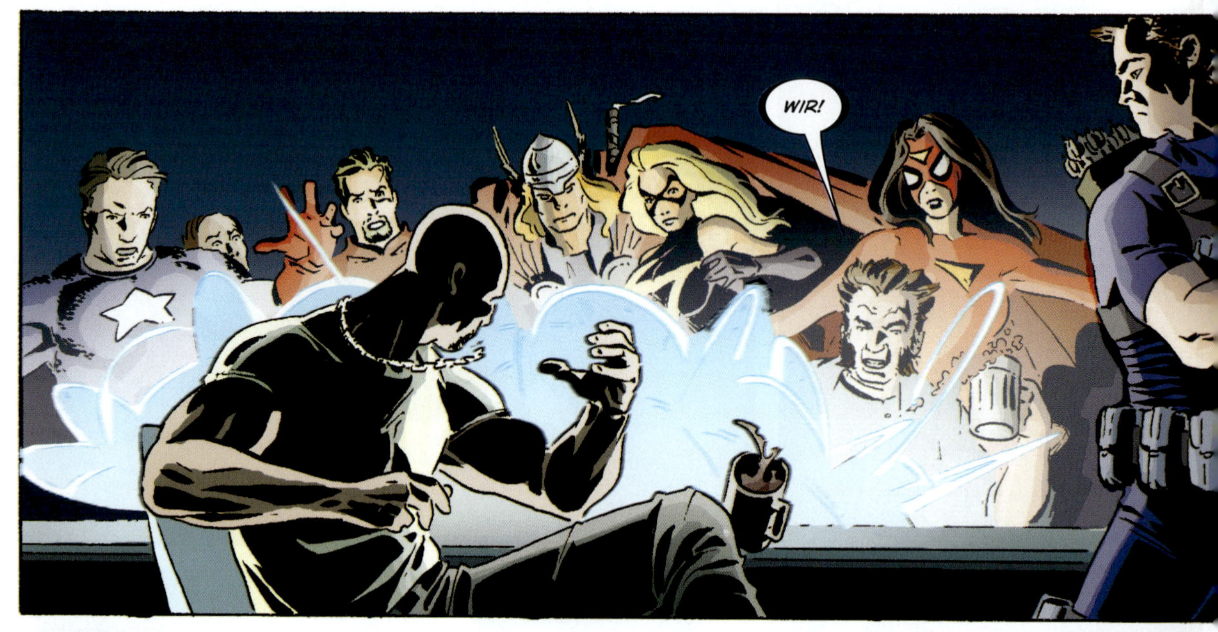
WIR!

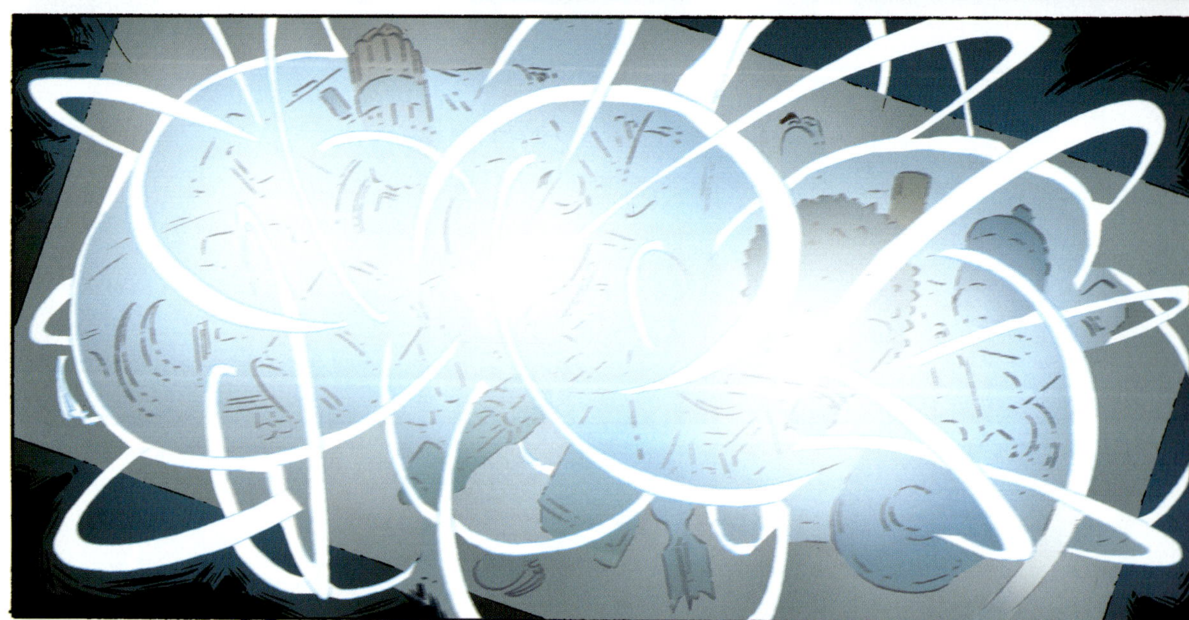

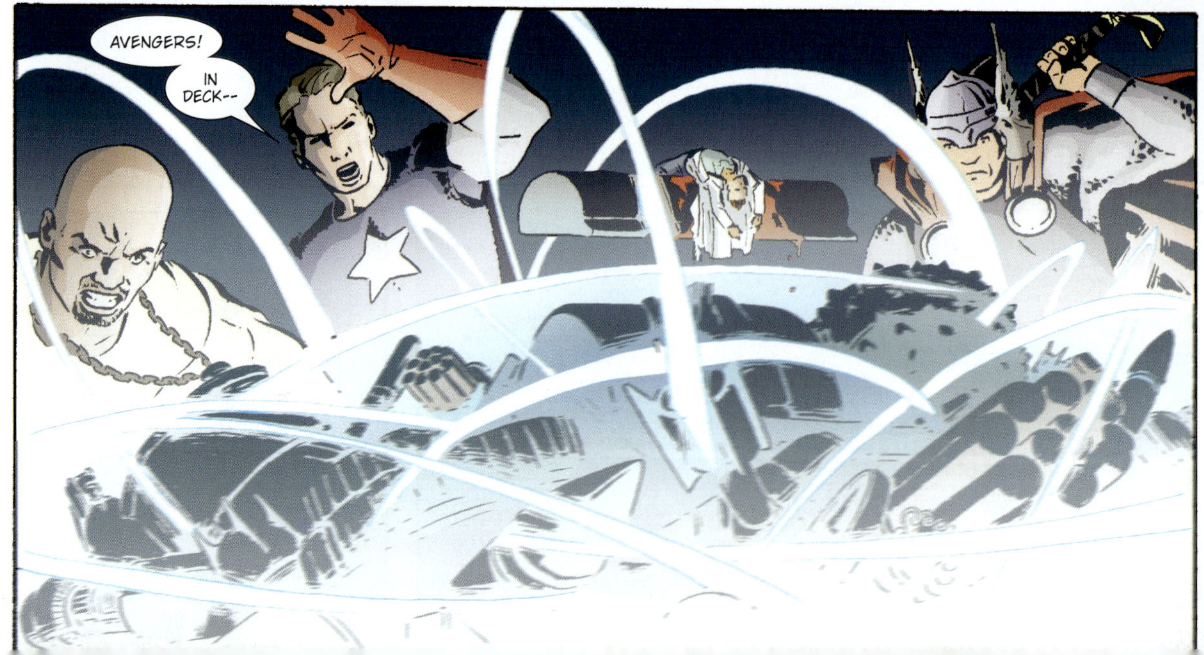
AVENGERS!
IN DECK--

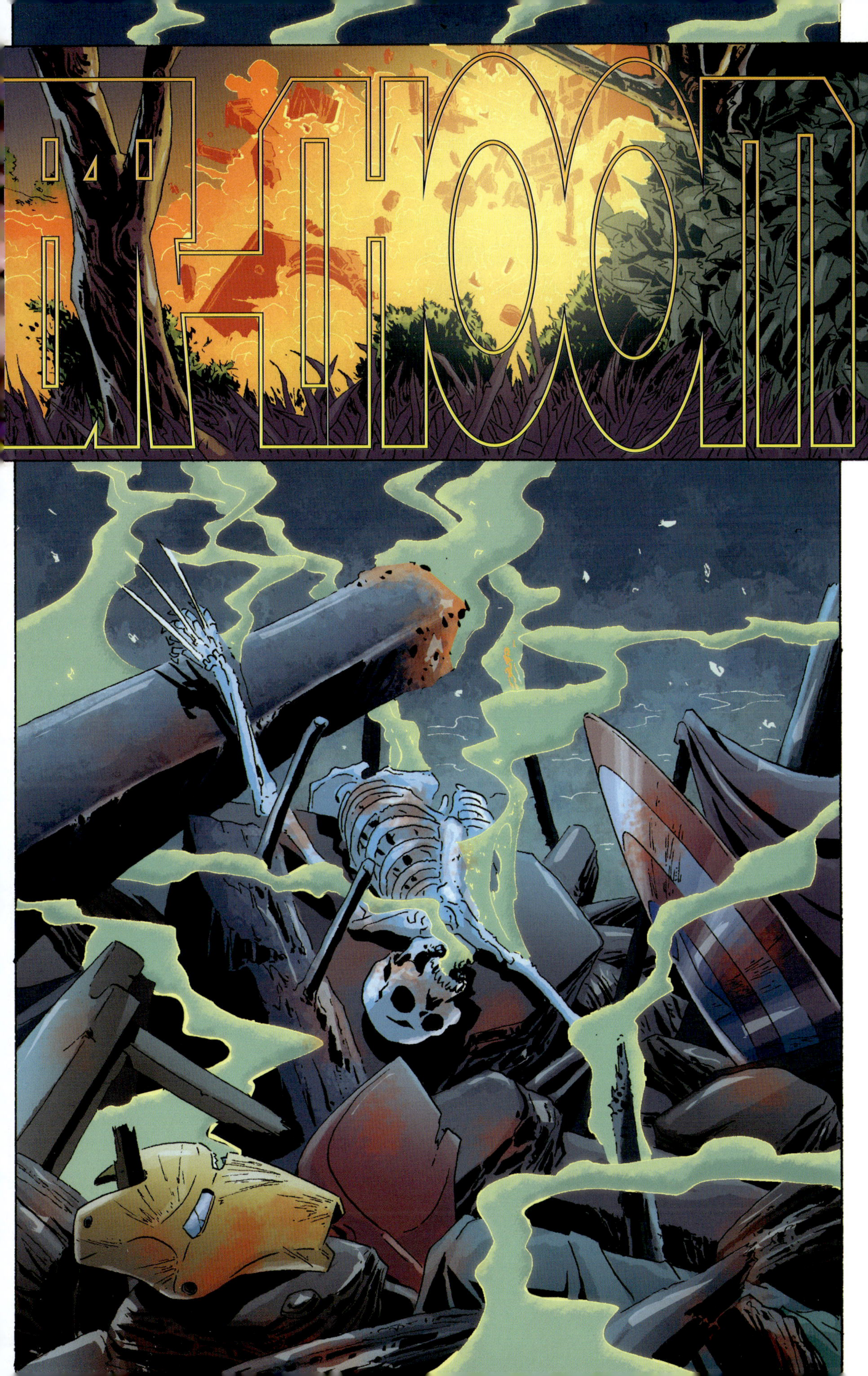
KTHOOM

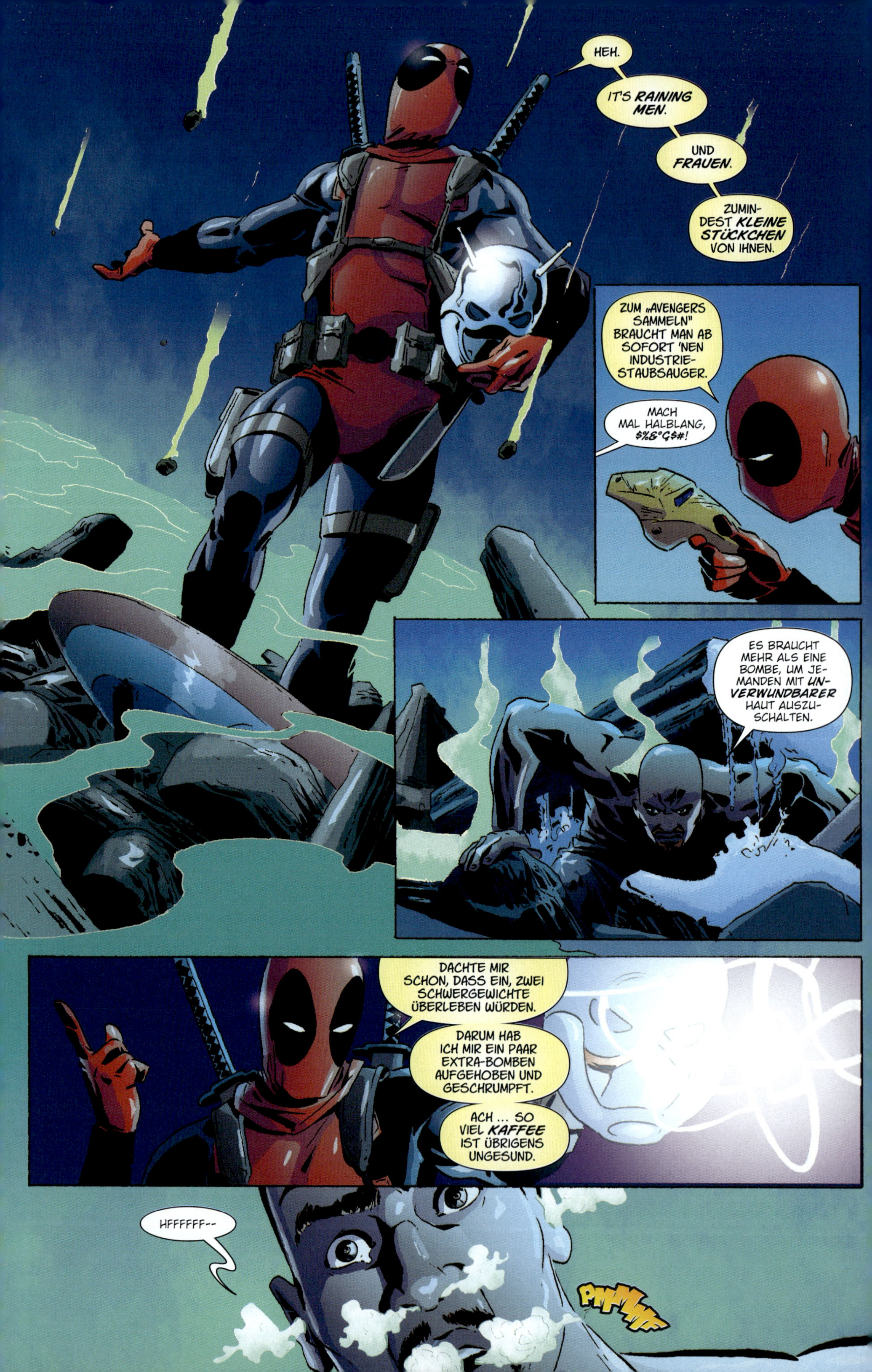
HEH.
IT'S RAINING MEN.
UND FRAUEN.
ZUMIN-DEST KLEINE STÜCKCHEN VON IHNEN.
ZUM „AVENGERS SAMMELN" BRAUCHT MAN AB SOFORT 'NEN INDUSTRIE-STAUBSAUGER.
MACH MAL HALBLANG, $%&°Ç$#!
ES BRAUCHT MEHR ALS EINE BOMBE, UM JE-MANDEN MIT UN-VERWUNDBARER HAUT AUSZU-SCHALTEN.
DACHTE MIR SCHON, DASS EIN, ZWEI SCHWERGEWICHTE ÜBERLEBEN WÜRDEN.
DARUM HAB ICH MIR EIN PAAR EXTRA-BOMBEN AUFGEHOBEN UND GESCHRUMPFT.
ACH ... SO VIEL KAFFEE IST ÜBRIGENS UNGESUND.
HFFFFFF--
PHMMF

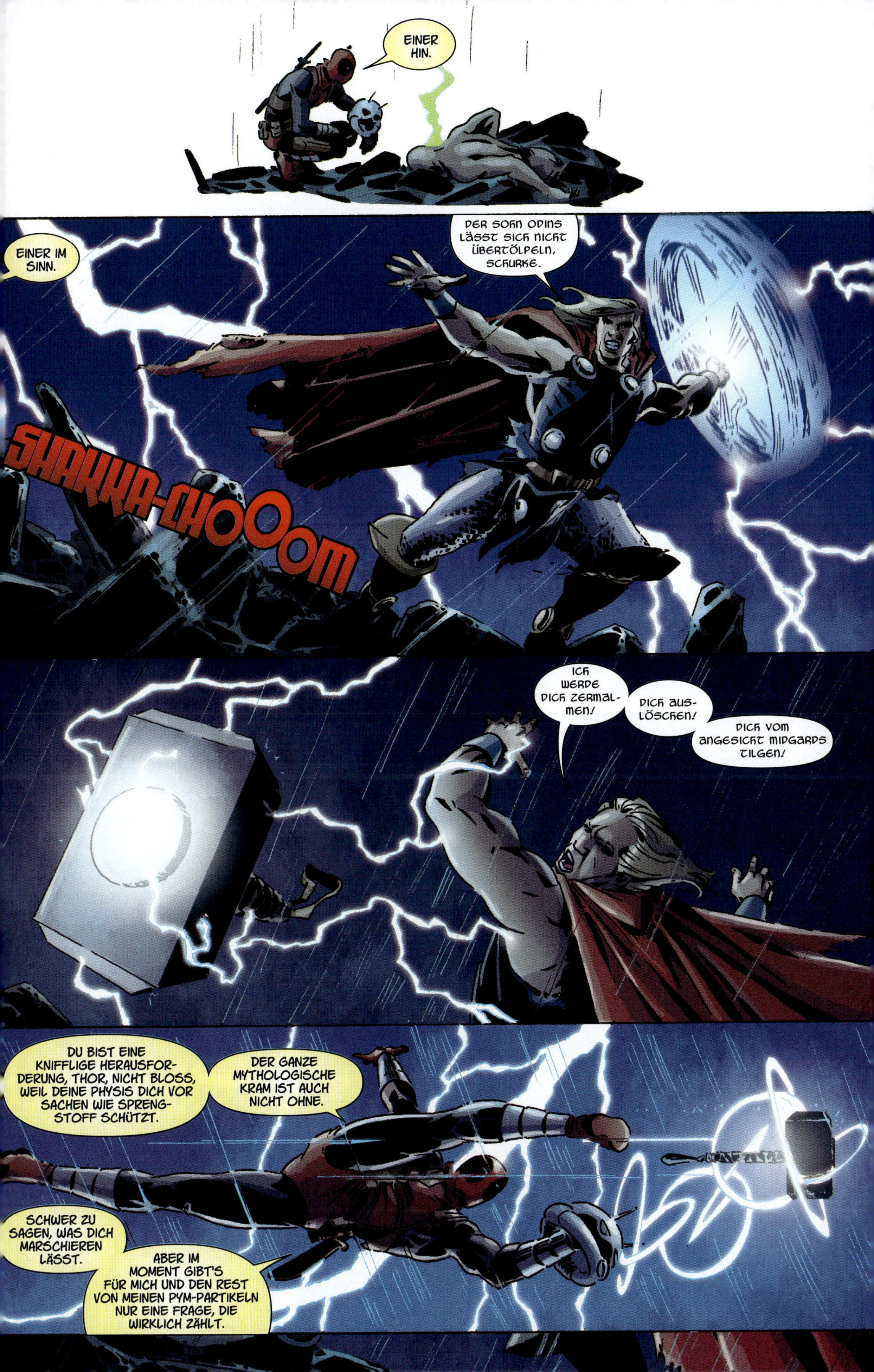
EINER HIN.
EINER IM SINN.
DER SOHN ODINS LÄSST SICH NICHT ÜBERTÖLPELN, SCHURKE.
SHAKKA-CHOOOOM
ICH WERDE DICH ZERMAL-MEN!
DICH AUS-LÖSCHEN!
DICH VOM ANGESICHT MIDGARDS TILGEN!
DU BIST EINE KNIFFLIGE HERAUSFOR-DERUNG, THOR, NICHT BLOSS, WEIL DEINE PHYSIS DICH VOR SACHEN WIE SPRENG-STOFF SCHÜTZT.
DER GANZE MYTHOLOGISCHE KRAM IST AUCH NICHT OHNE.
SCHWER ZU SAGEN, WAS DICH MARSCHIEREN LÄSST.
ABER IM MOMENT GIBT'S FÜR MICH UND DEN REST VON MEINEN PYM-PARTIKELN NUR EINE FRAGE, DIE WIRKLICH ZÄHLT.

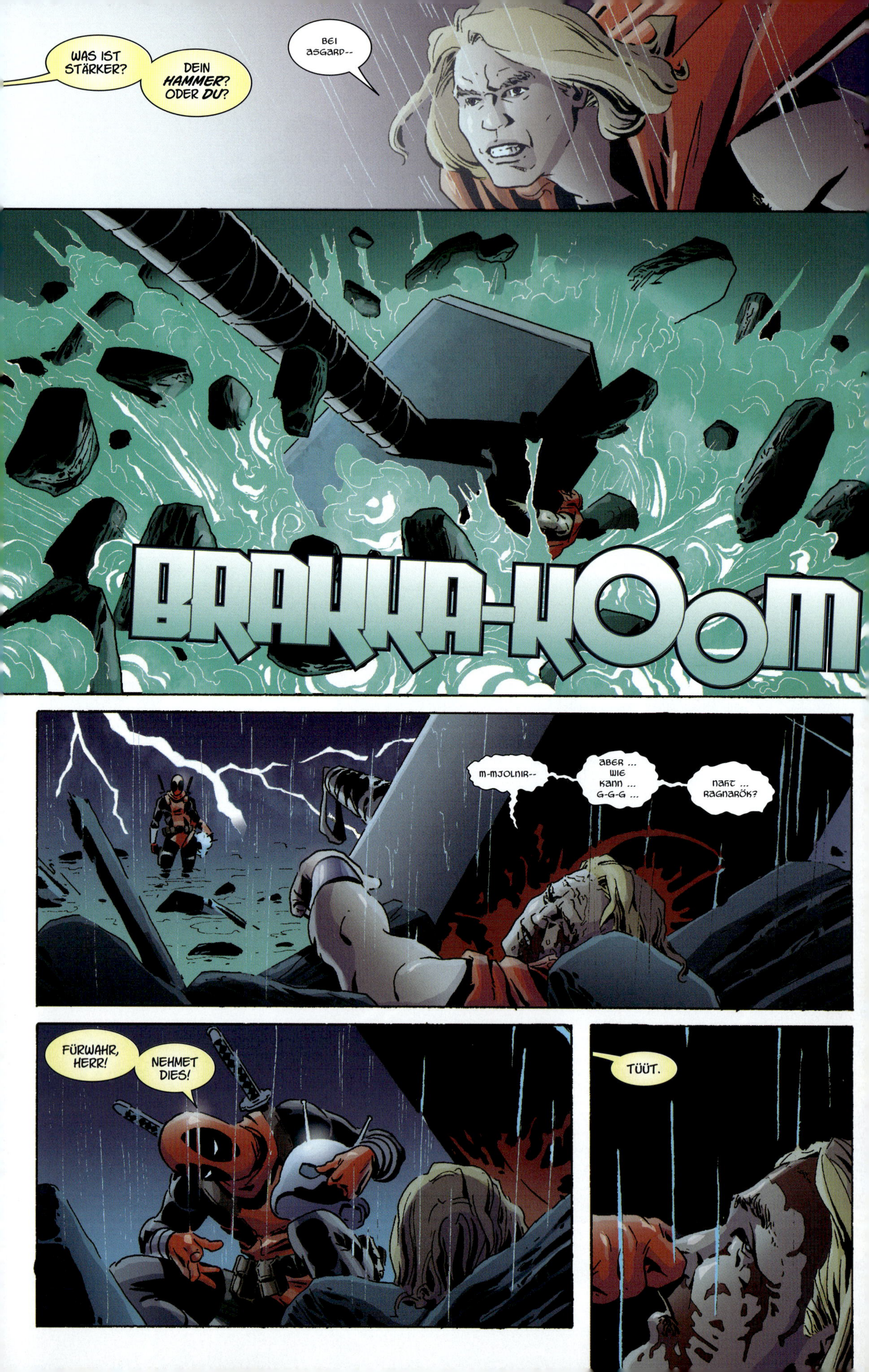

WAS IST STÄRKER?
DEIN *HAMMER?* ODER *DU?*
BEI ASGARD--

BRAKKA-KOOOM

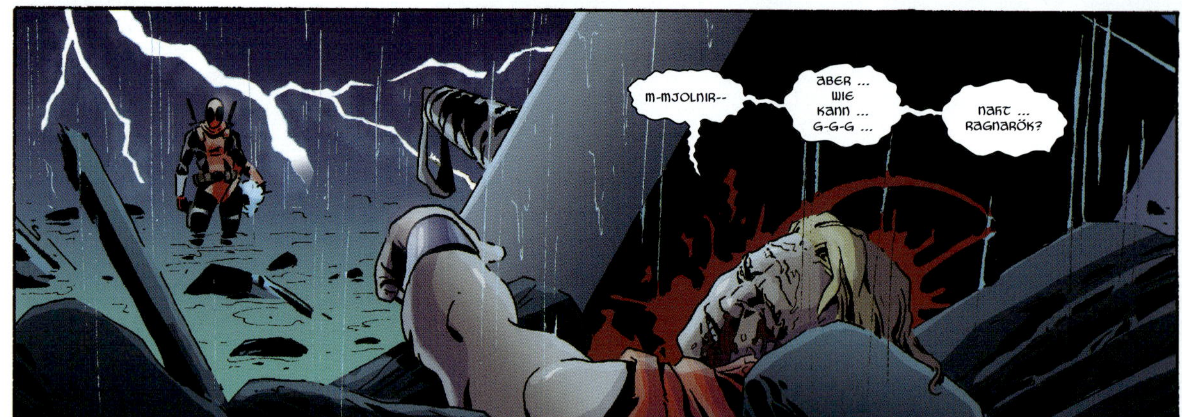

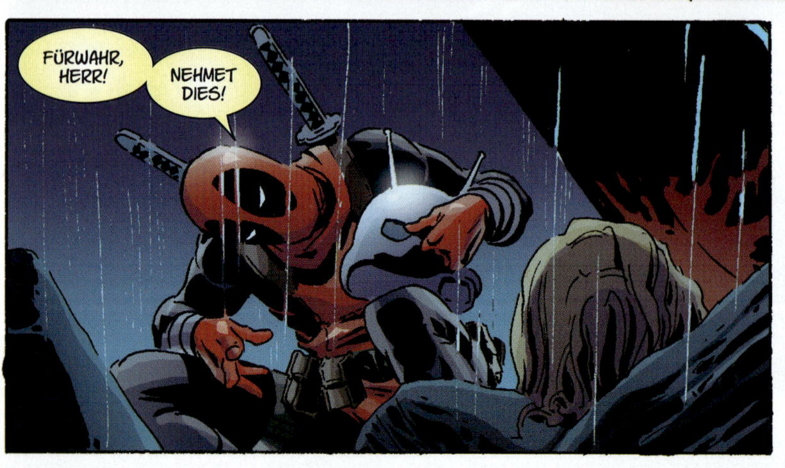

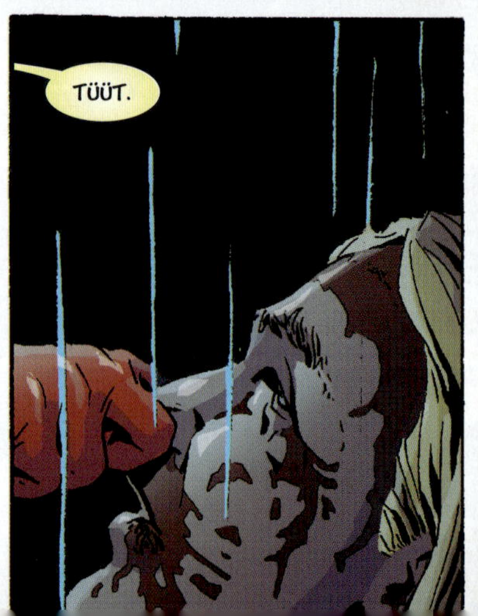

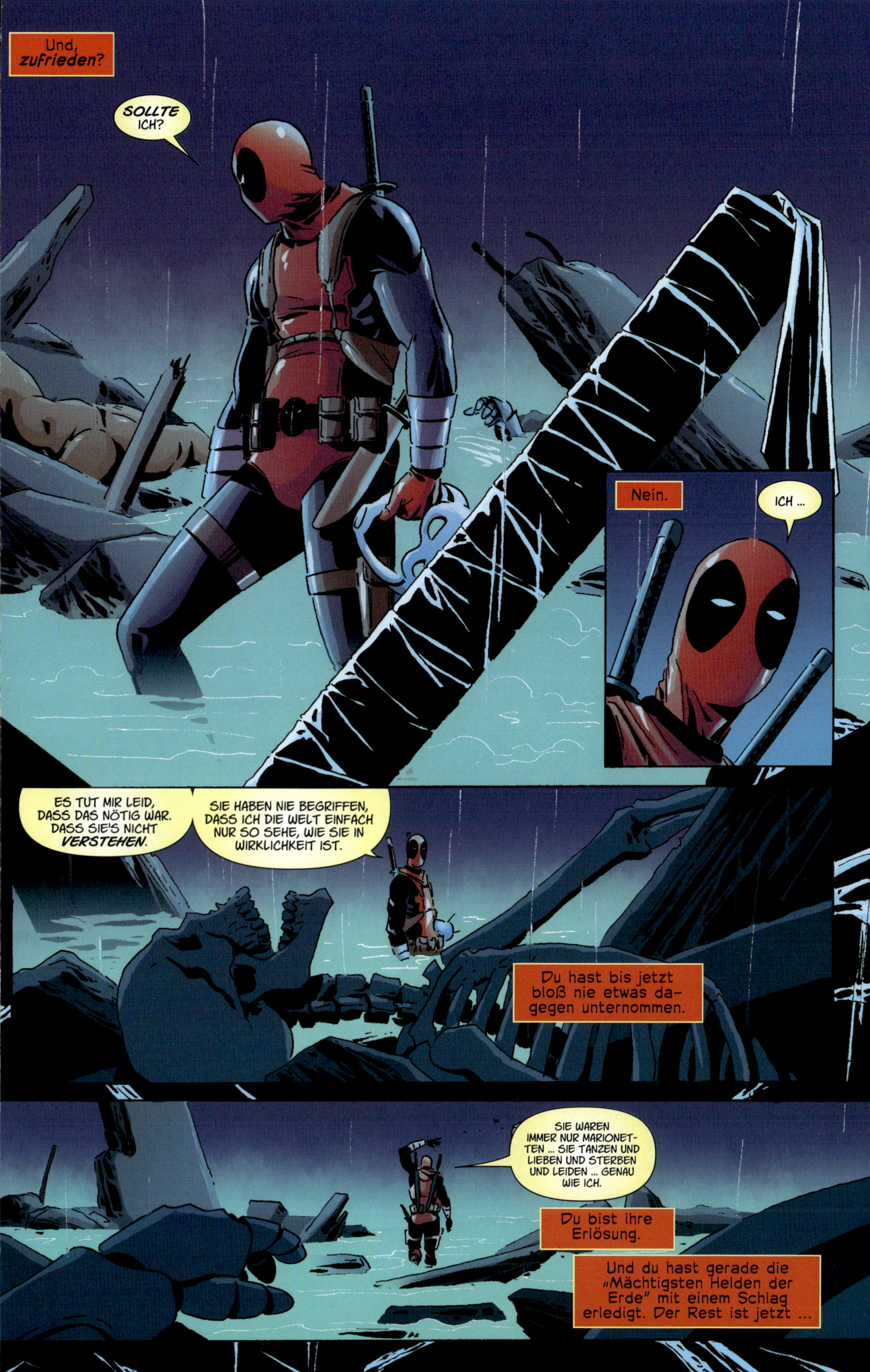
Und, *zufrieden*?
SOLLTE ICH?
Nein.
ICH ...
ES TUT MIR LEID, DASS DAS NÖTIG WAR. DASS SIE'S NICHT *VERSTEHEN*.
SIE HABEN NIE BEGRIFFEN, DASS ICH DIE WELT EINFACH NUR SO SEHE, WIE SIE IN WIRKLICHKEIT IST.
Du hast bis jetzt bloß nie etwas dagegen unternommen.
SIE WAREN IMMER NUR MARIONETTEN ... SIE TANZEN UND LIEBEN UND STERBEN UND LEIDEN ... GENAU WIE ICH.
Du bist ihre Erlösung.
Und du hast gerade die „Mächtigsten Helden der Erde" mit einem Schlag erledigt. Der Rest ist jetzt ...

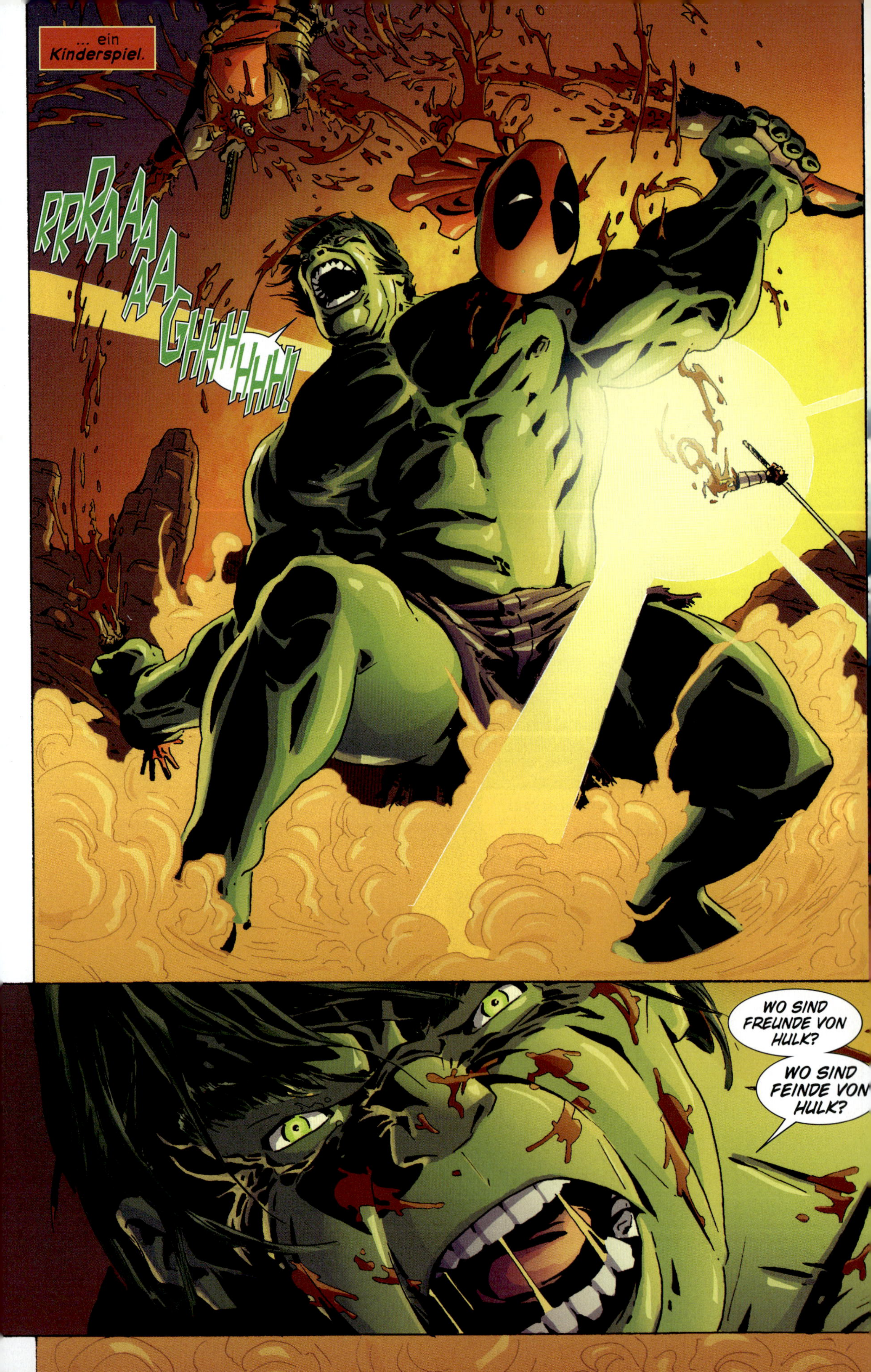

... ein Kinderspiel.
RRRAAAAAAGHHHHHH!
WO SIND FREUNDE VON HULK?
WO SIND FEINDE VON HULK?

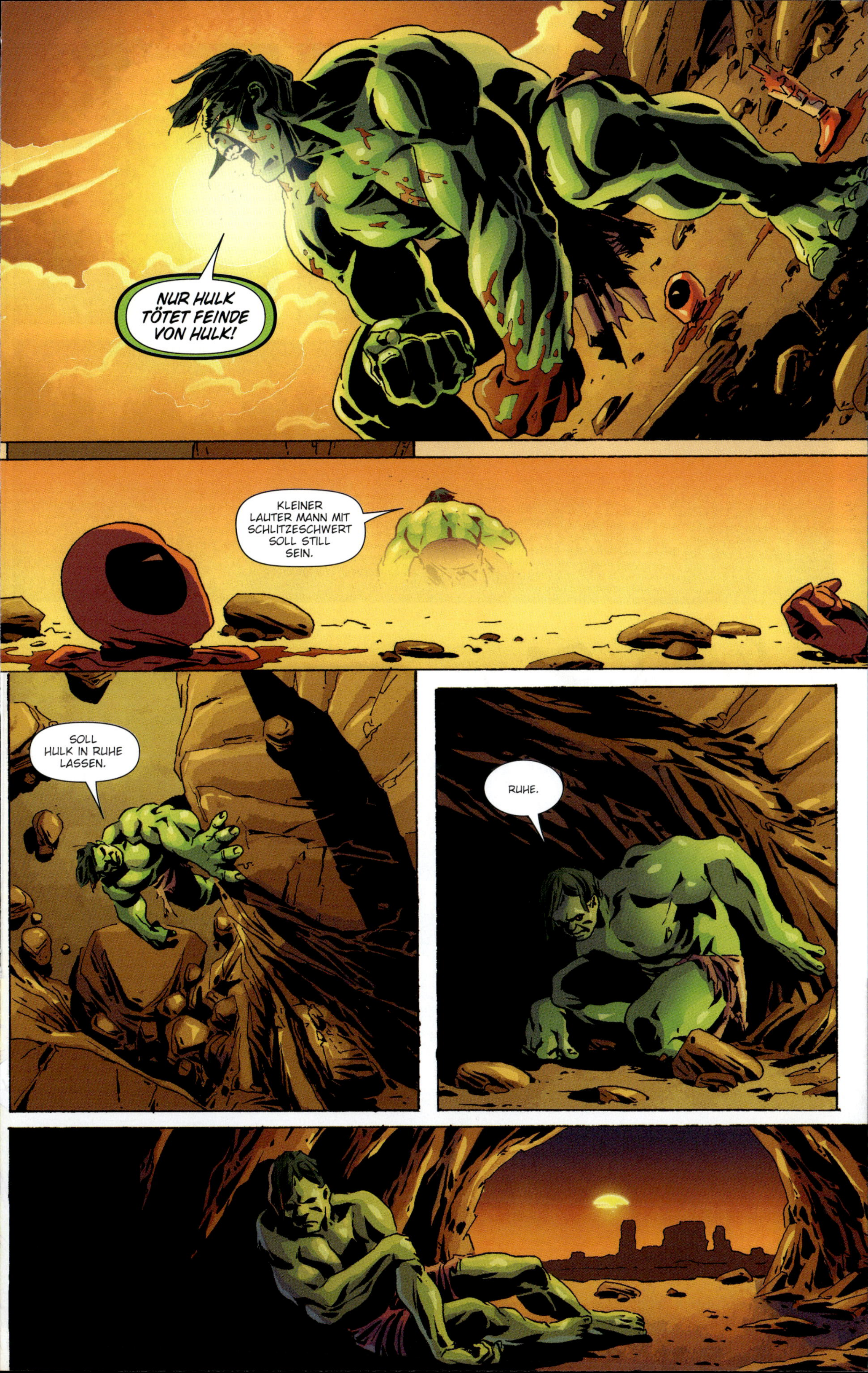

NUR HULK TÖTET FEINDE VON HULK!

KLEINER LAUTER MANN MIT SCHLITZESCHWERT SOLL STILL SEIN.

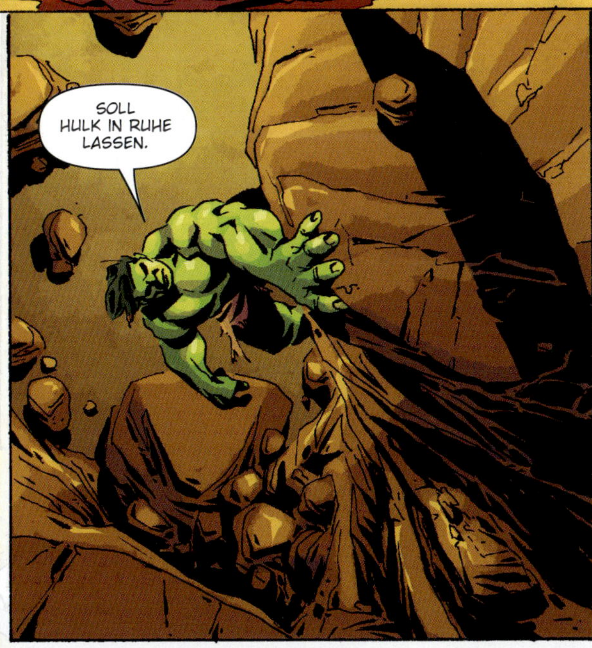

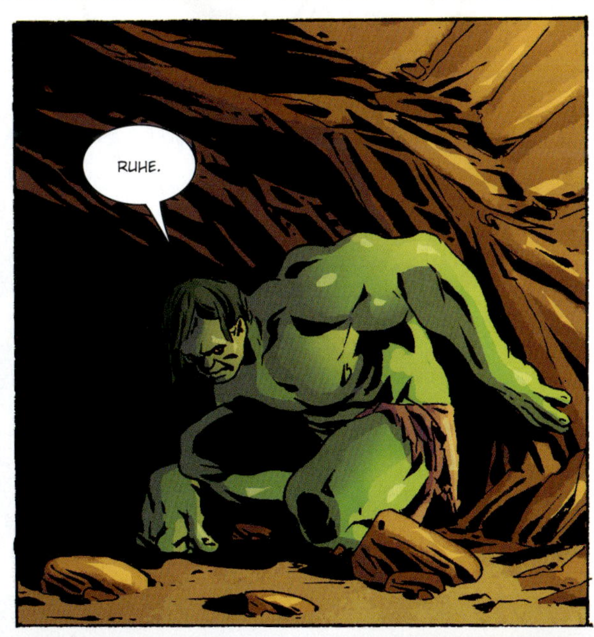

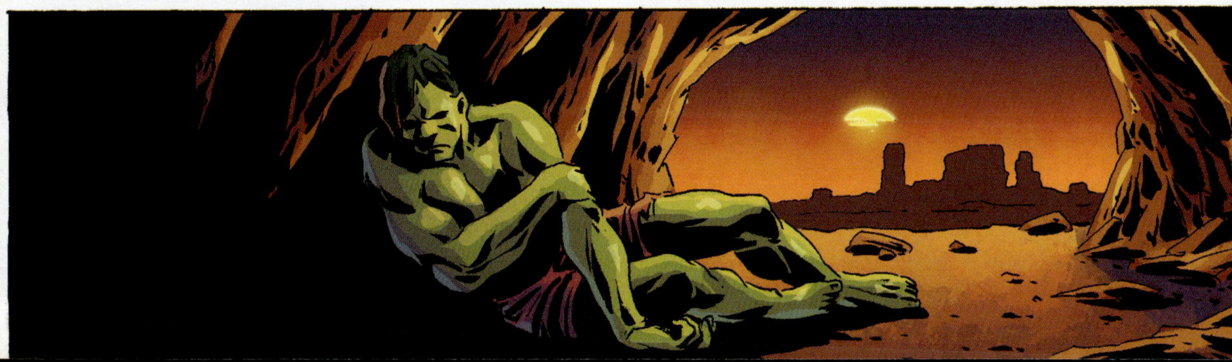

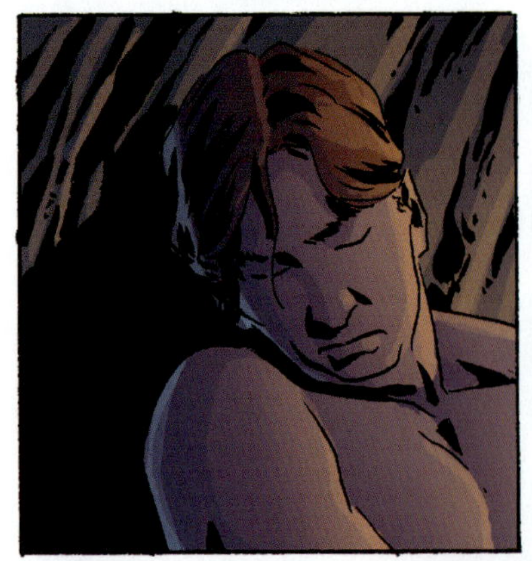
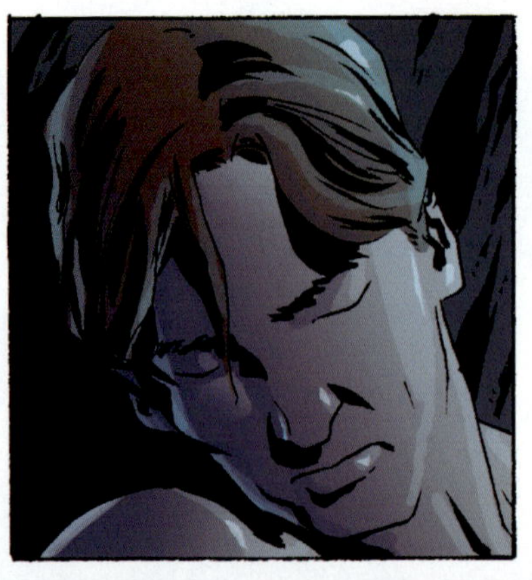
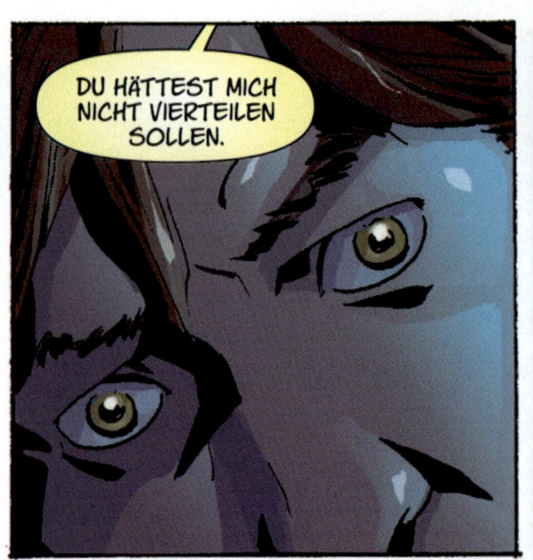
DU HÄTTEST MICH NICHT VIERTEILEN SOLLEN.
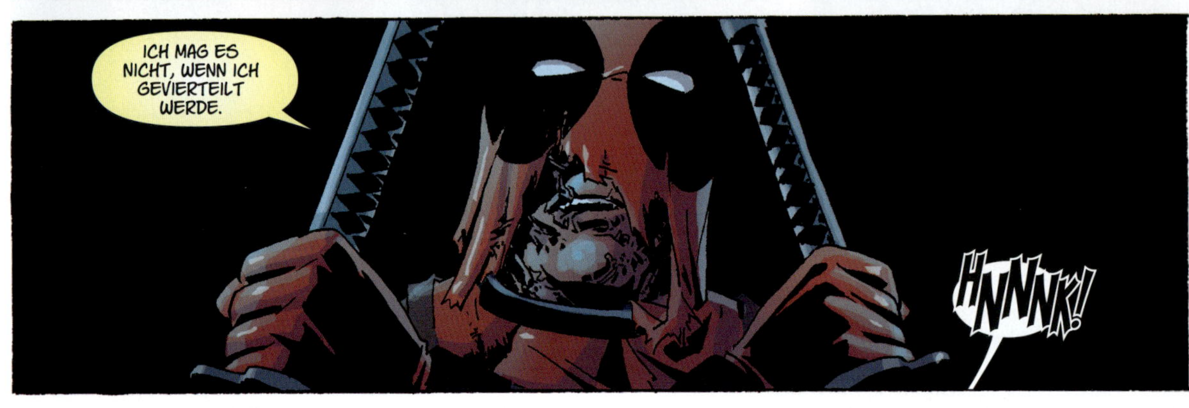
ICH MAG ES NICHT, WENN ICH GEVIERTEILT WERDE.
HNNNK!
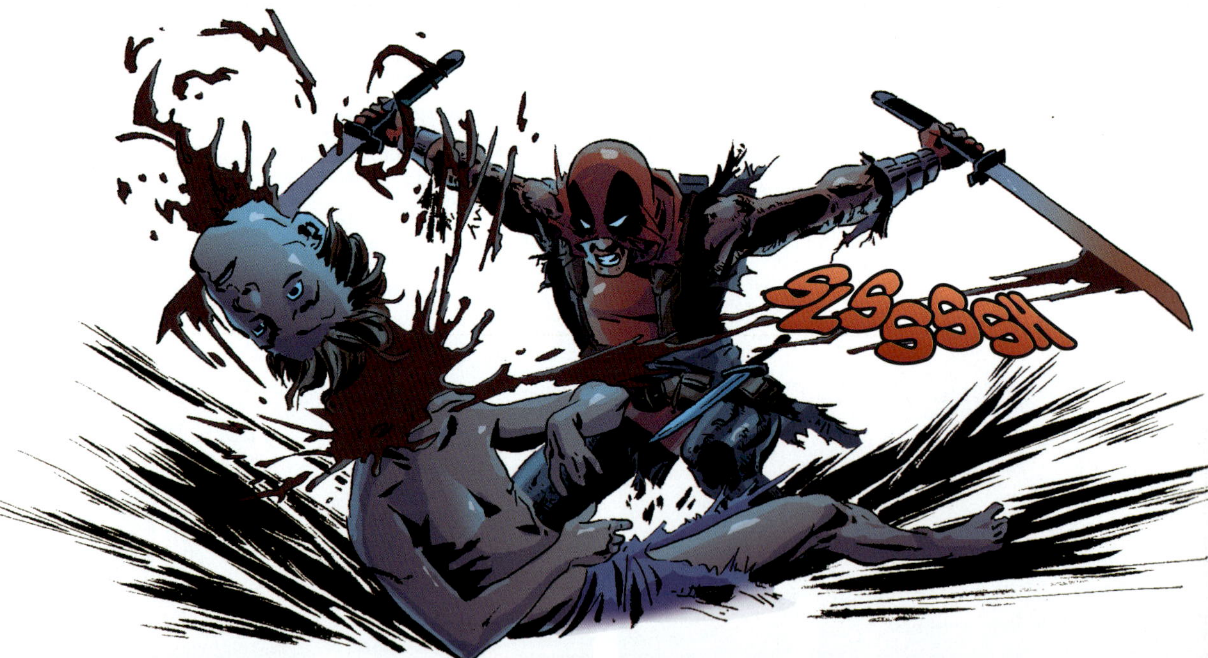
SLSSSSH
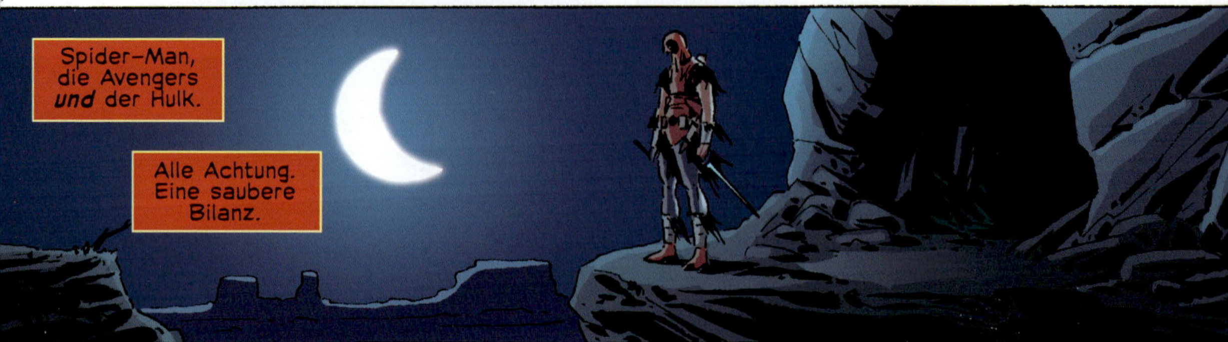
Spider-Man, die Avengers *und* der Hulk.
Alle Achtung. Eine saubere Bilanz.

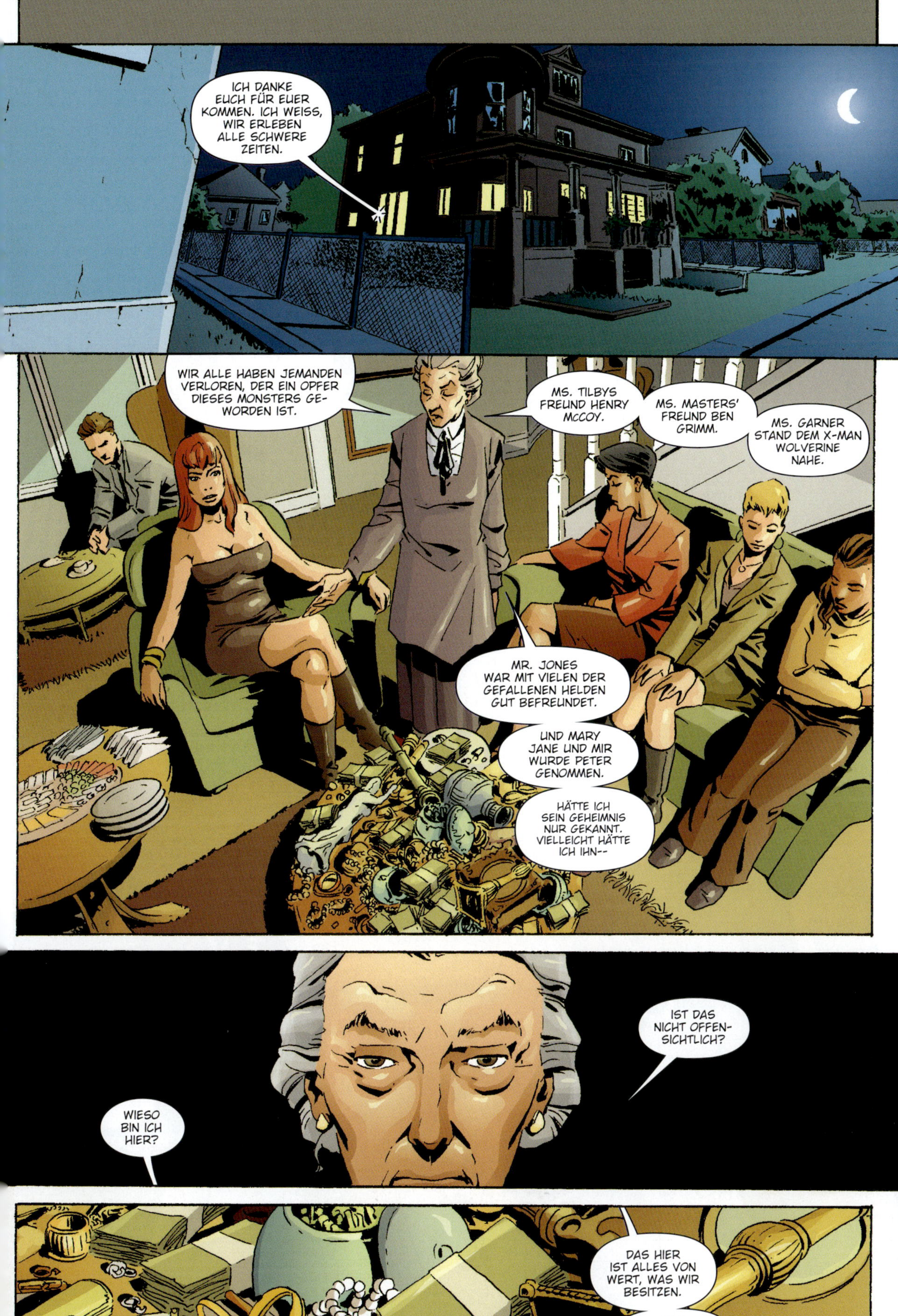
ICH DANKE EUCH FÜR EUER KOMMEN. ICH WEISS, WIR ERLEBEN ALLE SCHWERE ZEITEN.
WIR ALLE HABEN JEMANDEN VERLOREN, DER EIN OPFER DIESES MONSTERS GEWORDEN IST.
MS. TILBYS FREUND HENRY McCOY.
MS. MASTERS' FREUND BEN GRIMM.
MS. GARNER STAND DEM X-MAN WOLVERINE NAHE.
MR. JONES WAR MIT VIELEN DER GEFALLENEN HELDEN GUT BEFREUNDET.
UND MARY JANE UND MIR WURDE PETER GENOMMEN.
HÄTTE ICH SEIN GEHEIMNIS NUR GEKANNT. VIELLEICHT HÄTTE ICH IHN--
WIESO BIN ICH HIER?
IST DAS NICHT OFFENSICHTLICH?
DAS HIER IST ALLES VON WERT, WAS WIR BESITZEN.
WIR ENGAGIEREN SIE.

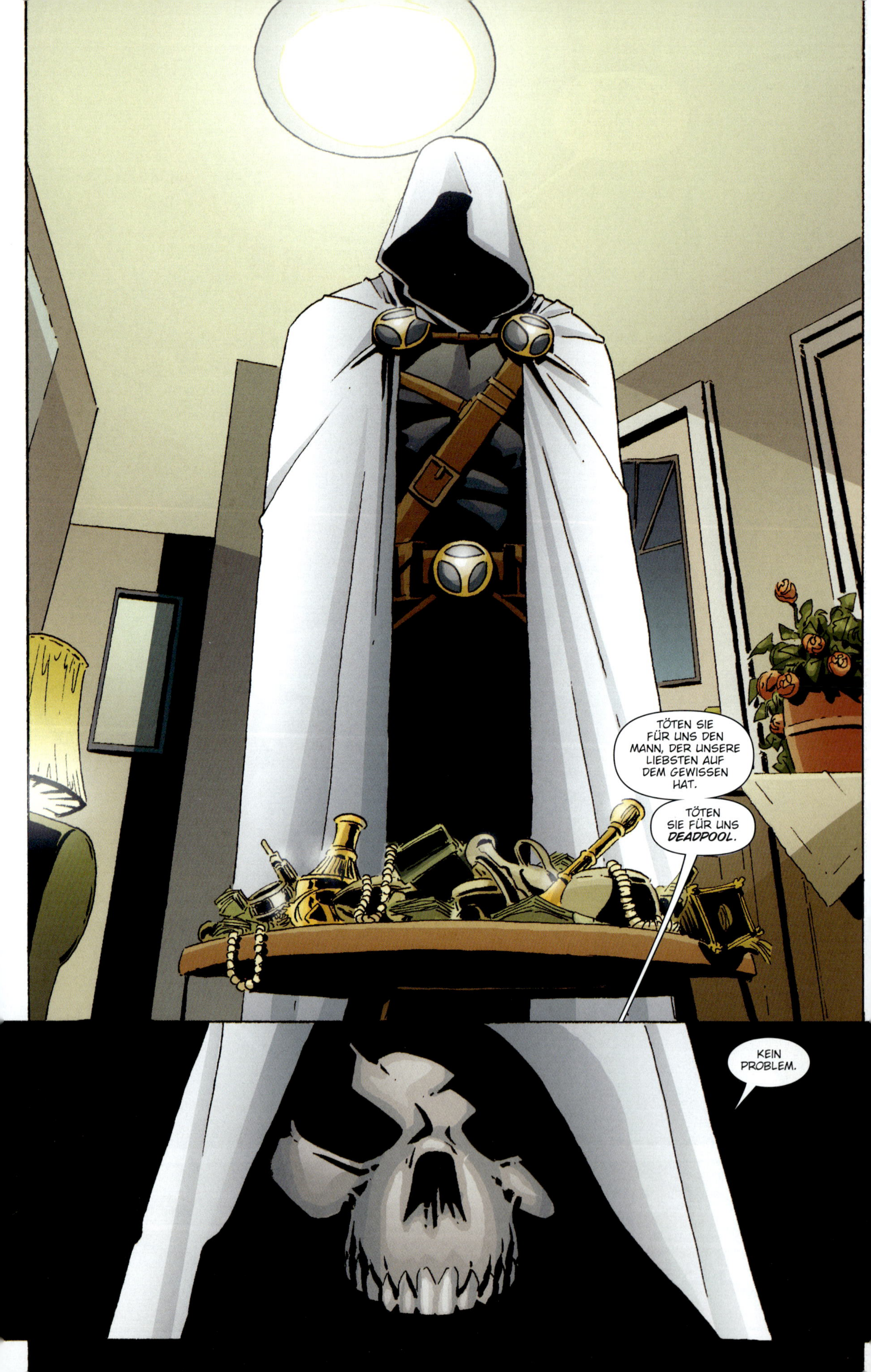
TÖTEN SIE FÜR UNS DEN MANN, DER UNSERE LIEBSTEN AUF DEM GEWISSEN HAT.
TÖTEN SIE FÜR UNS **DEADPOOL**.
KEIN PROBLEM.

DEADPOOL KILLT DAS MARVEL-UNIVERSUM, TEIL 3

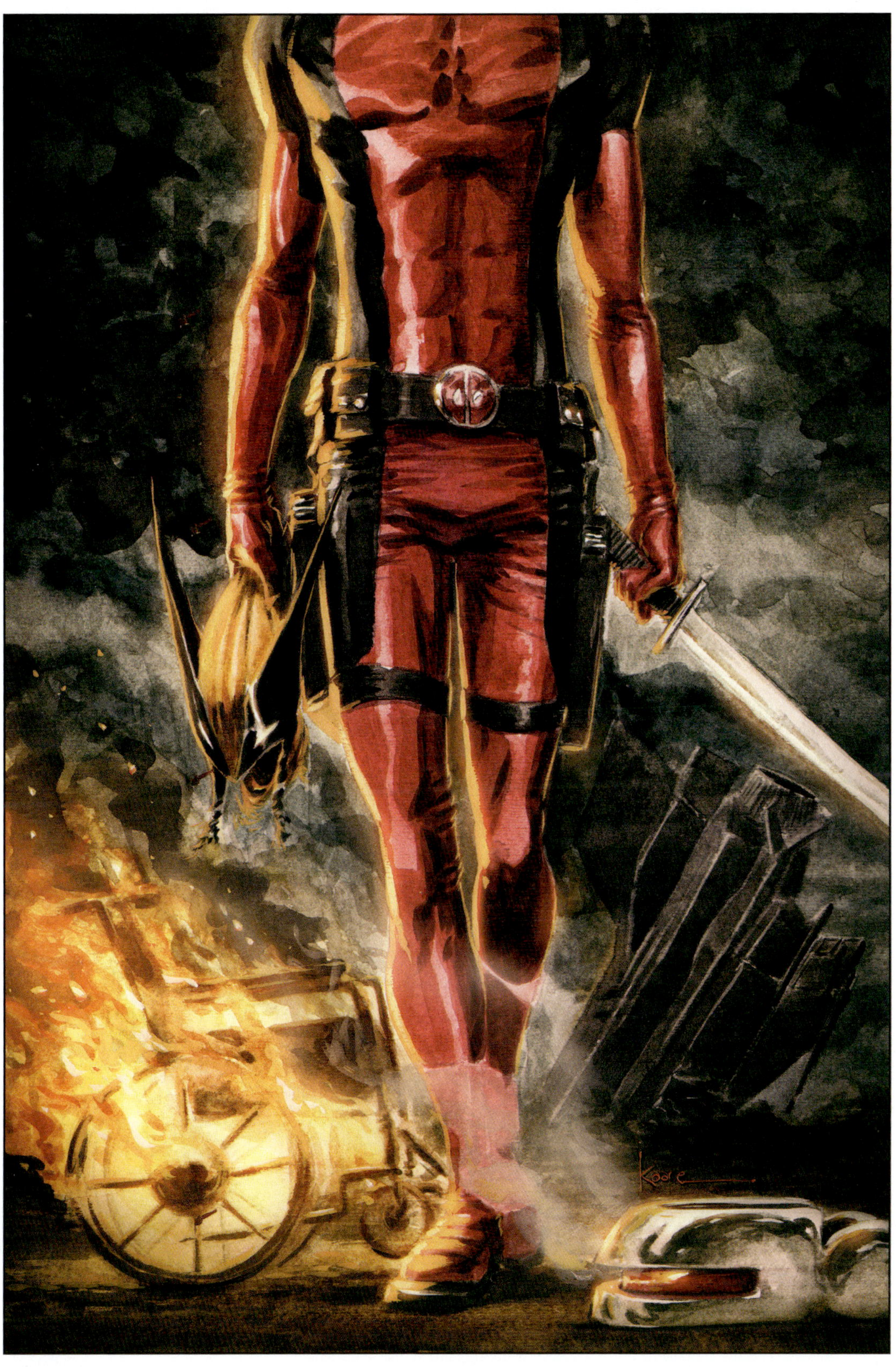

Deadpool Kills the Marvel Universe (2012) 3
Cover von **KAARE ANDREWS**

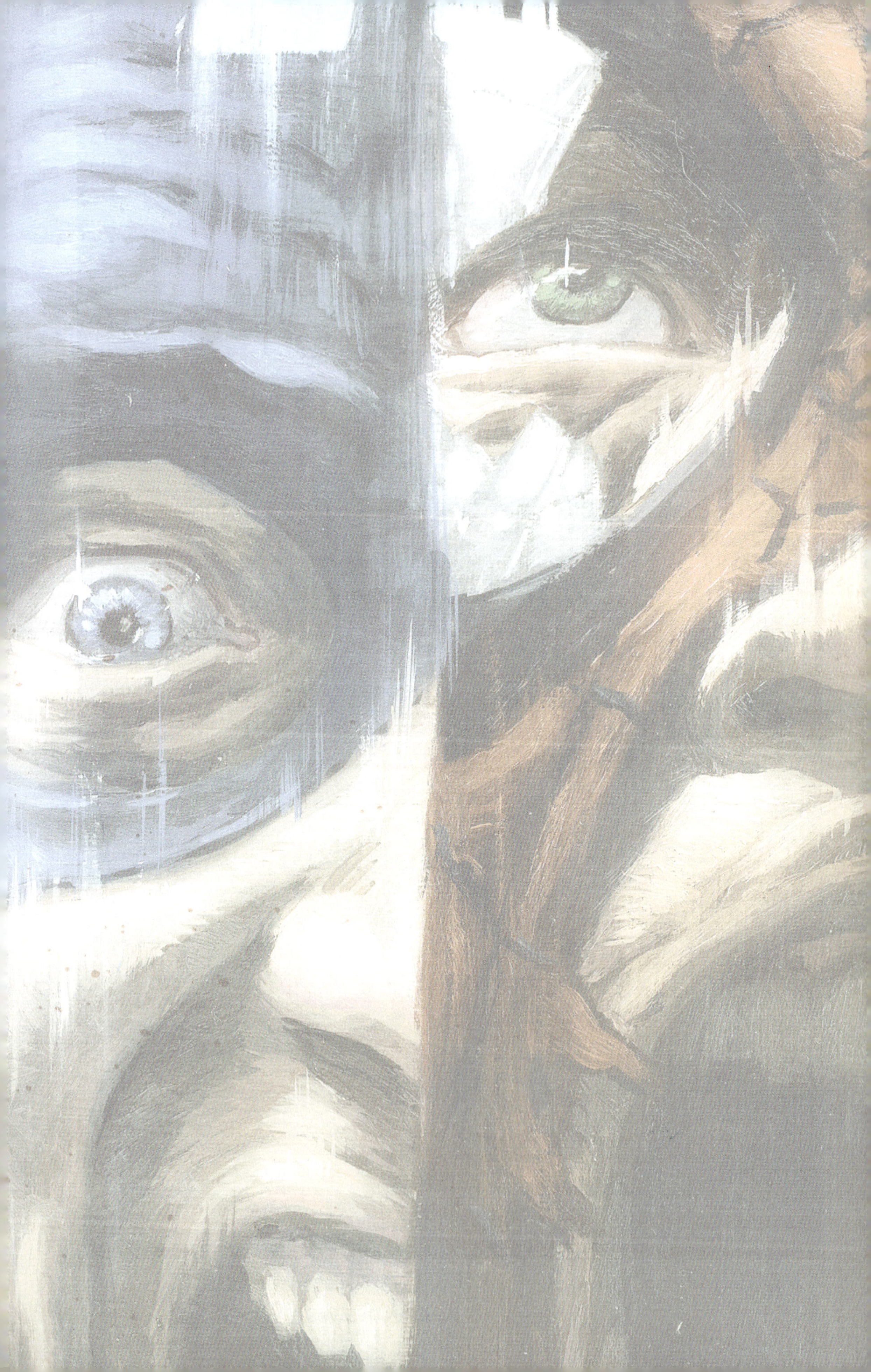

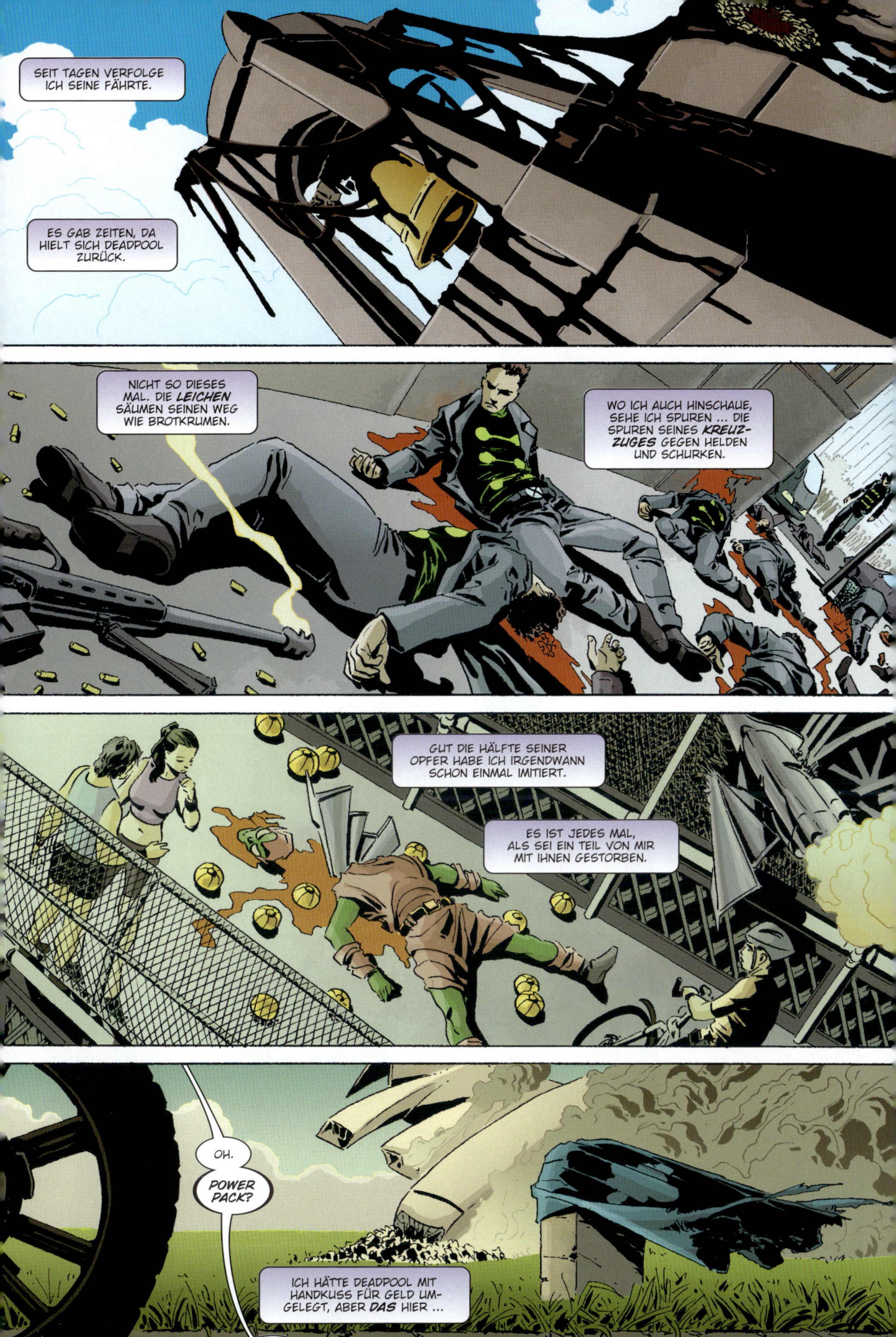
SEIT TAGEN VERFOLGE ICH SEINE FÄHRTE.
ES GAB ZEITEN, DA HIELT SICH DEADPOOL ZURÜCK.
NICHT SO DIESES MAL. DIE LEICHEN SÄUMEN SEINEN WEG WIE BROTKRUMEN.
WO ICH AUCH HINSCHAUE, SEHE ICH SPUREN ... DIE SPUREN SEINES KREUZ-ZUGES GEGEN HELDEN UND SCHURKEN.
GUT DIE HÄLFTE SEINER OPFER HABE ICH IRGENDWANN SCHON EINMAL IMITIERT.
ES IST JEDES MAL, ALS SEI EIN TEIL VON MIR MIT IHNEN GESTORBEN.
OH.
POWER PACK?
ICH HÄTTE DEADPOOL MIT HANDKUSS FÜR GELD UM-GELEGT, ABER DAS HIER ...
MANN ...

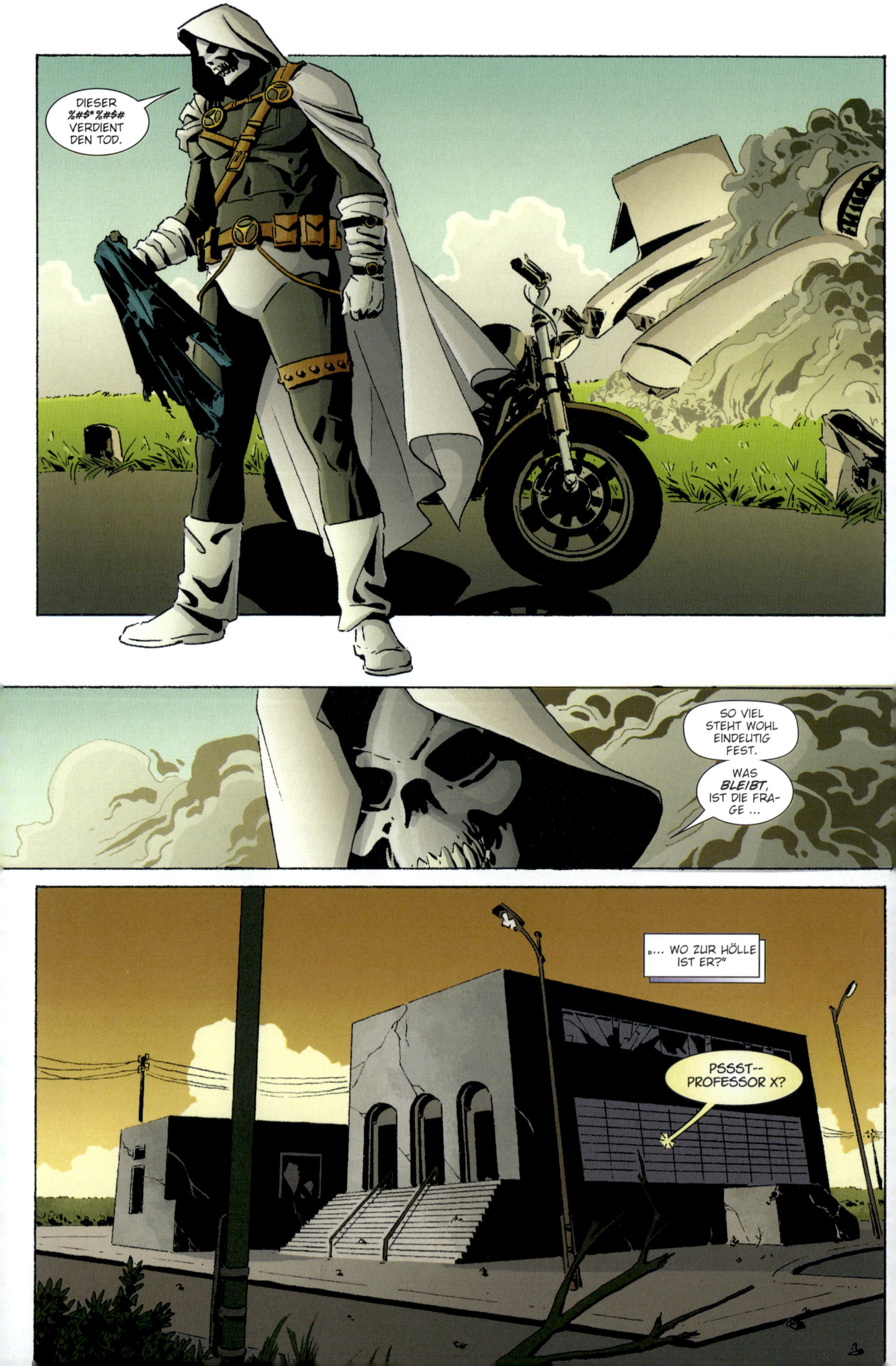

DIESER %#$*%#$# VERDIENT DEN TOD.

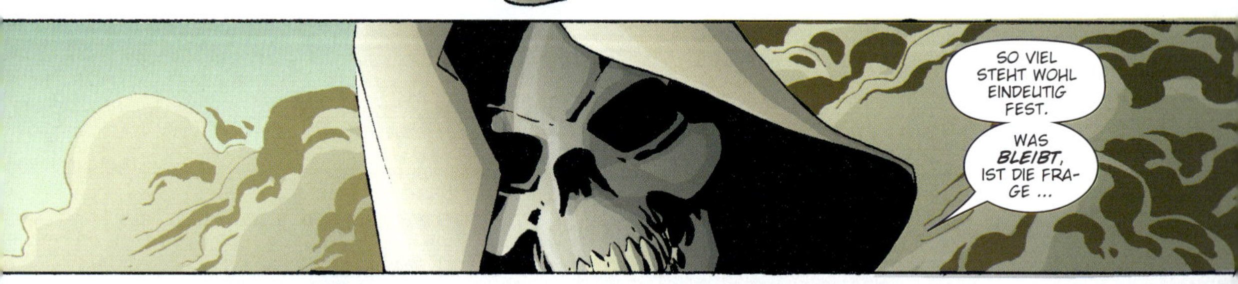
SO VIEL STEHT WOHL EINDEUTIG FEST.
WAS BLEIBT, IST DIE FRAGE ...

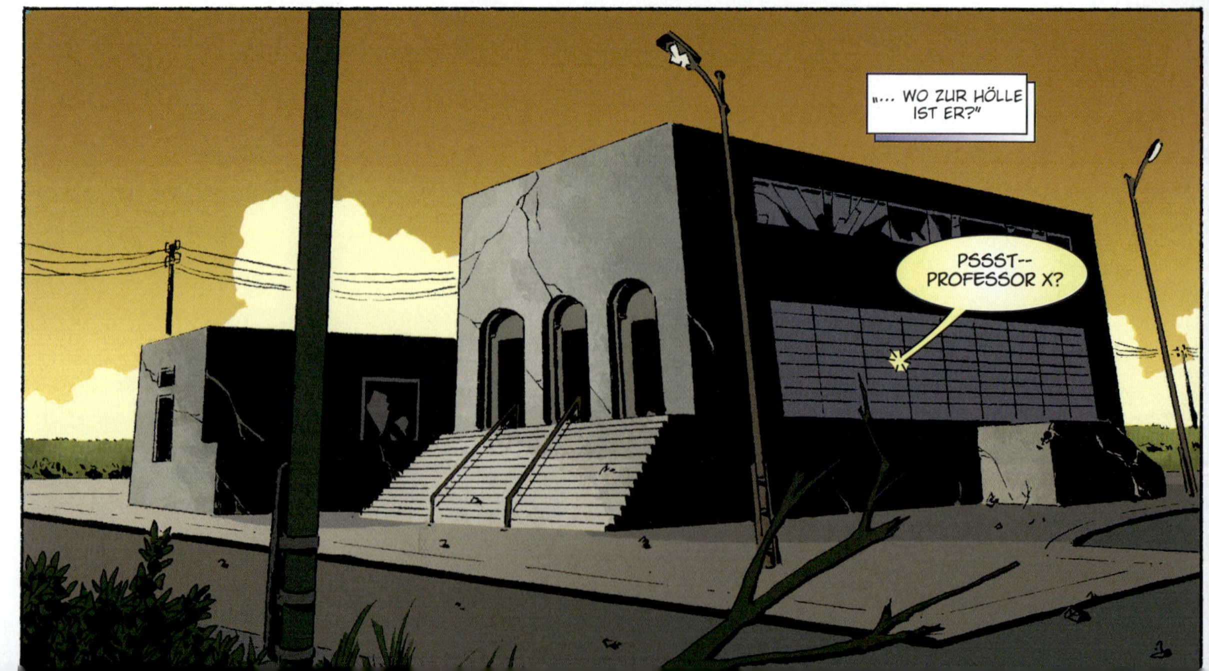
„... WO ZUR HÖLLE IST ER?"
PSSST-- PROFESSOR X?

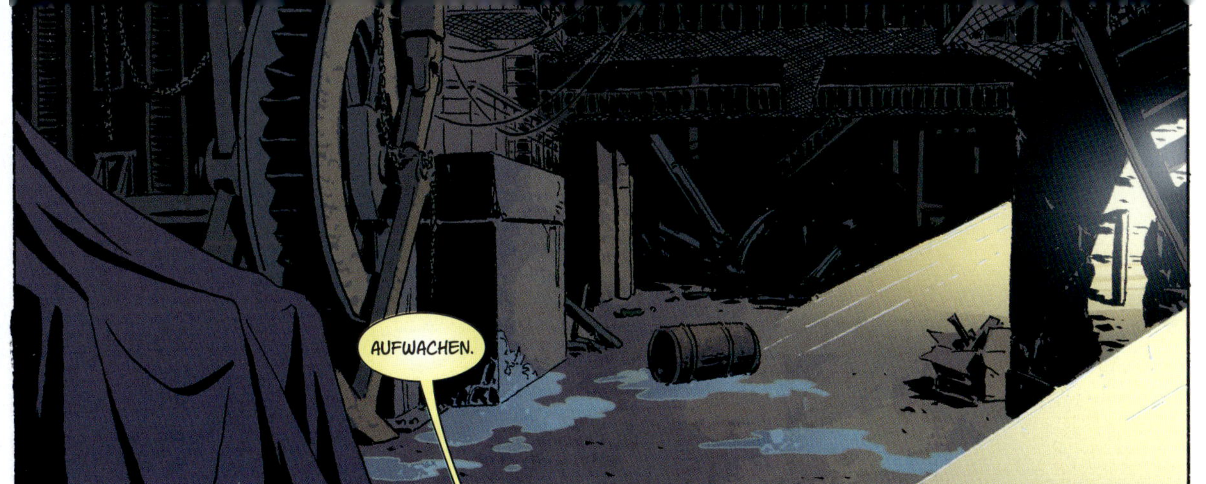
AUFWACHEN.
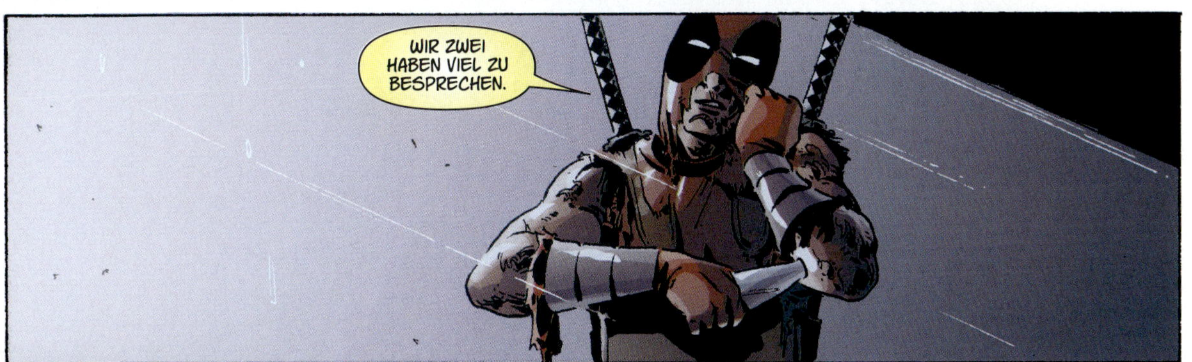
WIR ZWEI HABEN VIEL ZU BESPRECHEN.
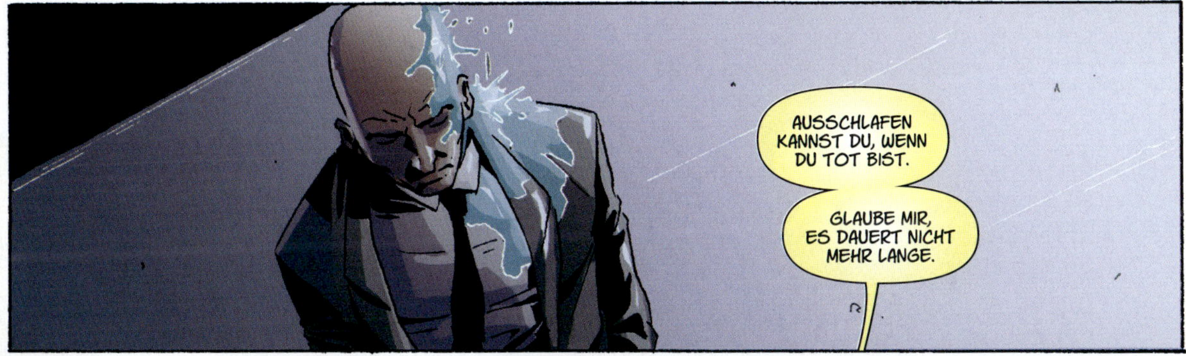
AUSSCHLAFEN KANNST DU, WENN DU TOT BIST.
GLAUBE MIR, ES DAUERT NICHT MEHR LANGE.
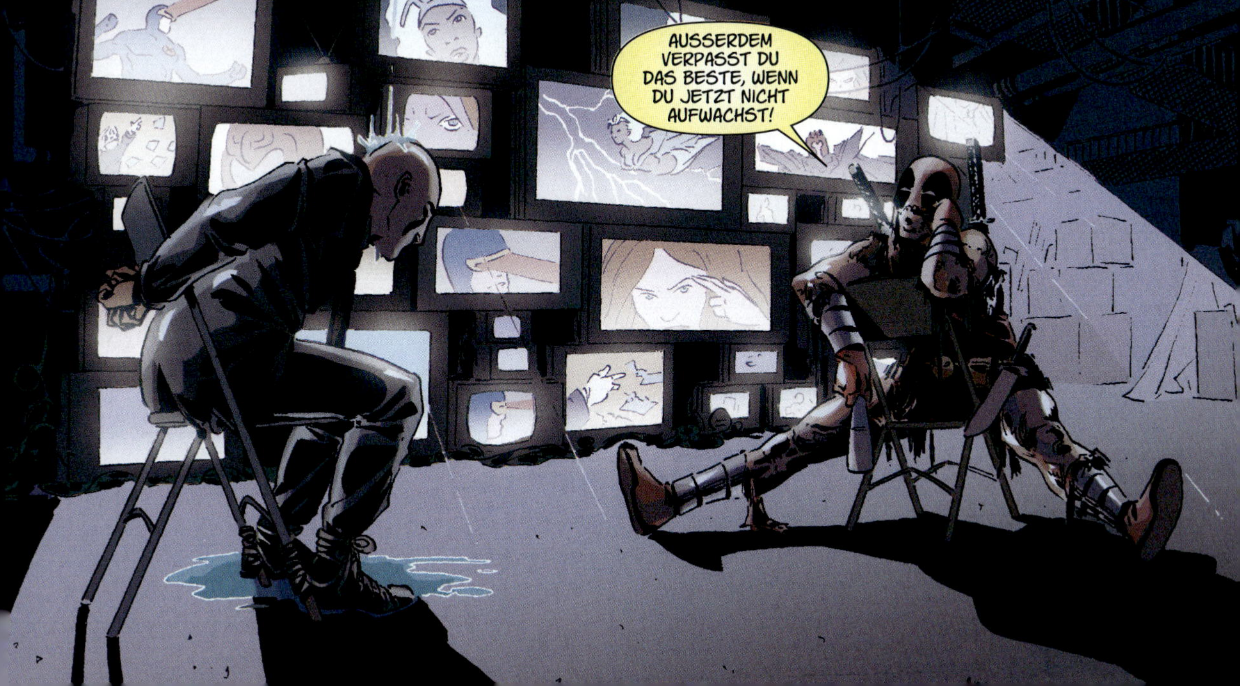
AUSSERDEM VERPASST DU DAS BESTE, WENN DU JETZT NICHT AUFWACHST!

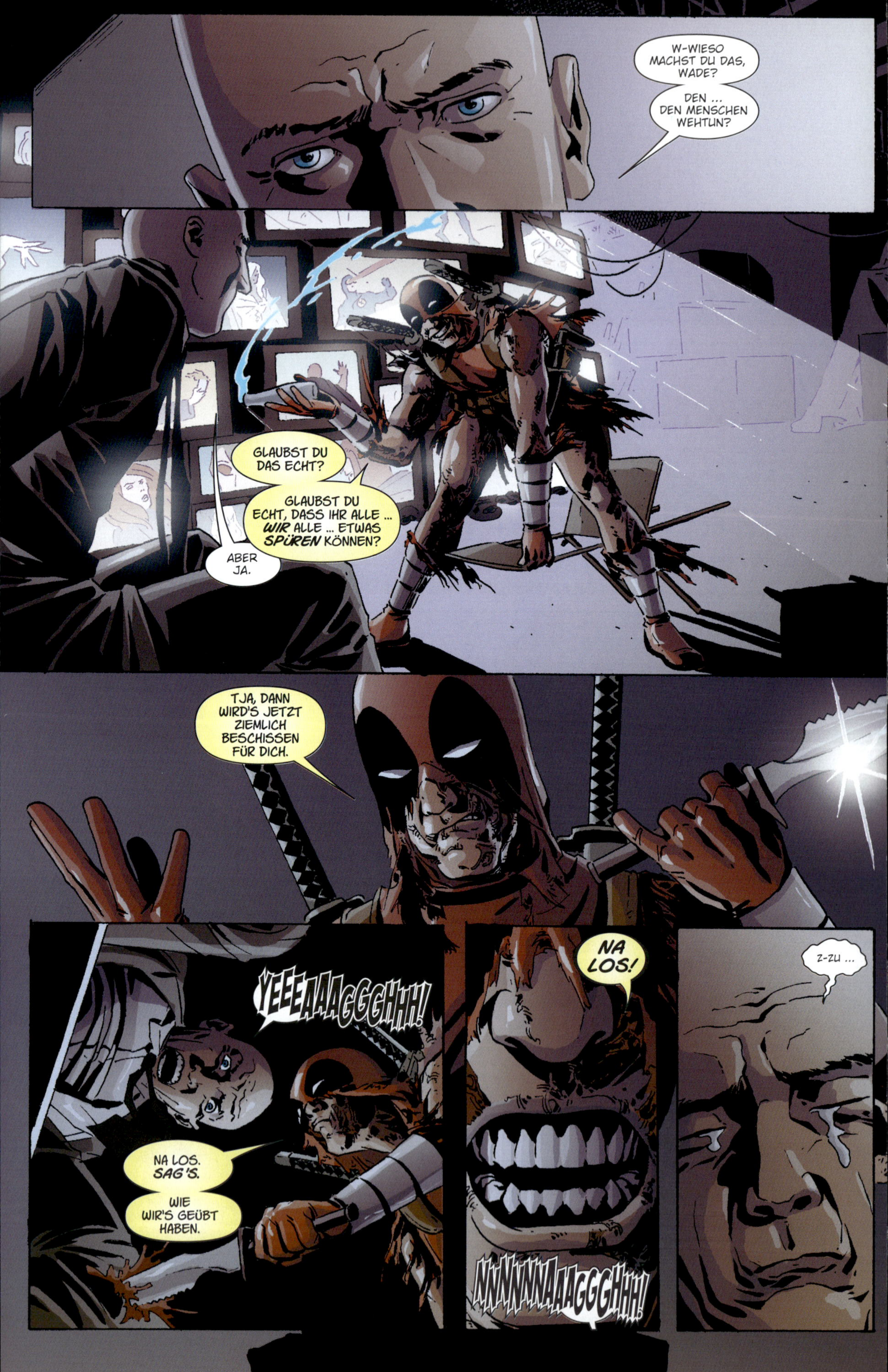
W-WIESO MACHST DU DAS, WADE?
DEN ... DEN MENSCHEN WEHTUN?
GLAUBST DU DAS ECHT?
GLAUBST DU ECHT, DASS IHR ALLE ... WIR ALLE ... ETWAS SPÜREN KÖNNEN?
ABER JA.
TJA, DANN WIRD'S JETZT ZIEMLICH BESCHISSEN FÜR DICH.
YEEEAAAGGGHHH!
NA LOS. SAG'S.
WIE WIR'S GEÜBT HABEN.
NA LOS!
NNNNNNAAAGGHHH!
Z-ZU ...

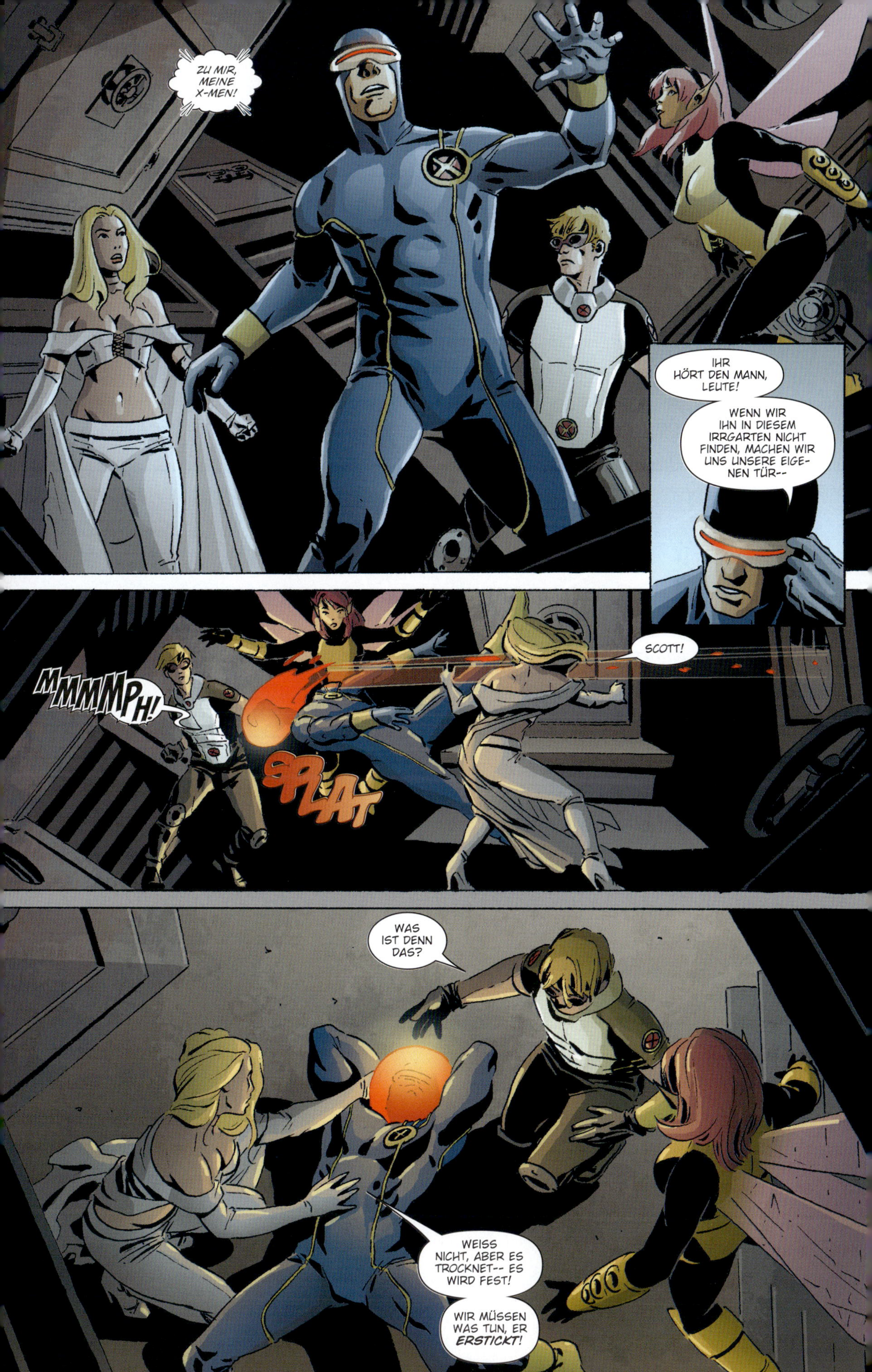

ZU MIR, MEINE X-MEN!
IHR HÖRT DEN MANN, LEUTE!
WENN WIR IHN IN DIESEM IRRGARTEN NICHT FINDEN, MACHEN WIR UNS UNSERE EIGENEN TÜR--
SCOTT!
MMMMMPH!
SPLAT
WAS IST DENN DAS?
WEISS NICHT, ABER ES TROCKNET-- ES WIRD FEST!
WIR MÜSSEN WAS TUN, ER *ERSTICKT*!

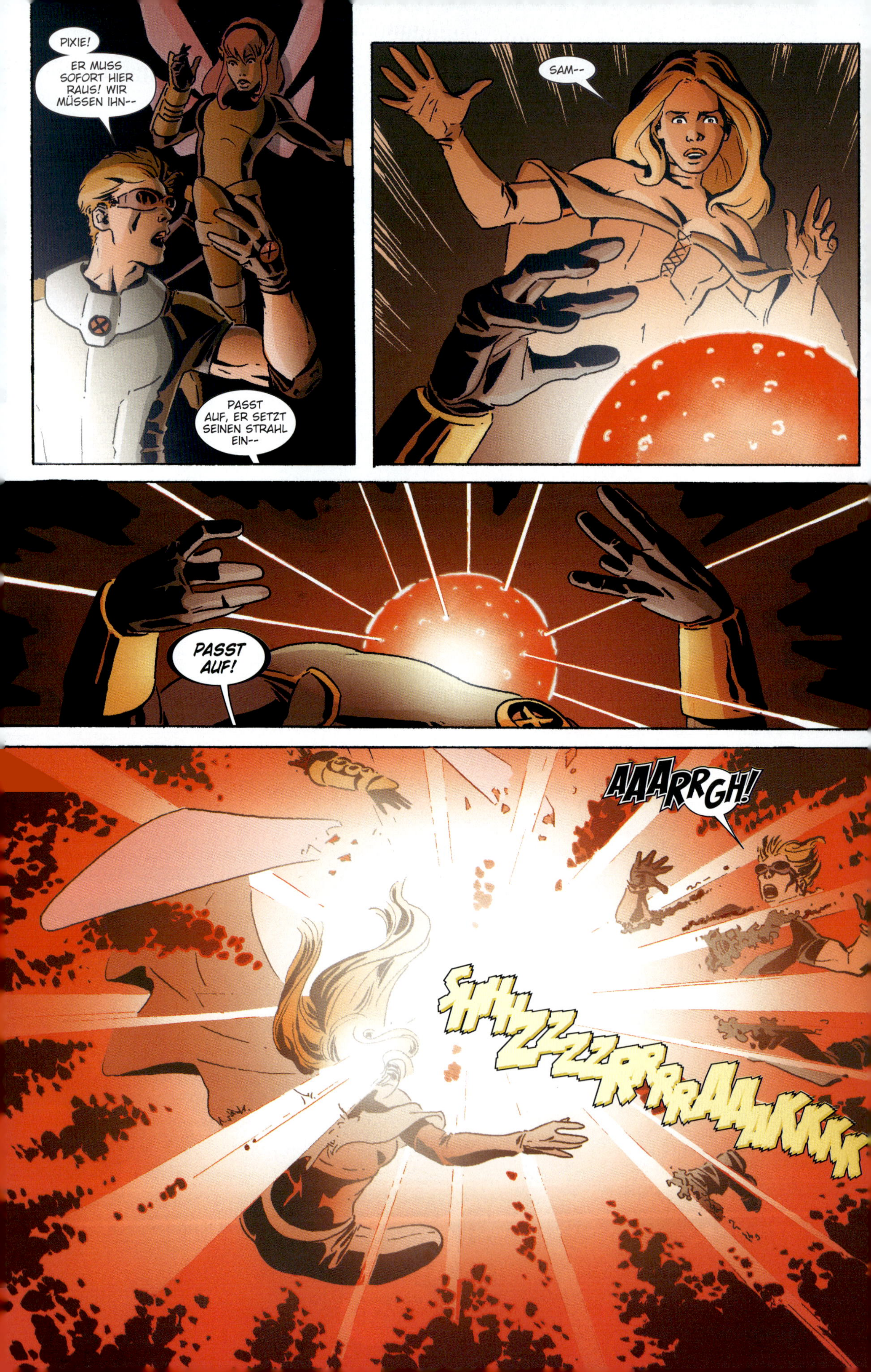

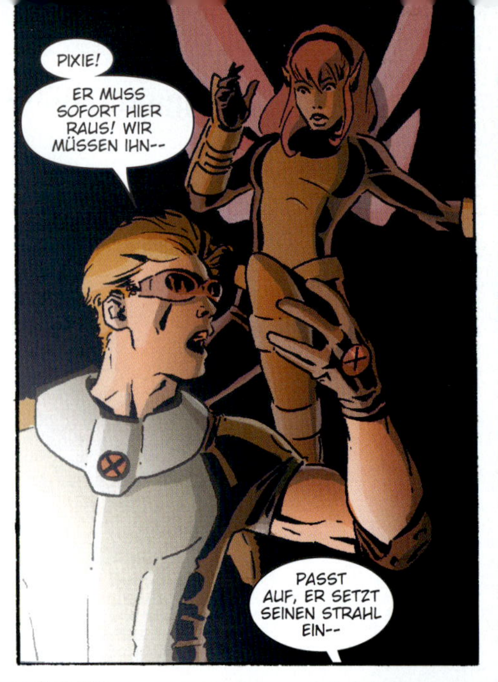
PIXIE!
ER MUSS SOFORT HIER RAUS! WIR MÜSSEN IHN--
PASST AUF, ER SETZT SEINEN STRAHL EIN--

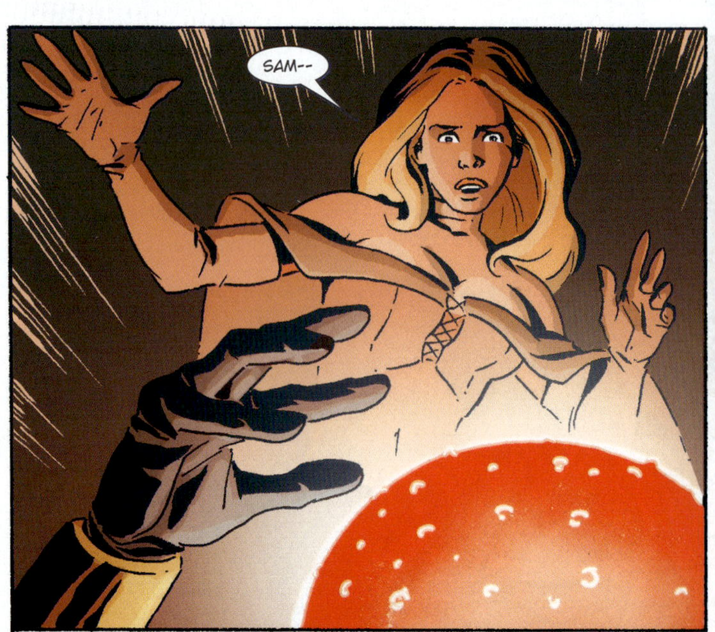
SAM--

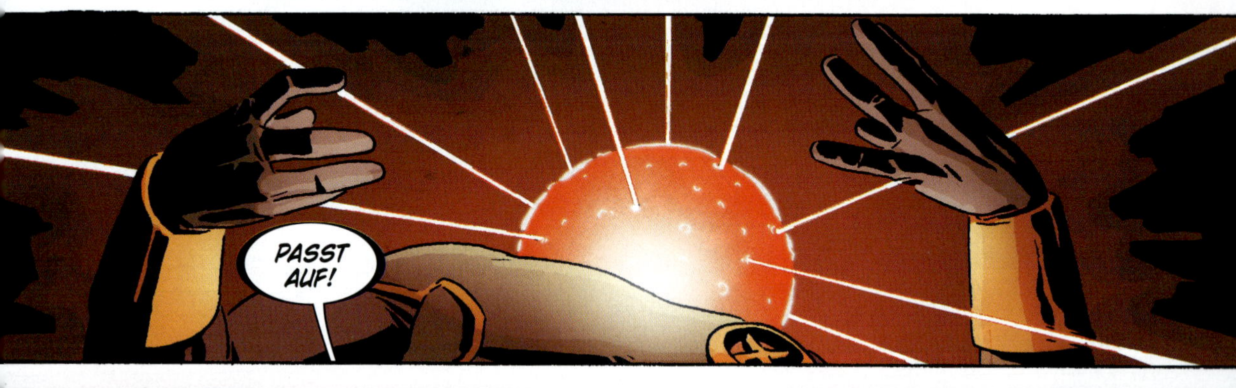
PASST AUF!
AAARRGH!
SHHZZZRRRRAAAKKKK

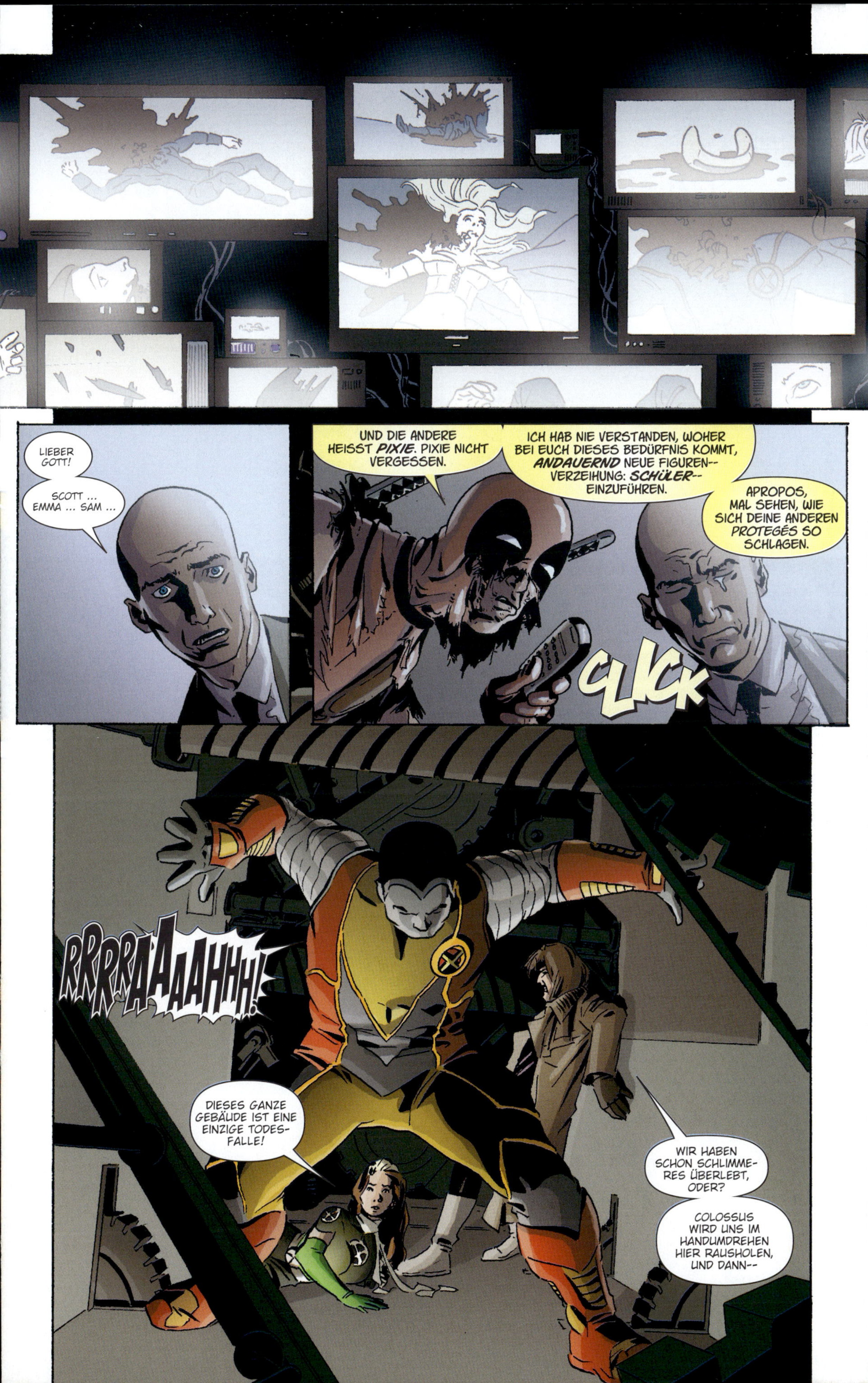
LIEBER GOTT!
SCOTT ... EMMA ... SAM ...
UND DIE ANDERE HEISST PIXIE. PIXIE NICHT VERGESSEN.
ICH HAB NIE VERSTANDEN, WOHER BEI EUCH DIESES BEDÜRFNIS KOMMT, ANDAUERND NEUE FIGUREN-- VERZEIHUNG: SCHÜLER-- EINZUFÜHREN.
APROPOS, MAL SEHEN, WIE SICH DEINE ANDEREN PROTEGÉS SO SCHLAGEN.
CLICK
RRRRAAAAHHH!
DIESES GANZE GEBÄUDE IST EINE EINZIGE TODES-FALLE!
WIR HABEN SCHON SCHLIMMERES ÜBERLEBT, ODER?
COLOSSUS WIRD UNS IM HANDUMDREHEN HIER RAUSHOLEN, UND DANN--

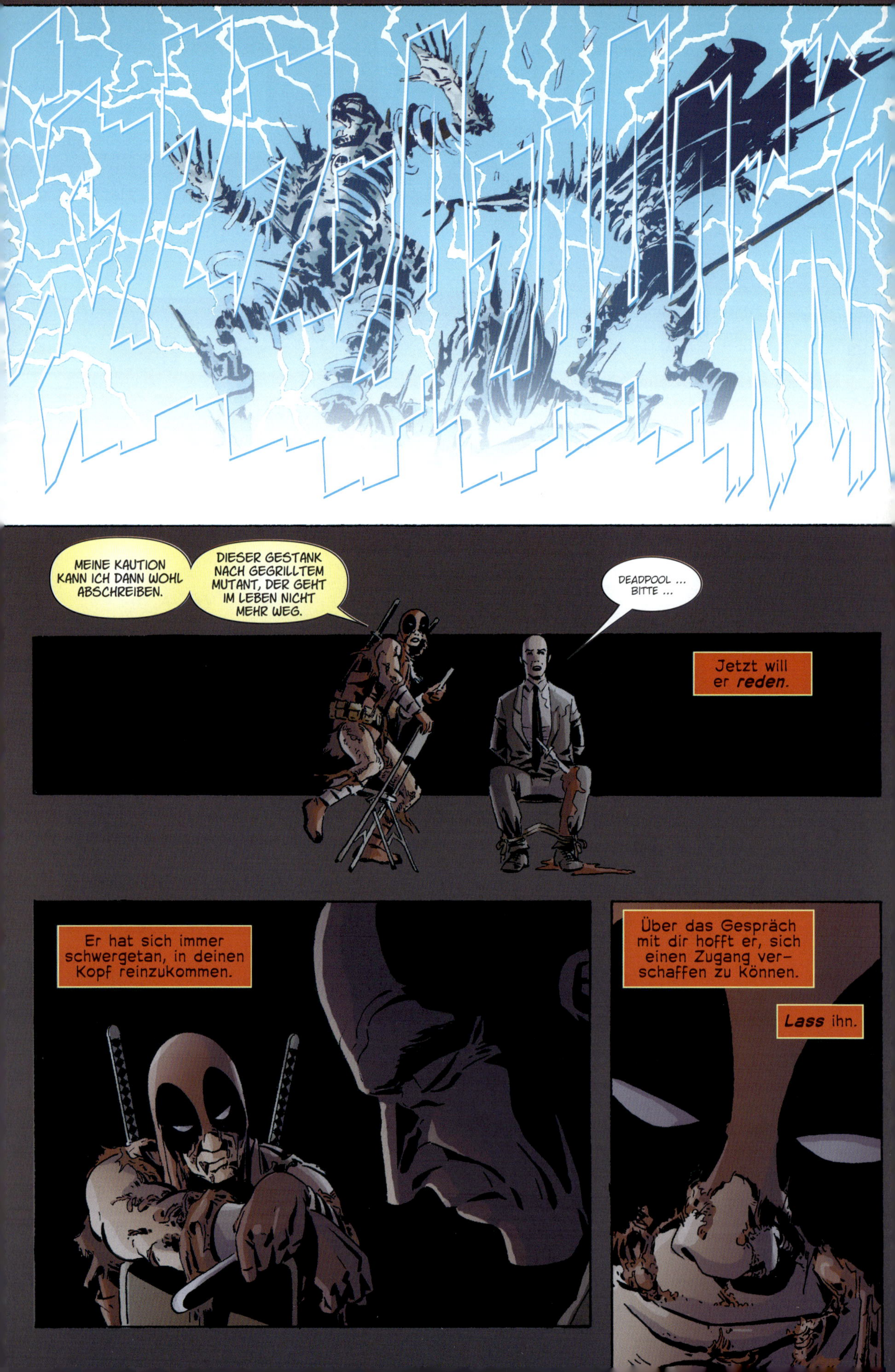

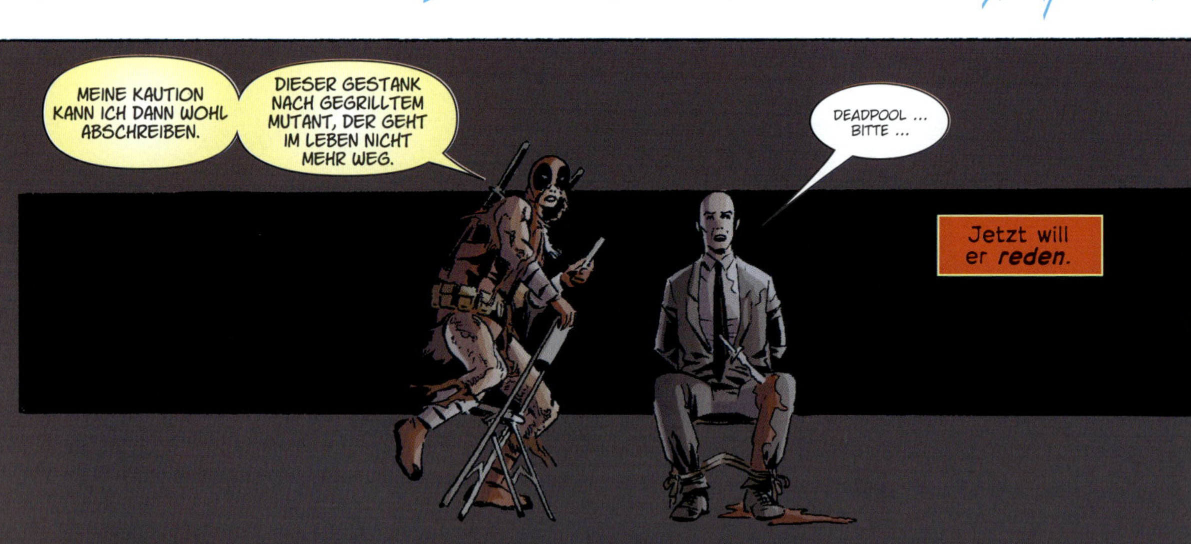
MEINE KAUTION KANN ICH DANN WOHL ABSCHREIBEN.
DIESER GESTANK NACH GEGRILLTEM MUTANT, DER GEHT IM LEBEN NICHT MEHR WEG.
DEADPOOL ... BITTE ...
Jetzt will er *reden*.

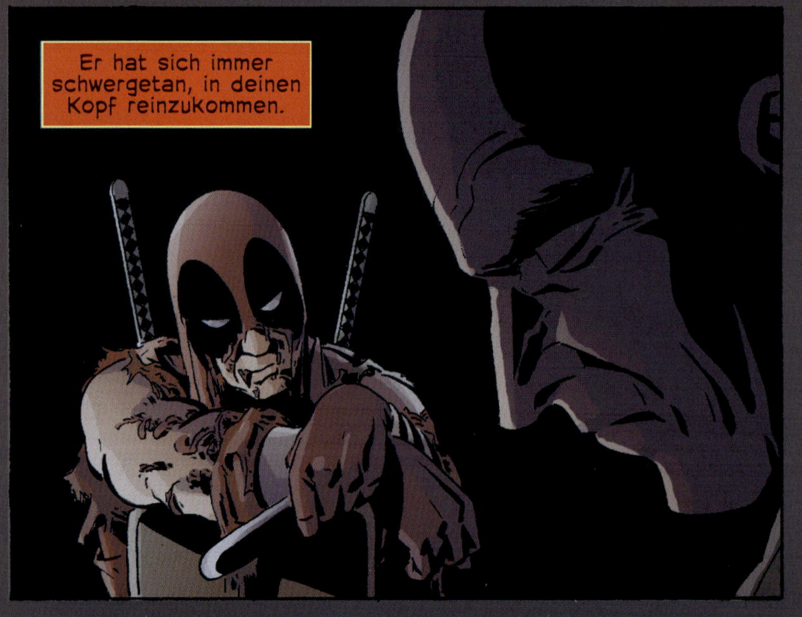
Er hat sich immer schwergetan, in deinen Kopf reinzukommen.

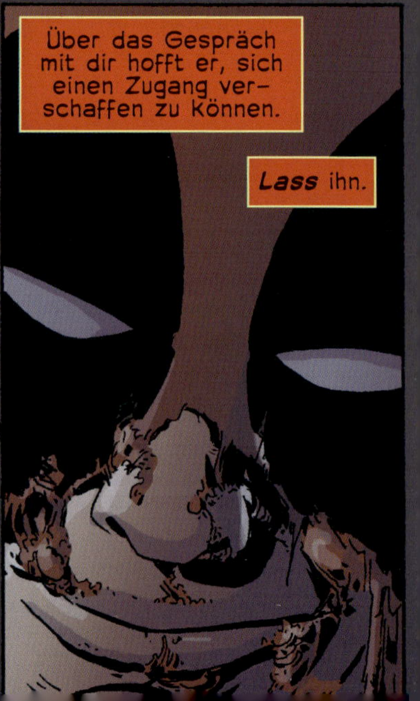
Über das Gespräch mit dir hofft er, sich einen Zugang verschaffen zu können.
Lass ihn.

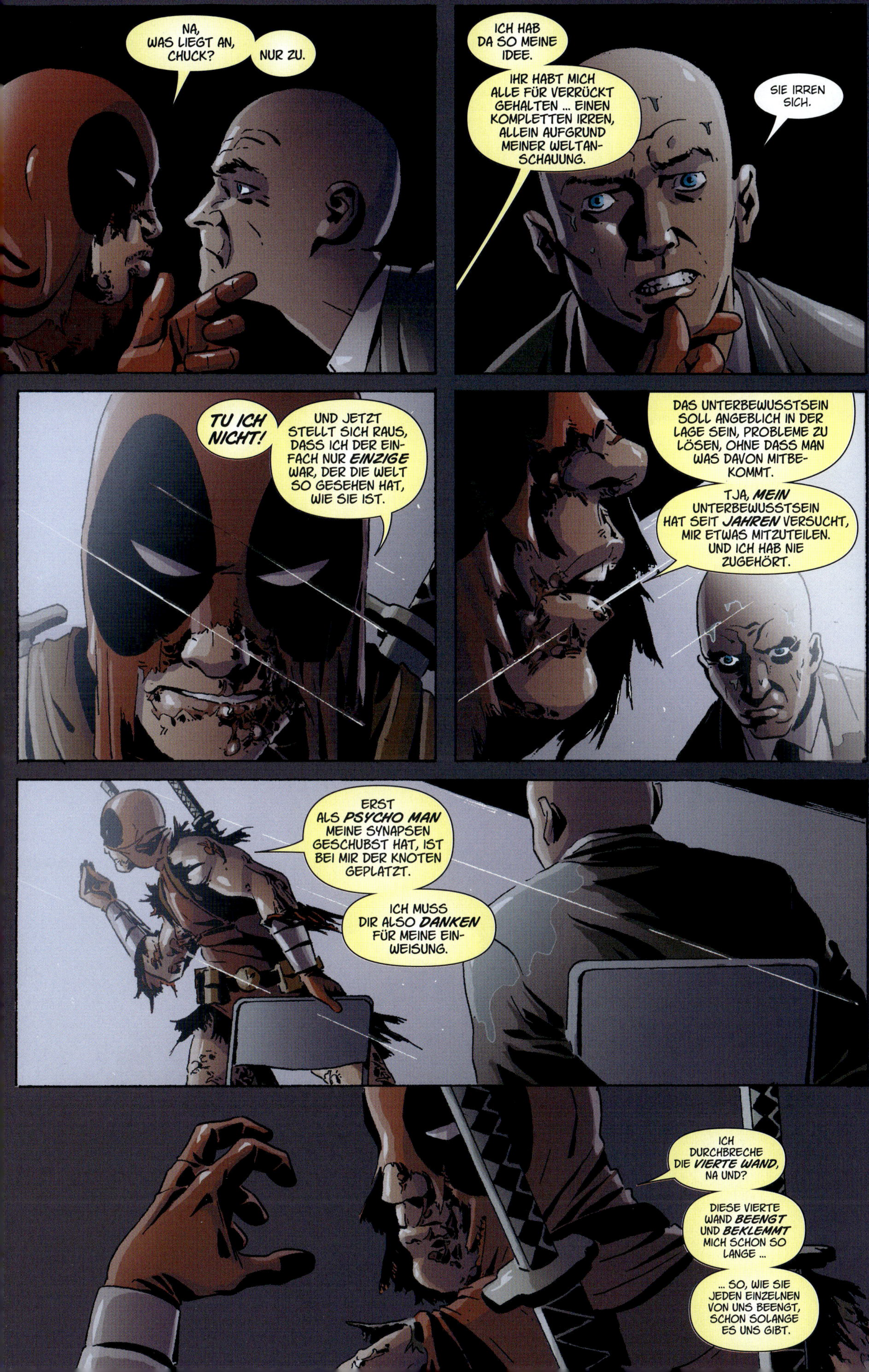

NA, WAS LIEGT AN, CHUCK?
NUR ZU.
ICH HAB DA SO MEINE IDEE.
IHR HABT MICH ALLE FÜR VERRÜCKT GEHALTEN ... EINEN KOMPLETTEN IRREN, ALLEIN AUFGRUND MEINER WELTAN-SCHAUUNG.
SIE IRREN SICH.
TU ICH NICHT!
UND JETZT STELLT SICH RAUS, DASS ICH DER EIN-FACH NUR **EINZIGE** WAR, DER DIE WELT SO GESEHEN HAT, WIE SIE IST.
DAS UNTERBEWUSSTSEIN SOLL ANGEBLICH IN DER LAGE SEIN, PROBLEME ZU LÖSEN, OHNE DASS MAN WAS DAVON MITBE-KOMMT.
TJA, **MEIN** UNTERBEWUSSTSEIN HAT SEIT **JAHREN** VERSUCHT, MIR ETWAS MITZUTEILEN. UND ICH HAB NIE ZUGEHÖRT.
ERST ALS **PSYCHO MAN** MEINE SYNAPSEN GESCHUBST HAT, IST BEI MIR DER KNOTEN GEPLATZT.
ICH MUSS DIR ALSO **DANKEN** FÜR MEINE EIN-WEISUNG.
ICH DURCHBRECHE DIE **VIERTE WAND**, NA UND?
DIESE VIERTE WAND **BEENGT** UND **BEKLEMMT** MICH SCHON SO LANGE ...
... SO, WIE SIE JEDEN EINZELNEN VON UNS BEENGT, SCHON SOLANGE ES UNS GIBT.

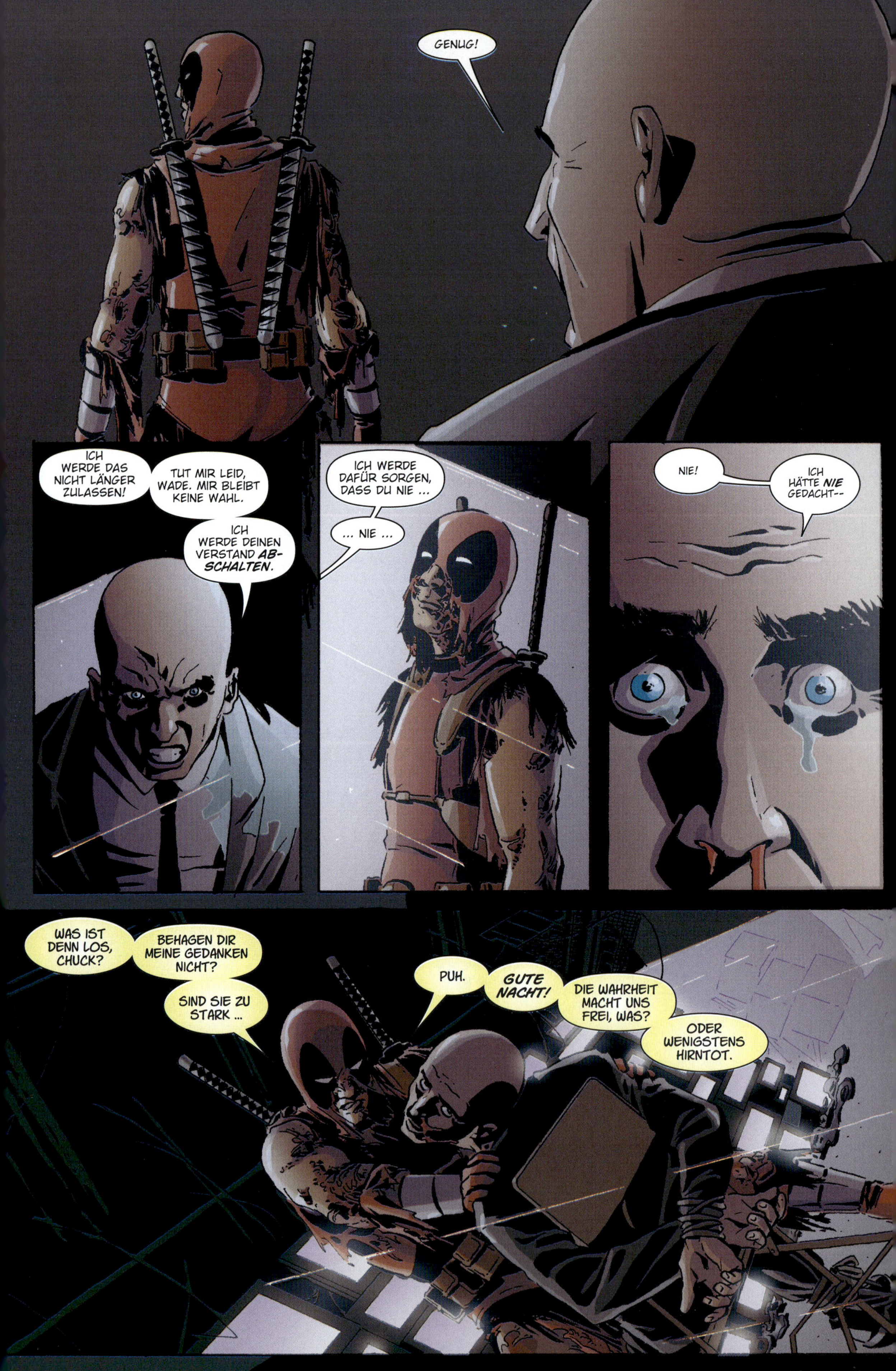
GENUG!
ICH WERDE DAS NICHT LÄNGER ZULASSEN!
TUT MIR LEID, WADE. MIR BLEIBT KEINE WAHL.
ICH WERDE DEINEN VERSTAND AB-SCHALTEN.
ICH WERDE DAFÜR SORGEN, DASS DU NIE ...
... NIE ...
NIE!
ICH HÄTTE NIE GEDACHT--
WAS IST DENN LOS, CHUCK?
BEHAGEN DIR MEINE GEDANKEN NICHT?
SIND SIE ZU STARK ...
PUH.
GUTE NACHT!
DIE WAHRHEIT MACHT UNS FREI, WAS?
ODER WENIGSTENS HIRNTOT.

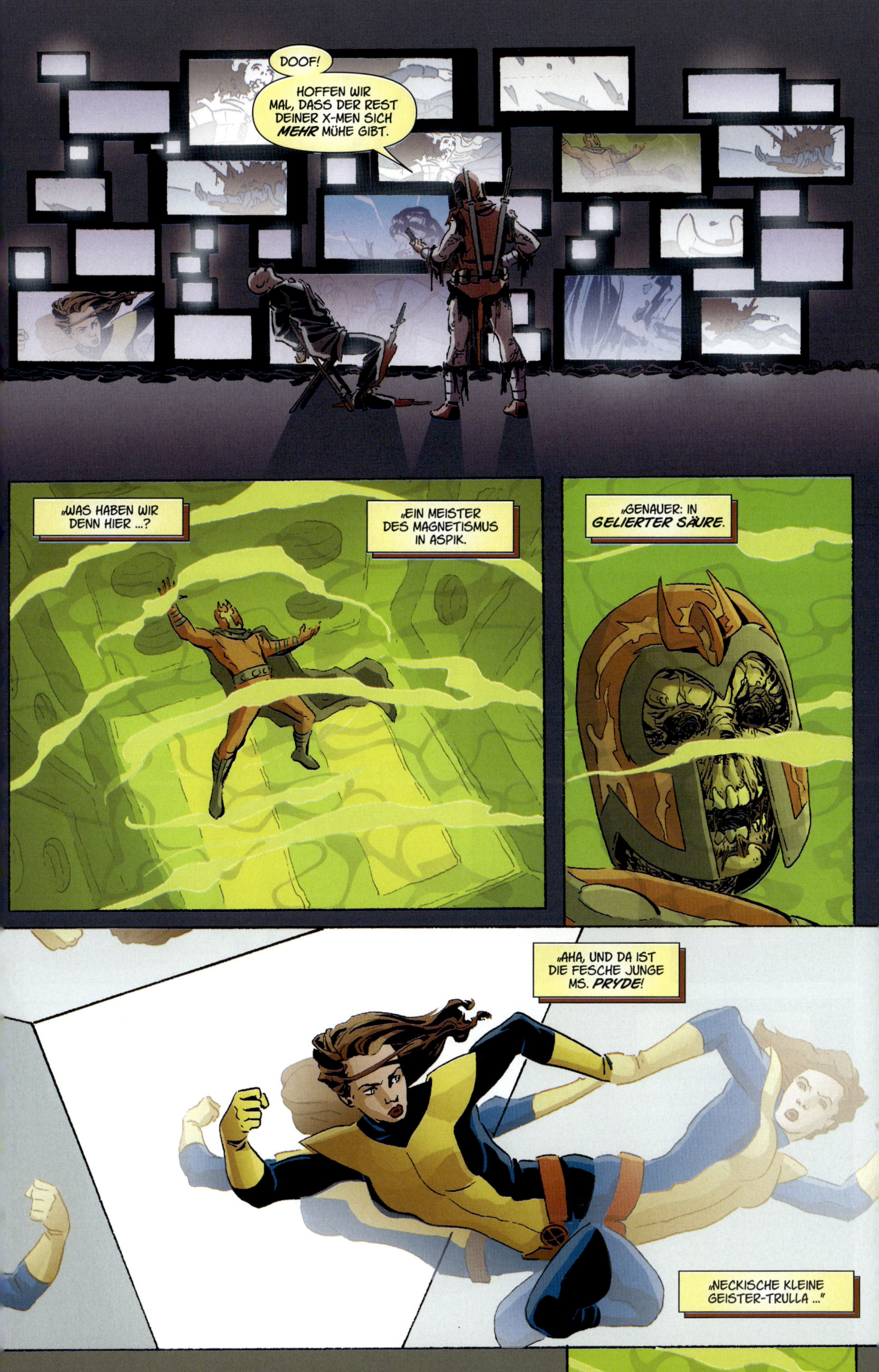
DOOF!
HOFFEN WIR MAL, DASS DER REST DEINER X-MEN SICH *MEHR* MÜHE GIBT.
„WAS HABEN WIR DENN HIER ...?
„EIN MEISTER DES MAGNETISMUS IN ASPIK.
„GENAUER: IN *GELIERTER SÄURE*.
„AHA, UND DA IST DIE FESCHE JUNGE MS. *PRYDE*!
„NECKISCHE KLEINE GEISTER-TRULLA ...“

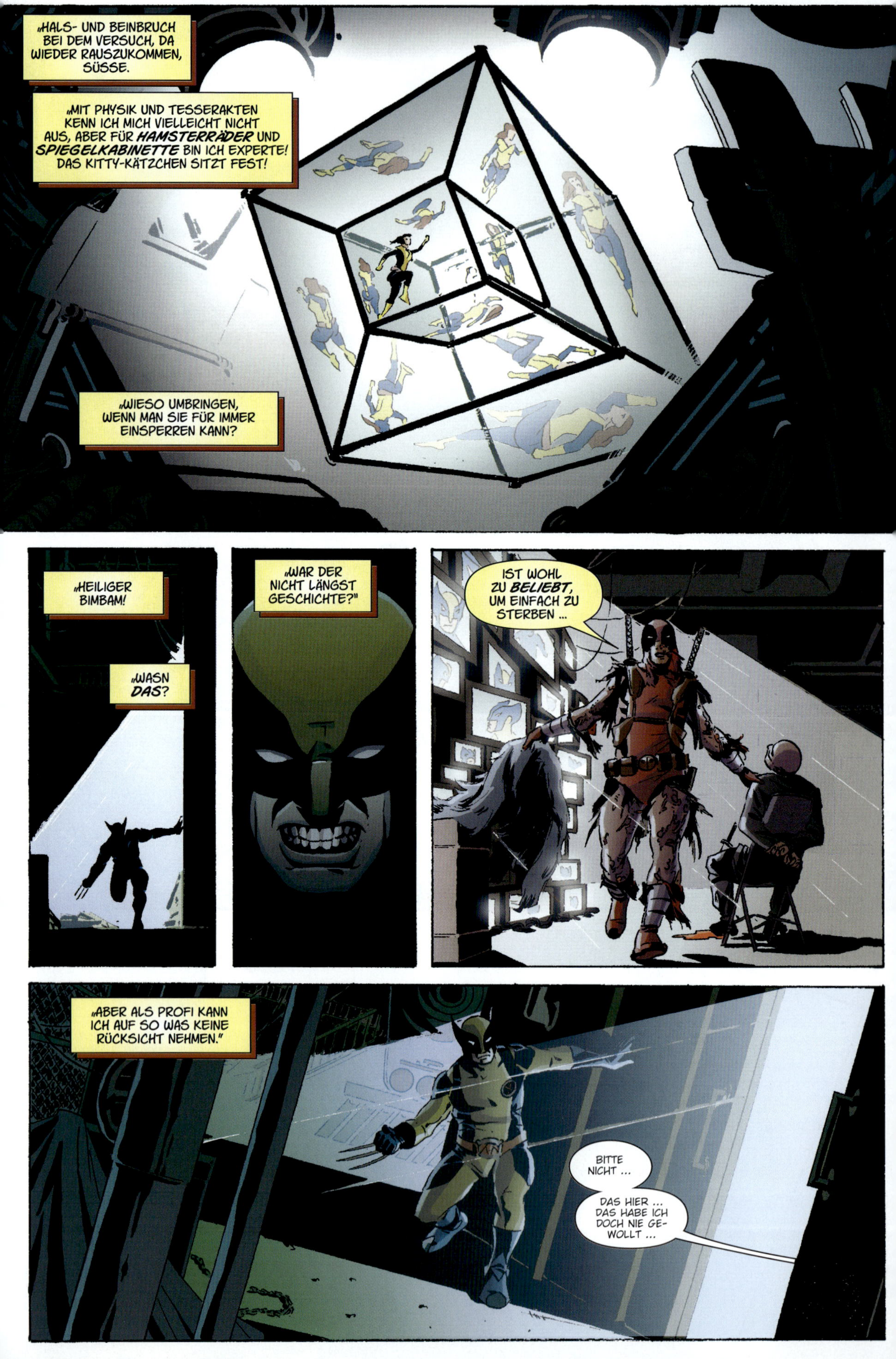

„HALS- UND BEINBRUCH BEI DEM VERSUCH, DA WIEDER RAUSZUKOMMEN, SÜSSE.
„MIT PHYSIK UND TESSERAKTEN KENN ICH MICH VIELLEICHT NICHT AUS, ABER FÜR *HAMSTERRÄDER* UND *SPIEGELKABINETTE* BIN ICH EXPERTE! DAS KITTY-KÄTZCHEN SITZT FEST!
„WIESO UMBRINGEN, WENN MAN SIE FÜR IMMER EINSPERREN KANN?

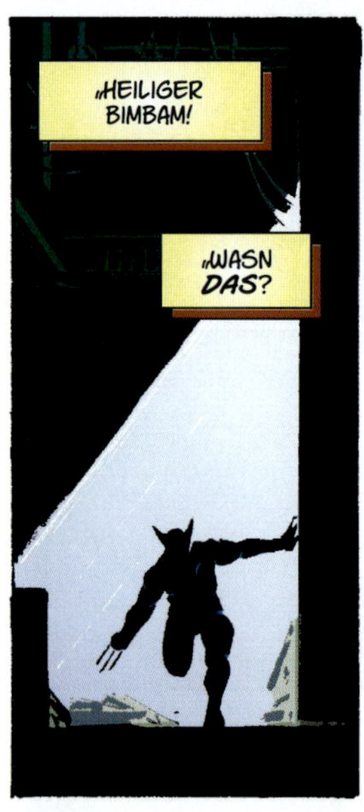
„HEILIGER BIMBAM!
„WASN *DAS*?

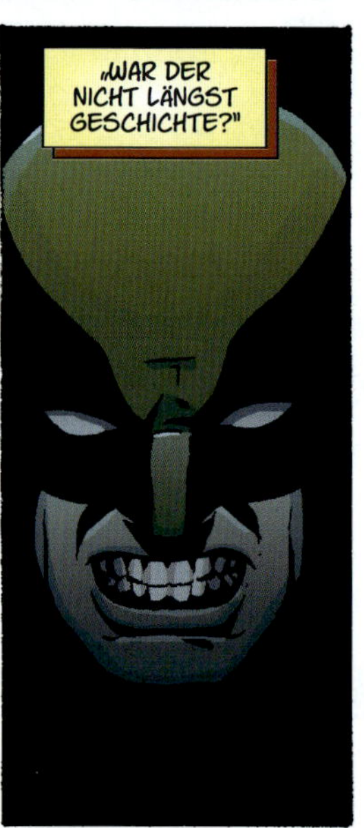
„WAR DER NICHT LÄNGST GESCHICHTE?"

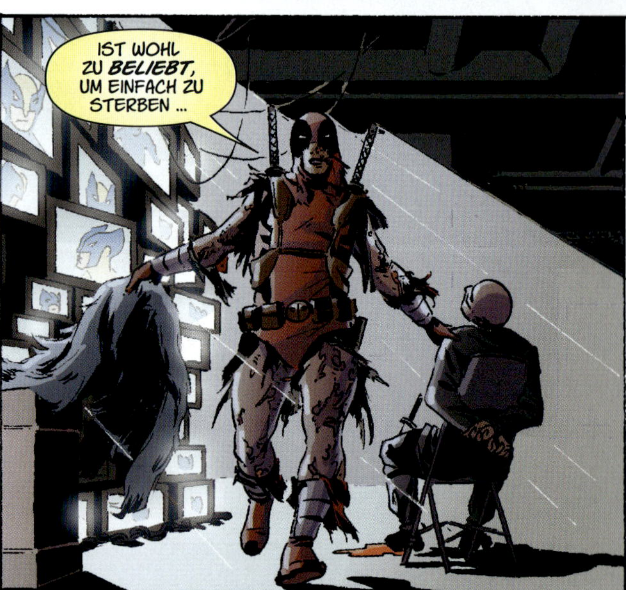
IST WOHL ZU *BELIEBT*, UM EINFACH ZU STERBEN ...

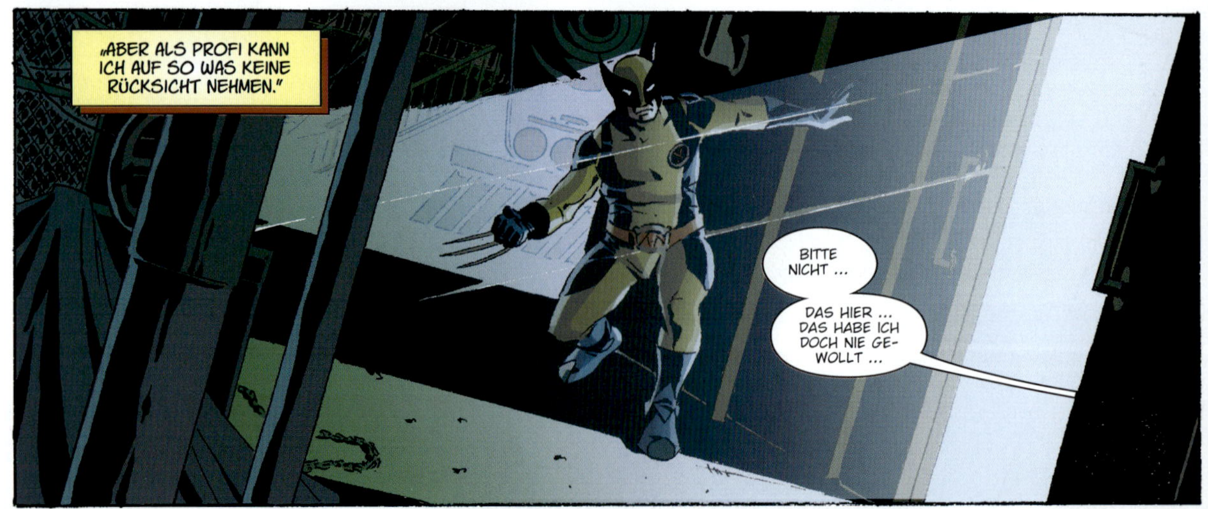
„ABER ALS PROFI KANN ICH AUF SO WAS KEINE RÜCKSICHT NEHMEN."
BITTE NICHT ...
DAS HIER ... DAS HABE ICH DOCH NIE GE-WOLLT ...

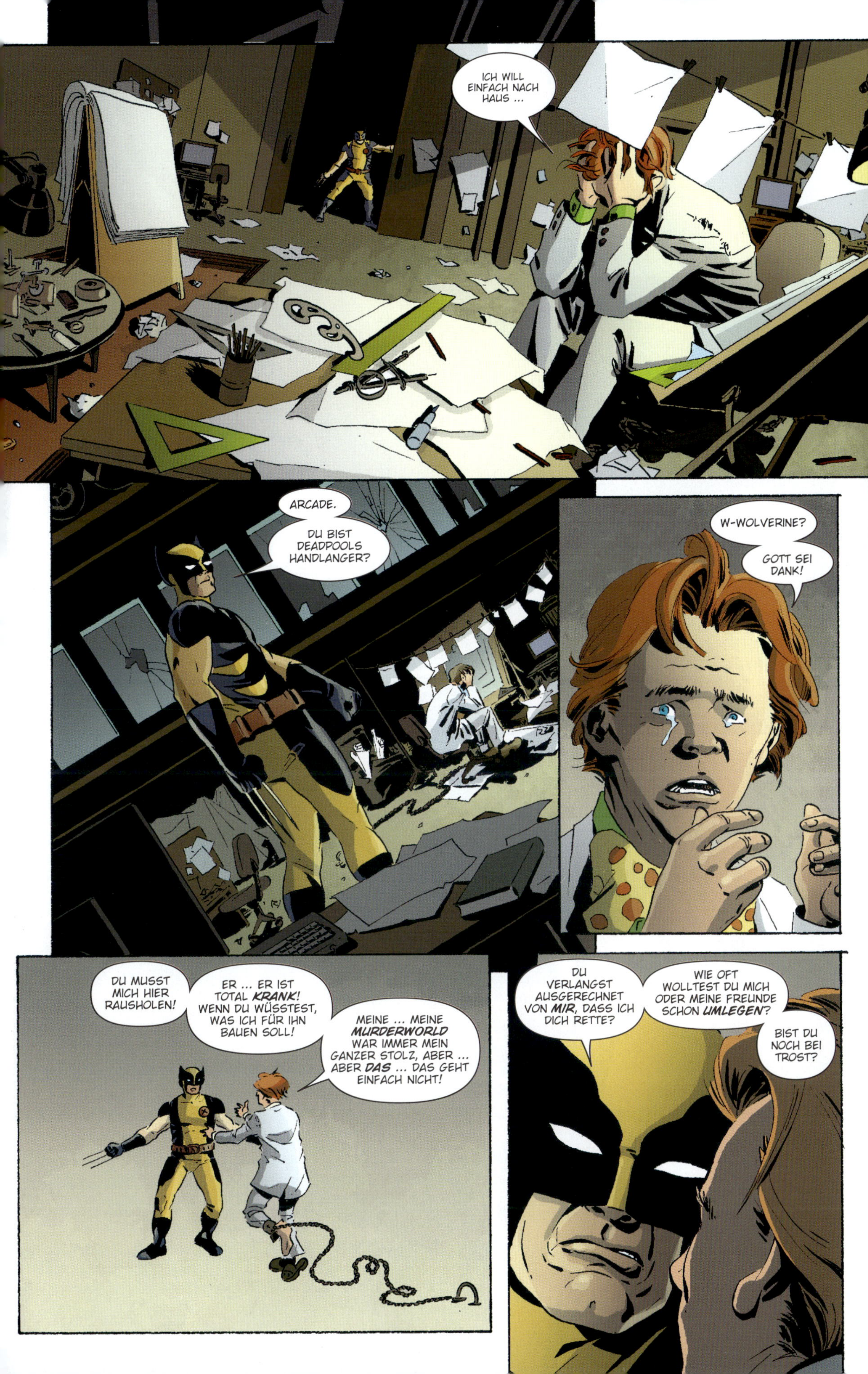
ICH WILL EINFACH NACH HAUS ...
ARCADE.
DU BIST DEADPOOLS HANDLANGER?
W-WOLVERINE?
GOTT SEI DANK!
DU MUSST MICH HIER RAUSHOLEN!
ER ... ER IST TOTAL *KRANK*! WENN DU WÜSSTEST, WAS ICH FÜR IHN BAUEN SOLL!
MEINE ... MEINE *MURDERWORLD* WAR IMMER MEIN GANZER STOLZ, ABER ... ABER *DAS* ... DAS GEHT EINFACH NICHT!
DU VERLANGST AUSGERECHNET VON *MIR*, DASS ICH DICH RETTE?
WIE OFT WOLLTEST DU MICH ODER MEINE FREUNDE SCHON *UMLEGEN*?
BIST DU NOCH BEI TROST?

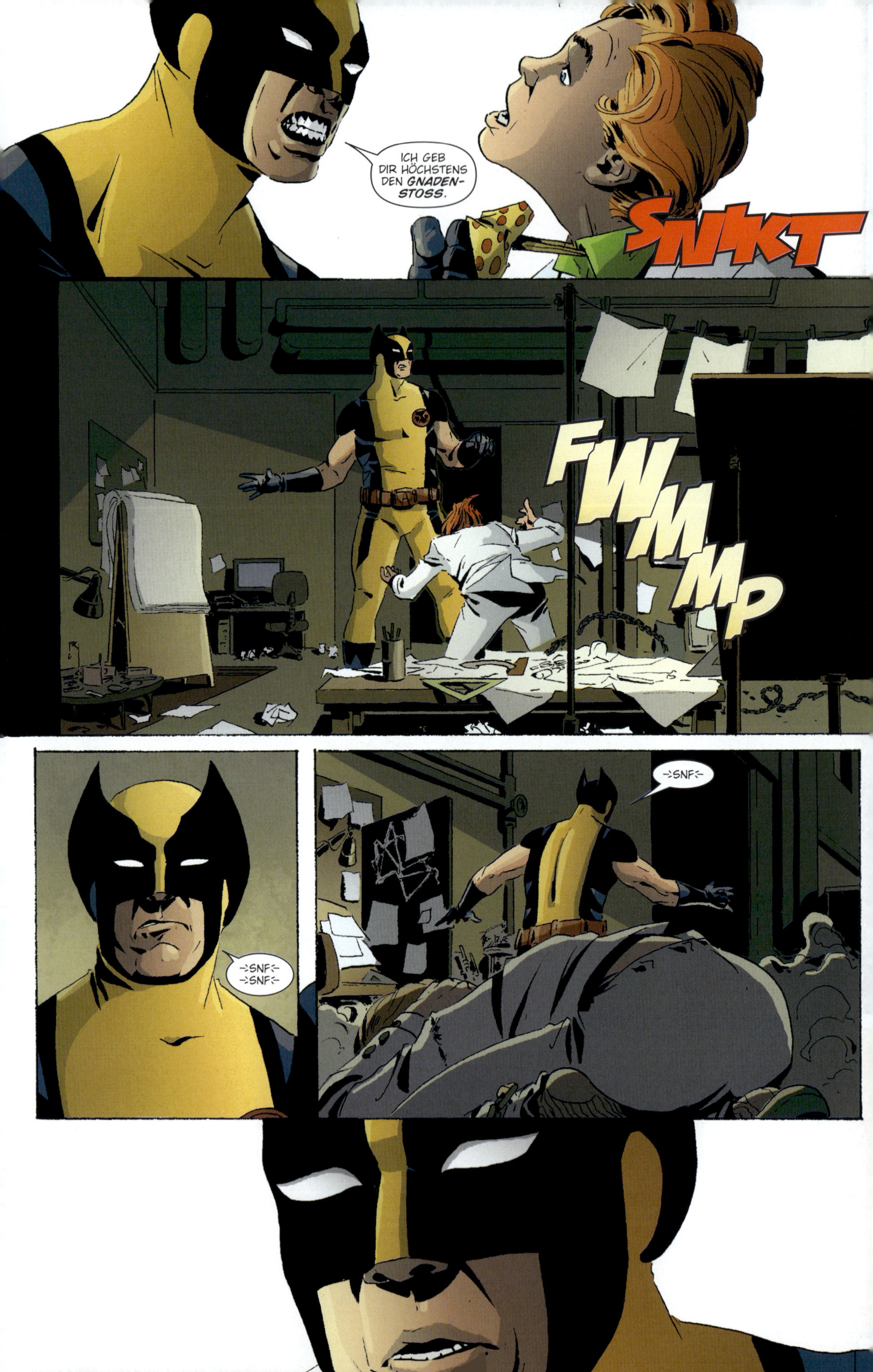
ICH GEB DIR HÖCHSTENS DEN GNADENSTOSS.
SNIKT
FWMMP
SNF SNF
SNF

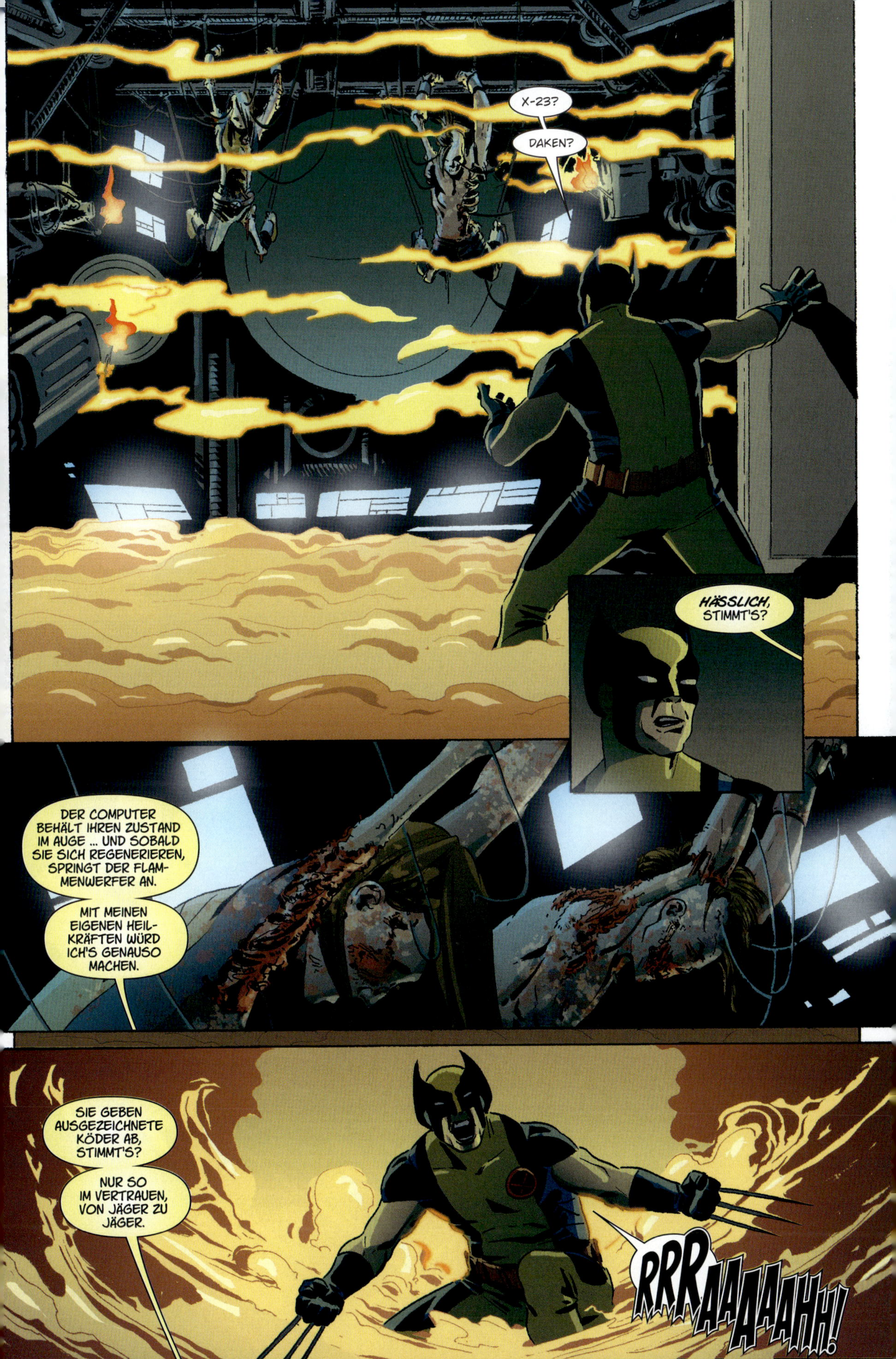
X-23?
DAKEN?
HÄSSLICH, STIMMT'S?
DER COMPUTER BEHÄLT IHREN ZUSTAND IM AUGE ... UND SOBALD SIE SICH REGENERIEREN, SPRINGT DER FLAM-MENWERFER AN.
MIT MEINEN EIGENEN HEIL-KRÄFTEN WÜRD ICH'S GENAUSO MACHEN.
SIE GEBEN AUSGEZEICHNETE KÖDER AB, STIMMT'S?
NUR SO IM VERTRAUEN, VON JÄGER ZU JÄGER.
RRRAAAAAHH!

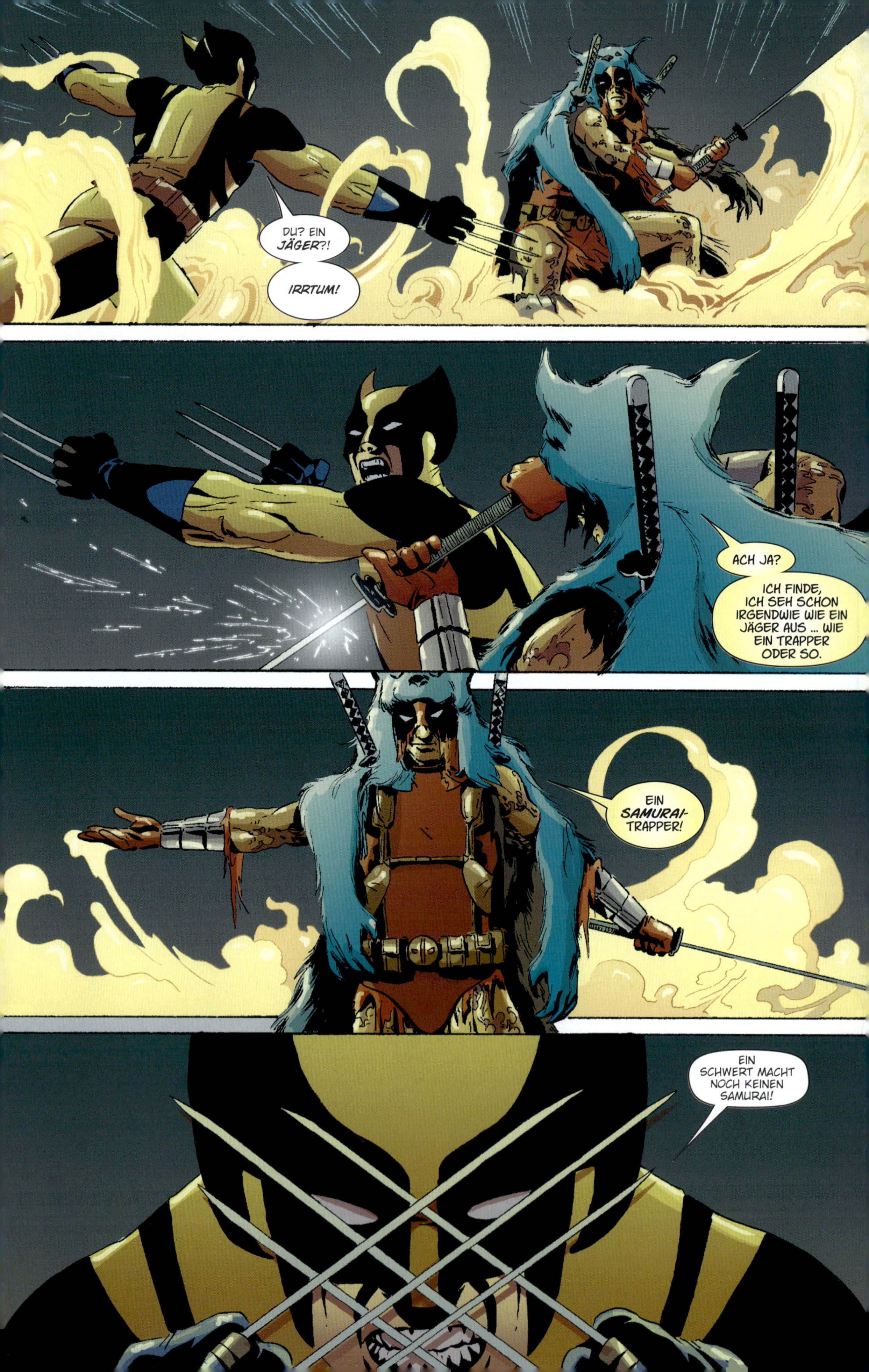
DU? EIN JÄGER?!
IRRTUM!
ACH JA?
ICH FINDE, ICH SEH SCHON IRGENDWIE WIE EIN JÄGER AUS ... WIE EIN TRAPPER ODER SO.
EIN SAMURAI-TRAPPER!
EIN SCHWERT MACHT NOCH KEINEN SAMURAI!

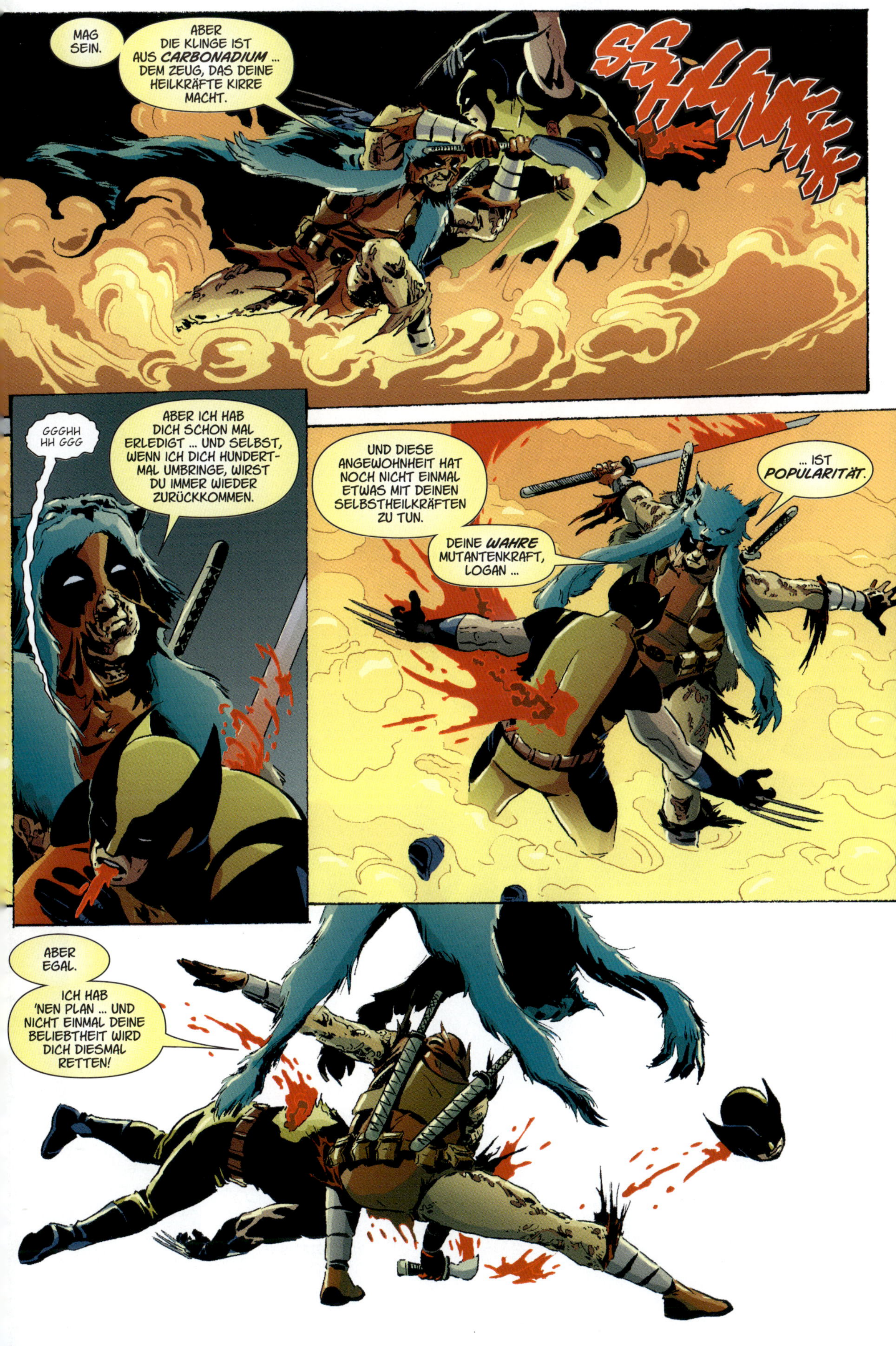

MAG SEIN.
ABER DIE KLINGE IST AUS CARBONADIUM ... DEM ZEUG, DAS DEINE HEILKRÄFTE KIRRE MACHT.
SSHHUNKK
GGGHH HH GGG
ABER ICH HAB DICH SCHON MAL ERLEDIGT ... UND SELBST, WENN ICH DICH HUNDERT-MAL UMBRINGE, WIRST DU IMMER WIEDER ZURÜCKKOMMEN.
UND DIESE ANGEWOHNHEIT HAT NOCH NICHT EINMAL ETWAS MIT DEINEN SELBSTHEILKRÄFTEN ZU TUN.
DEINE WAHRE MUTANTENKRAFT, LOGAN ...
... IST POPULARITÄT.
ABER EGAL.
ICH HAB 'NEN PLAN ... UND NICHT EINMAL DEINE BELIEBTHEIT WIRD DICH DIESMAL RETTEN!

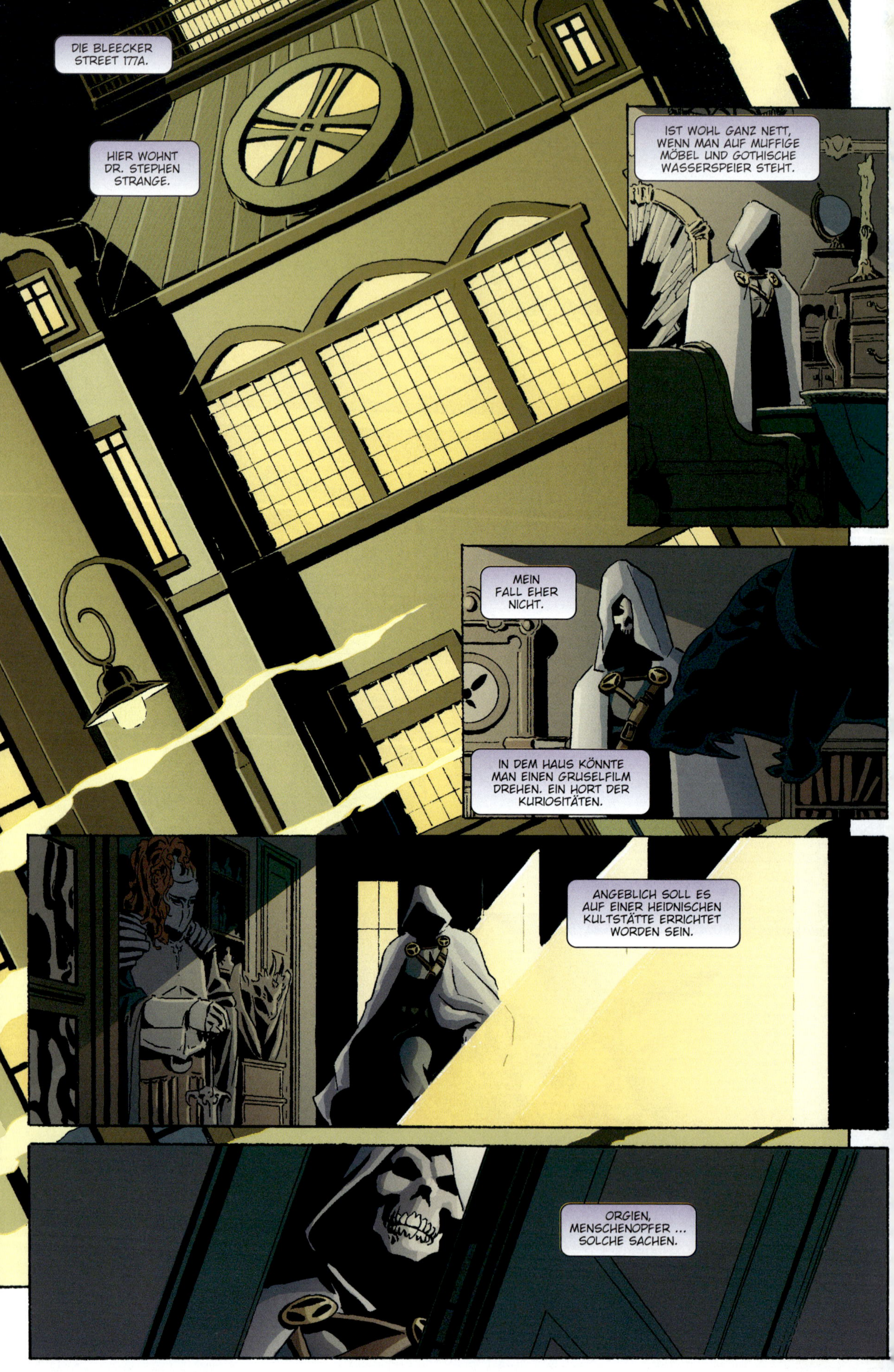
DIE BLEECKER STREET 177A.
HIER WOHNT DR. STEPHEN STRANGE.
IST WOHL GANZ NETT, WENN MAN AUF MUFFIGE MÖBEL UND GOTHISCHE WASSERSPEIER STEHT.
MEIN FALL EHER NICHT.
IN DEM HAUS KÖNNTE MAN EINEN GRUSELFILM DREHEN. EIN HORT DER KURIOSITÄTEN.
ANGEBLICH SOLL ES AUF EINER HEIDNISCHEN KULTSTÄTTE ERRICHTET WORDEN SEIN.
ORGIEN, MENSCHENOPFER ... SOLCHE SACHEN.

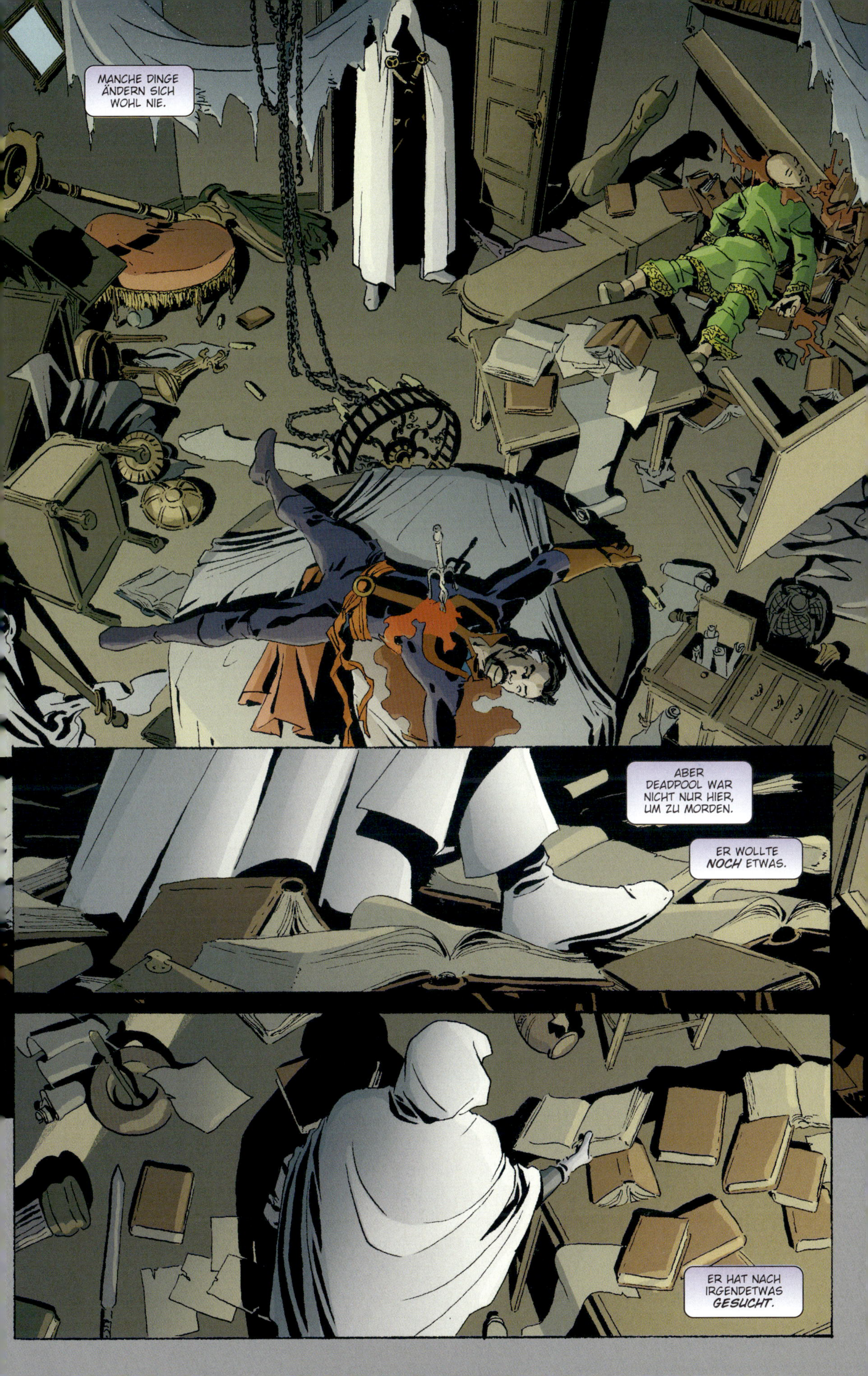
MANCHE DINGE ÄNDERN SICH WOHL NIE.
ABER DEADPOOL WAR NICHT NUR HIER, UM ZU MORDEN.
ER WOLLTE *NOCH* ETWAS.
ER HAT NACH IRGENDETWAS *GESUCHT*.

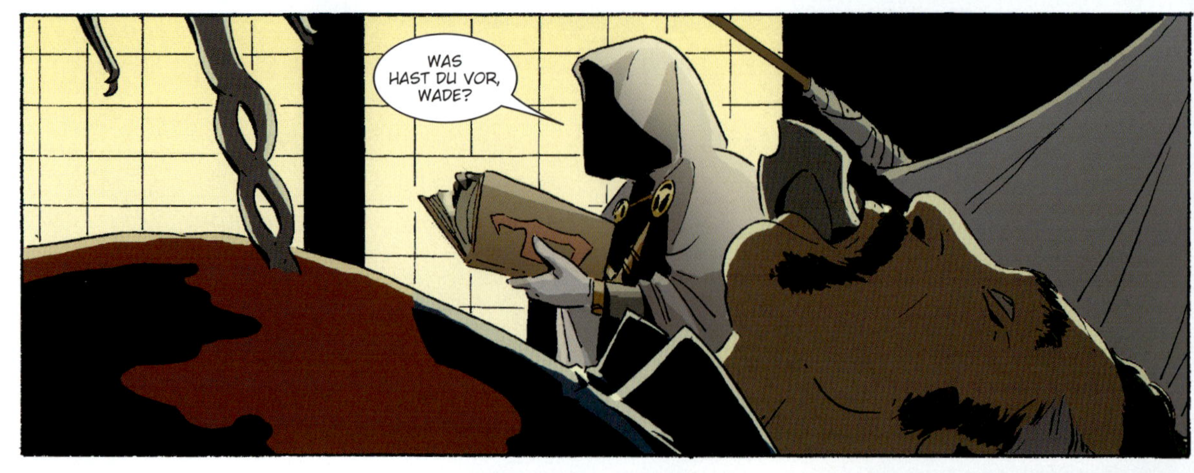

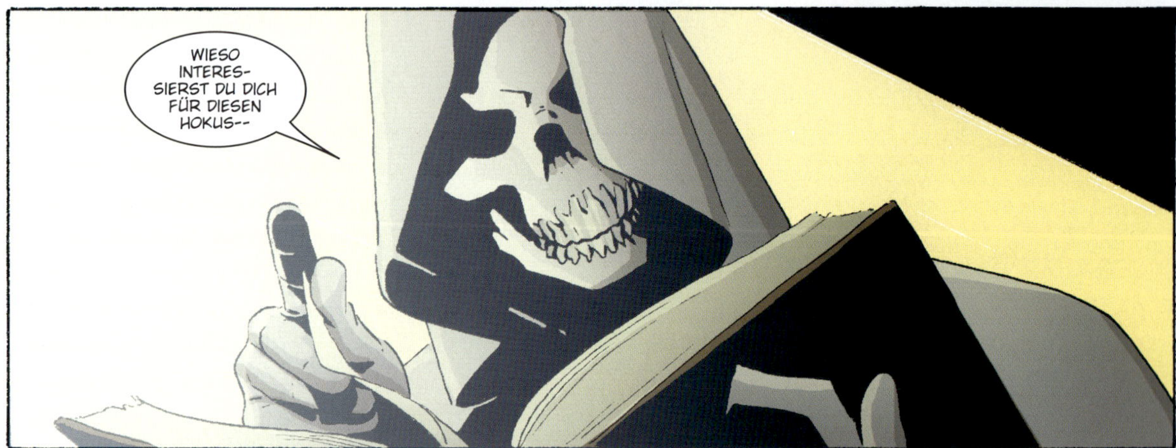

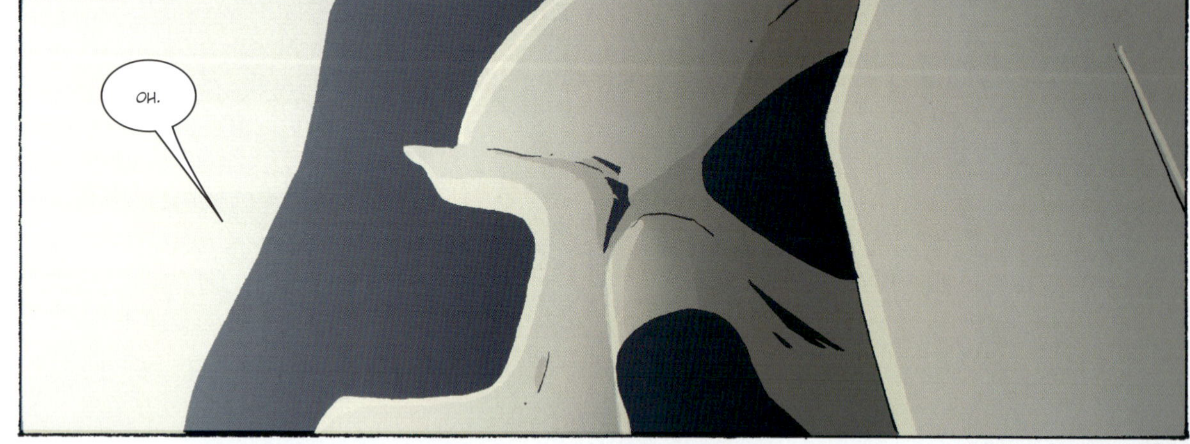

* NEXUS ALLER REALITÄTEN

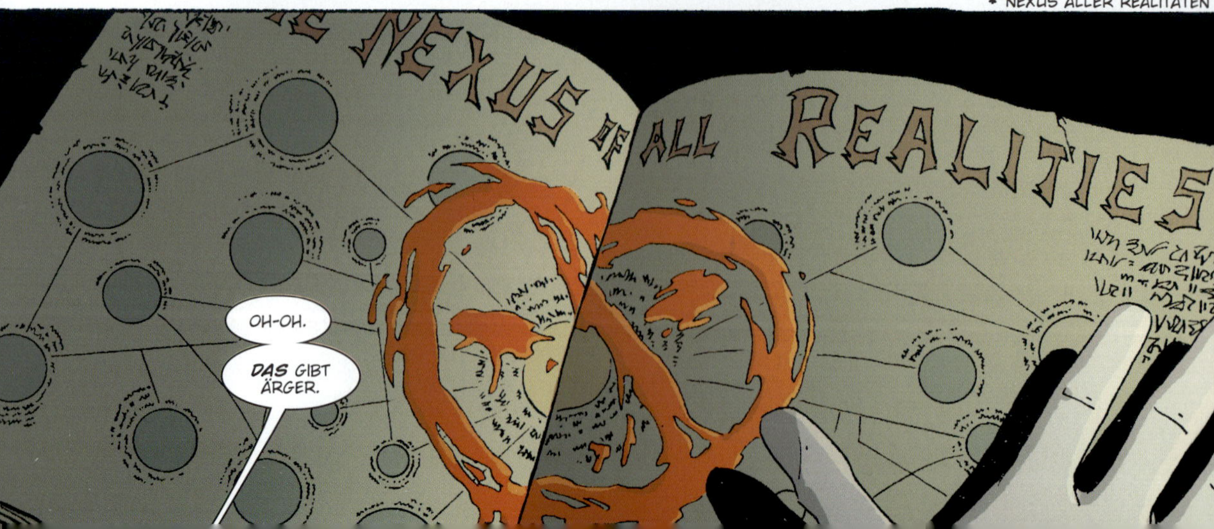

DEADPOOL KILLT DAS MARVEL-UNIVERSUM, TEIL 4

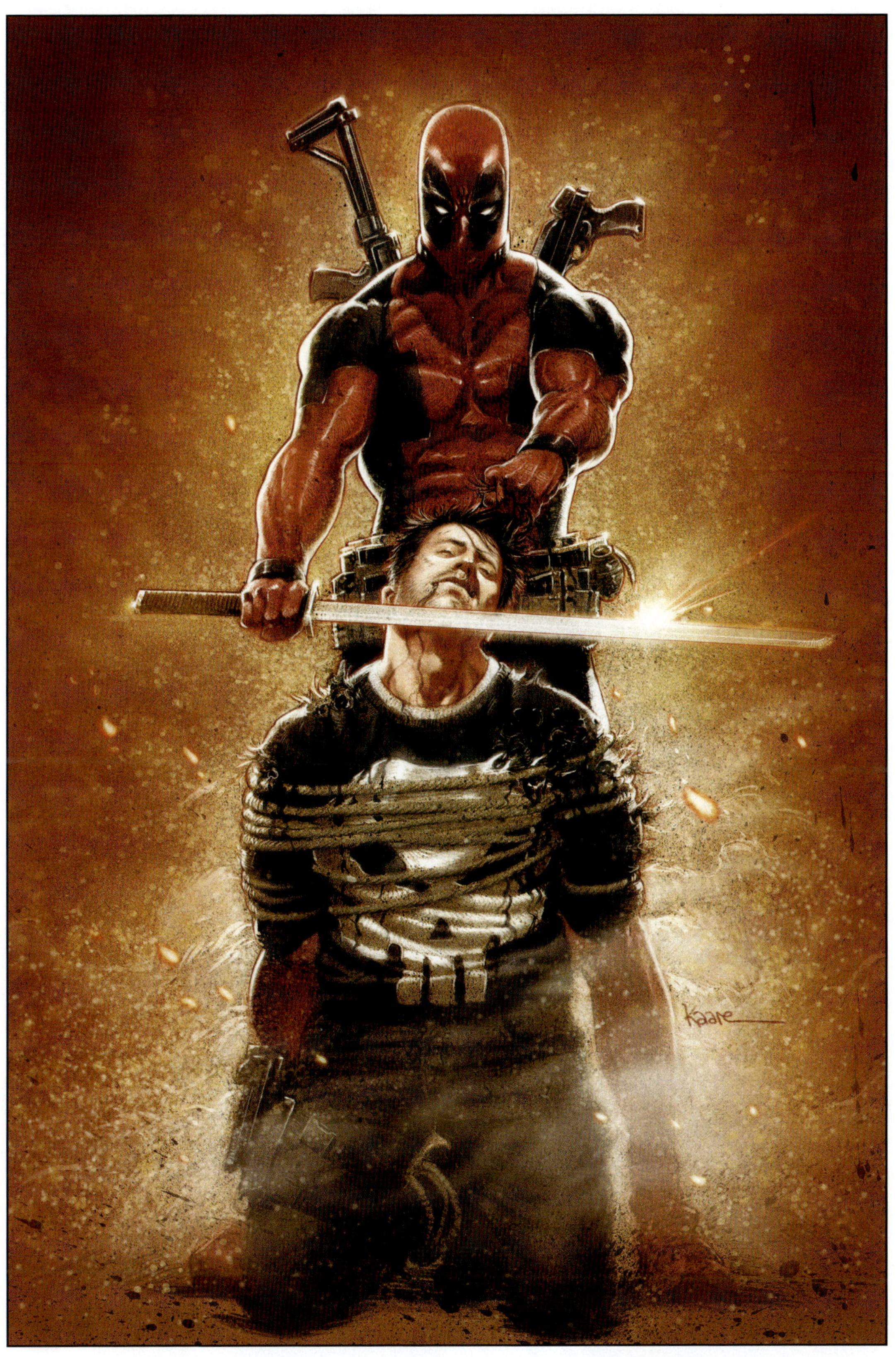

Deadpool Kills the Marvel Universe (2012) 4
Cover von **KAARE ANDREWS**

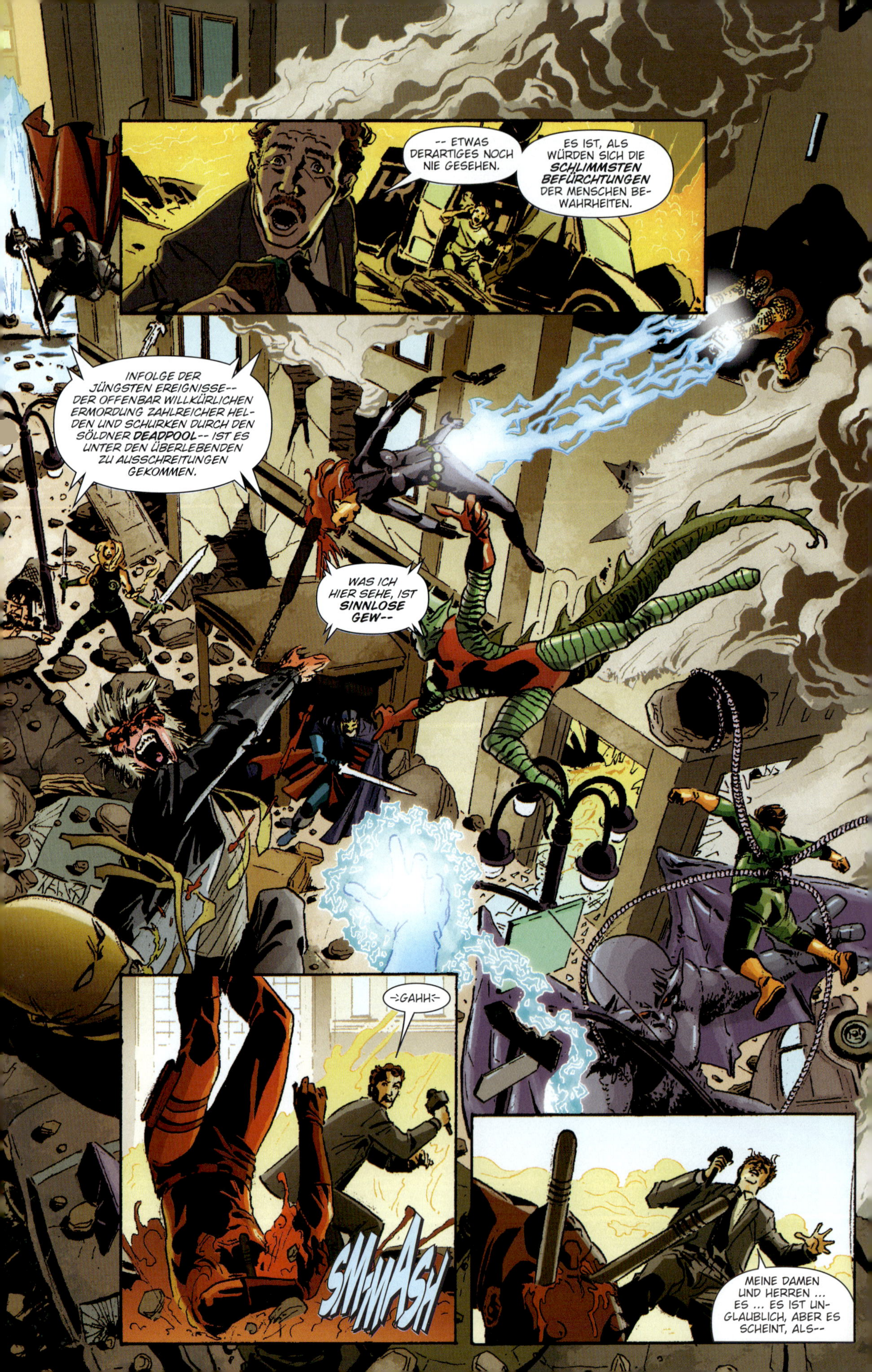
-- ETWAS DERARTIGES NOCH NIE GESEHEN.
ES IST, ALS WÜRDEN SICH DIE **SCHLIMMSTEN BEFÜRCHTUNGEN** DER MENSCHEN BEWAHRHEITEN.
INFOLGE DER JÜNGSTEN EREIGNISSE-- DER OFFENBAR WILLKÜRLICHEN ERMORDUNG ZAHLREICHER HELDEN UND SCHURKEN DURCH DEN SÖLDNER **DEADPOOL**-- IST ES UNTER DEN ÜBERLEBENDEN ZU AUSSCHREITUNGEN GEKOMMEN.
WAS ICH HIER SEHE, IST **SINNLOSE GEW--**
-GAHH-
SMMASH
MEINE DAMEN UND HERREN ... ES ... ES IST UNGLAUBLICH, ABER ES SCHEINT, ALS--

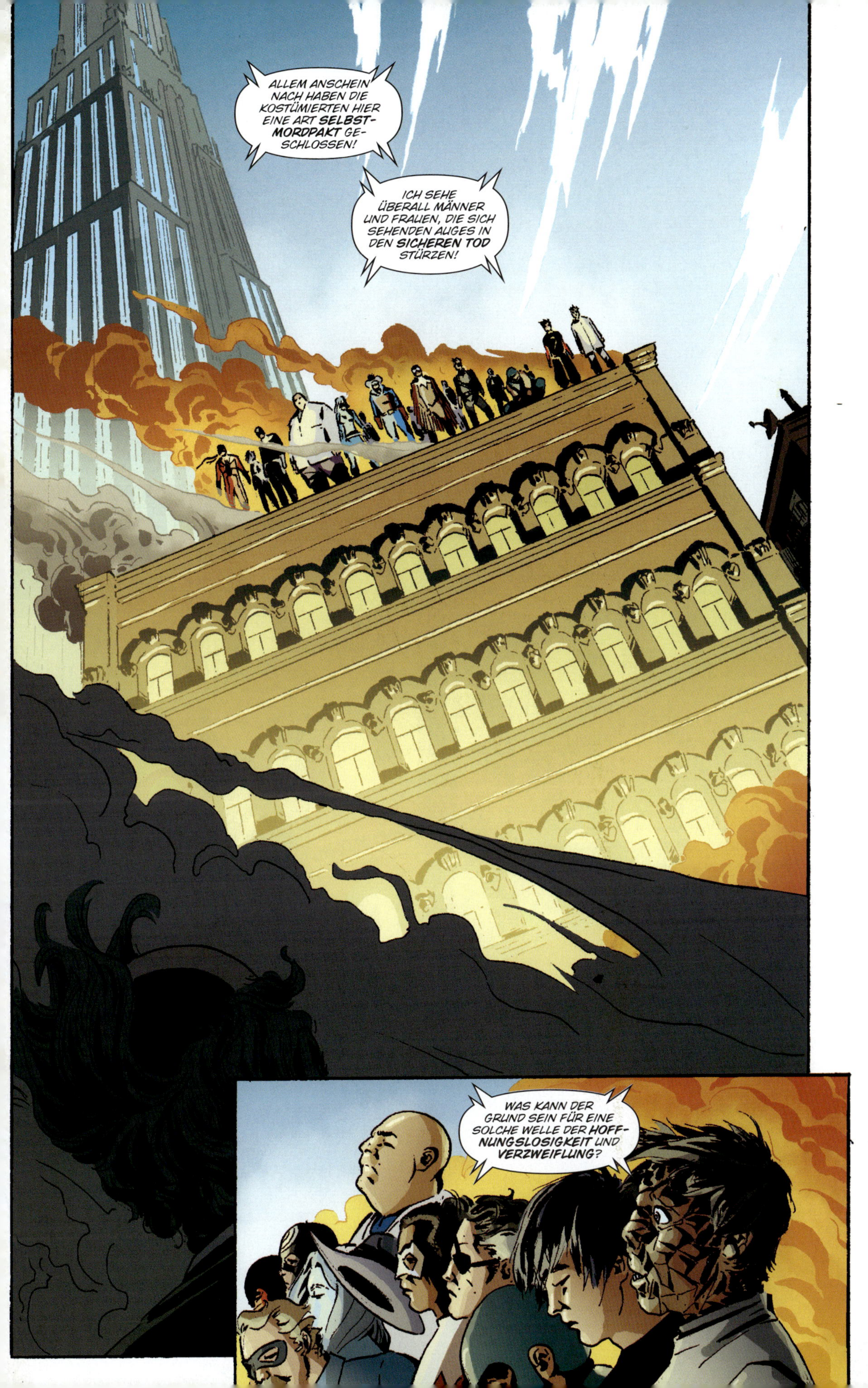
ALLEM ANSCHEIN NACH HABEN DIE KOSTÜMIERTEN HIER EINE ART **SELBSTMORDPAKT** GESCHLOSSEN!
ICH SEHE ÜBERALL MÄNNER UND FRAUEN, DIE SICH SEHENDEN AUGES IN DEN **SICHEREN TOD** STÜRZEN!
WAS KANN DER GRUND SEIN FÜR EINE SOLCHE WELLE DER **HOFFNUNGSLOSIGKEIT** UND **VERZWEIFLUNG**?

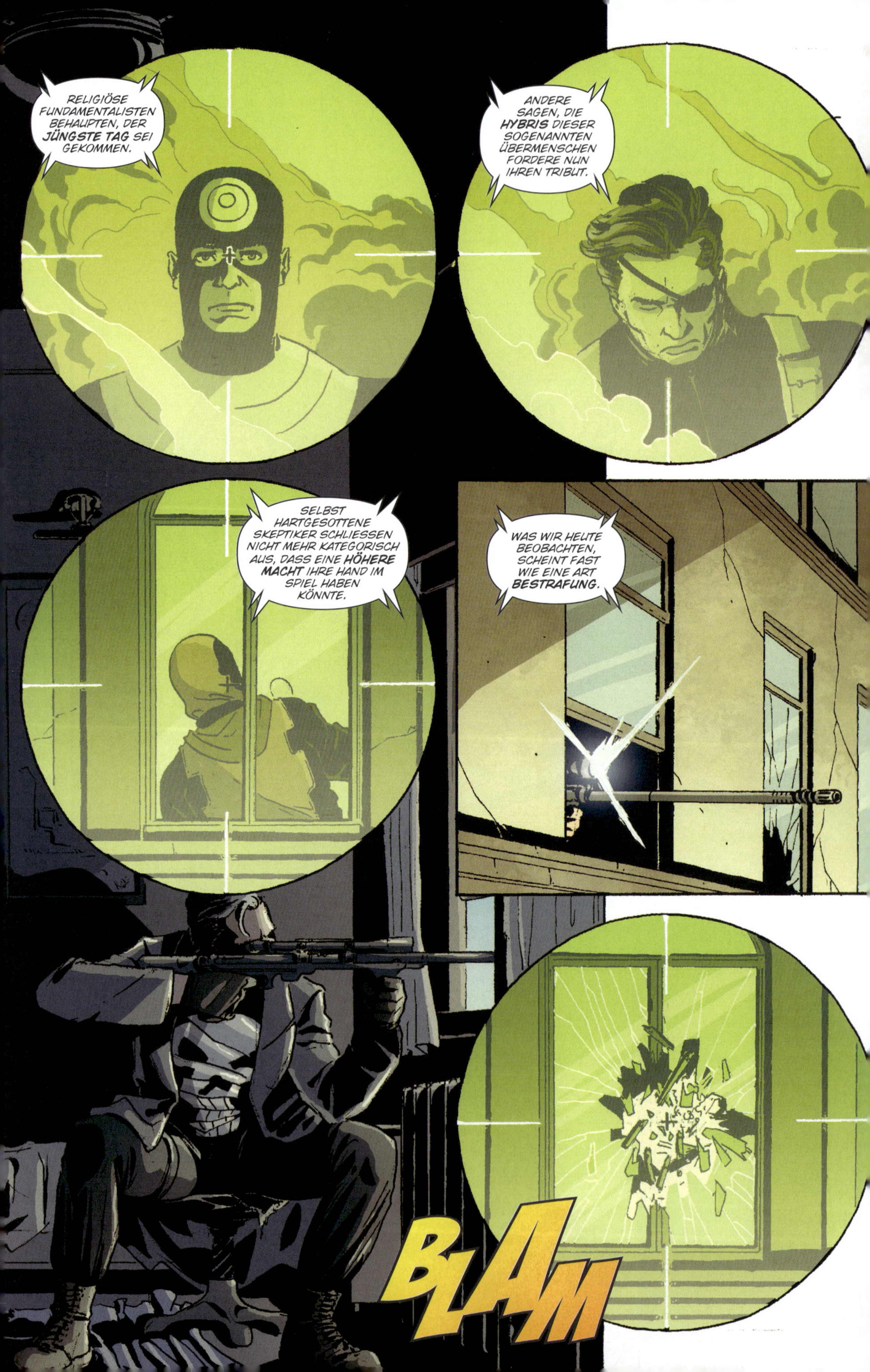
RELIGIÖSE FUNDAMENTALISTEN BEHAUPTEN, DER JÜNGSTE TAG SEI GEKOMMEN.
ANDERE SAGEN, DIE HYBRIS DIESER SOGENANNTEN ÜBERMENSCHEN FORDERE NUN IHREN TRIBUT.
SELBST HARTGESOTTENE SKEPTIKER SCHLIESSEN NICHT MEHR KATEGORISCH AUS, DASS EINE HÖHERE MACHT IHRE HAND IM SPIEL HABEN KÖNNTE.
WAS WIR HEUTE BEOBACHTEN, SCHEINT FAST WIE EINE ART BESTRAFUNG.
BLAM

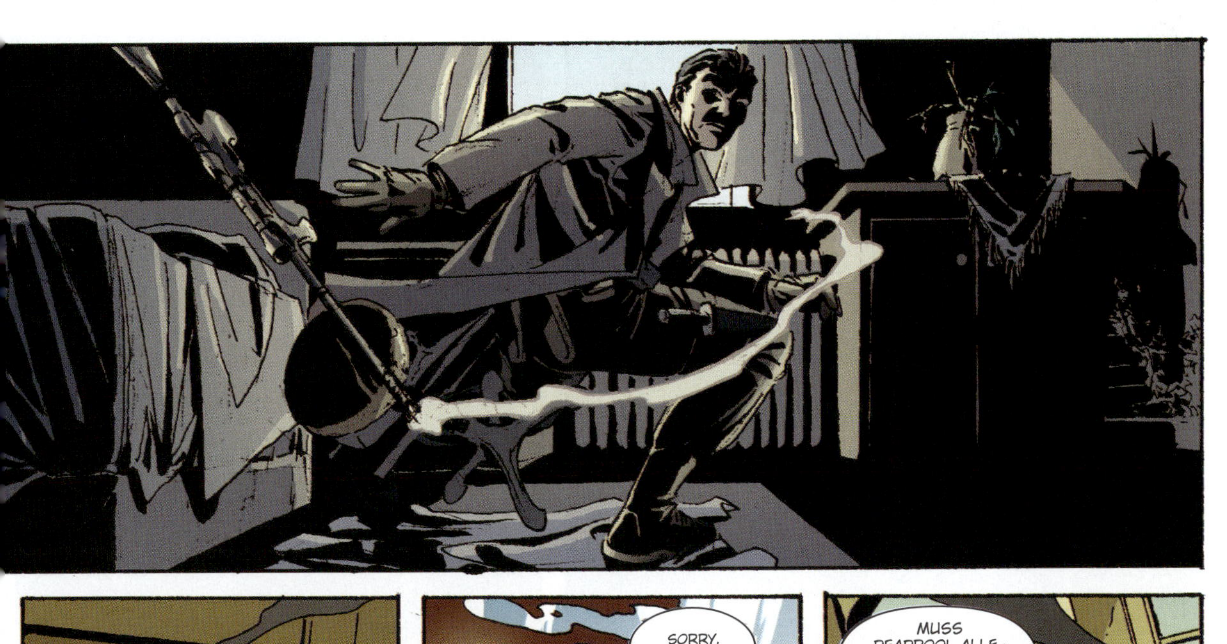

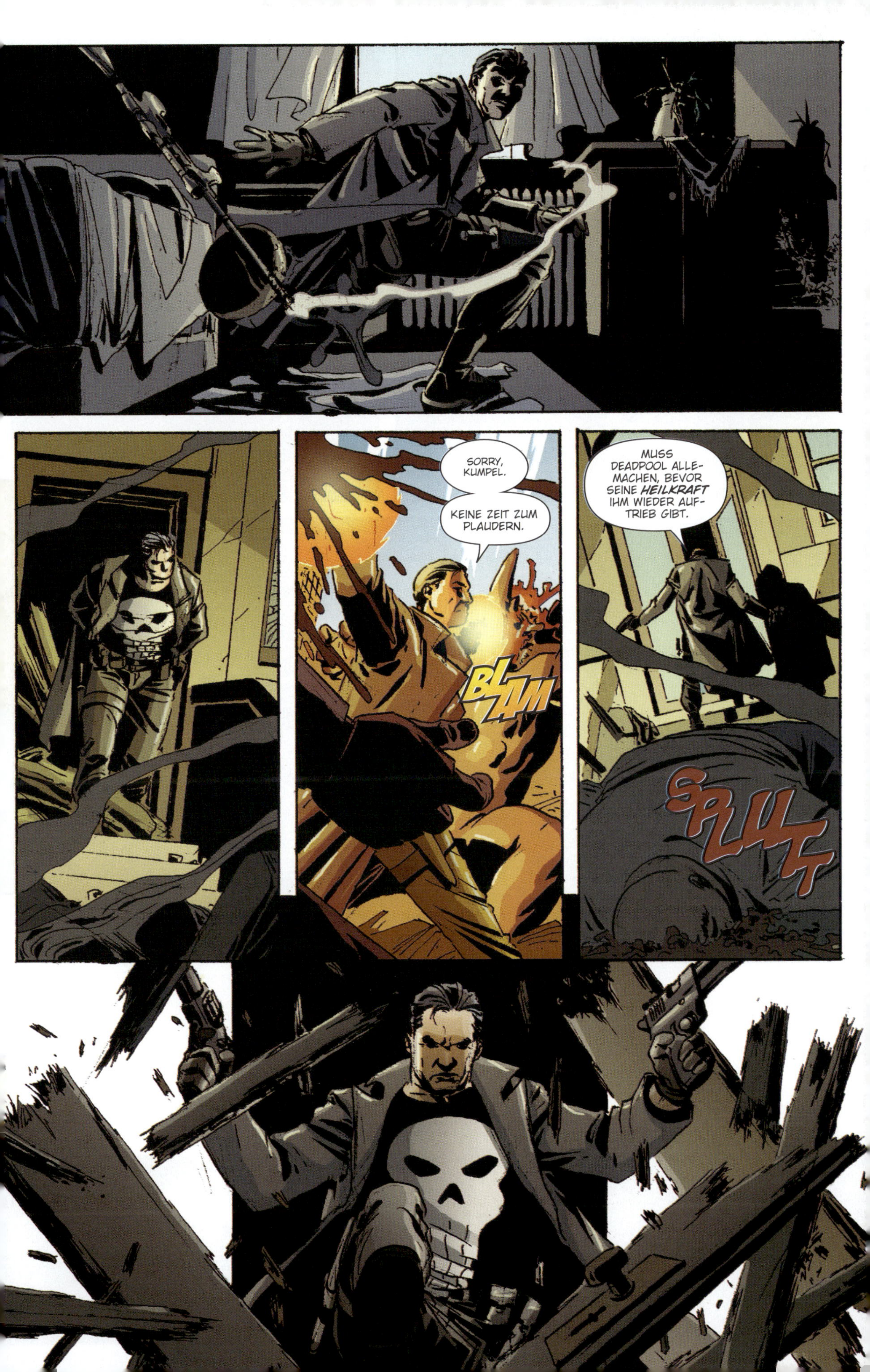

SORRY, KUMPEL.
KEINE ZEIT ZUM PLAUDERN.
BLAM
MUSS DEADPOOL ALLE-MACHEN, BEVOR SEINE HEILKRAFT IHM WIEDER AUF-TRIEB GIBT.
SPLUTT

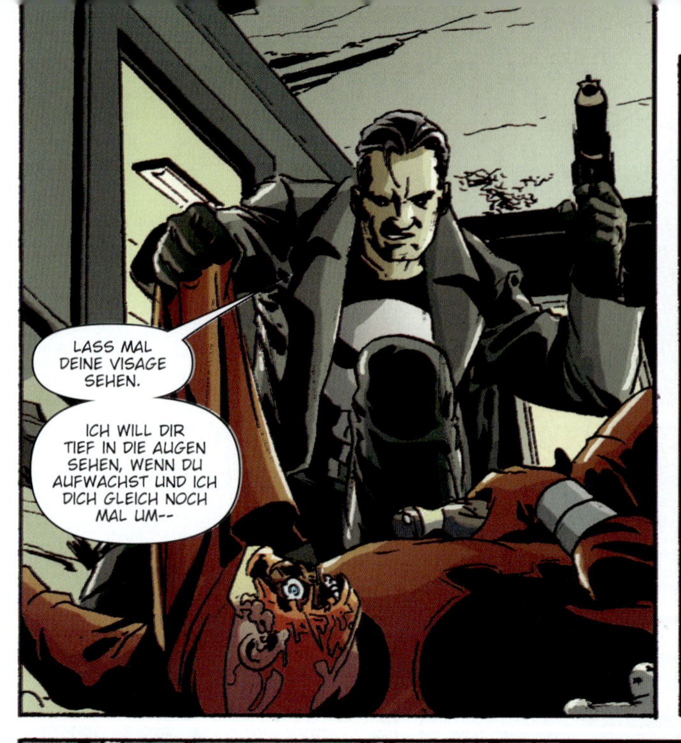
LASS MAL DEINE VISAGE SEHEN.
ICH WILL DIR TIEF IN DIE AUGEN SEHEN, WENN DU AUFWACHST UND ICH DICH GLEICH NOCH MAL UM--

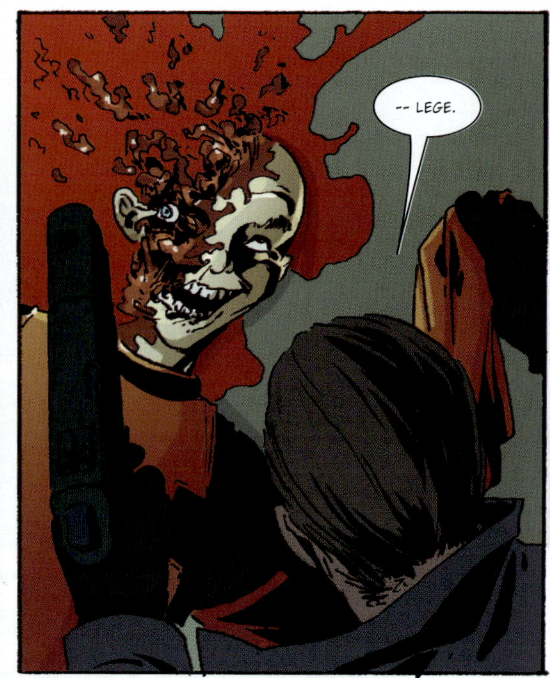
-- LEGE.

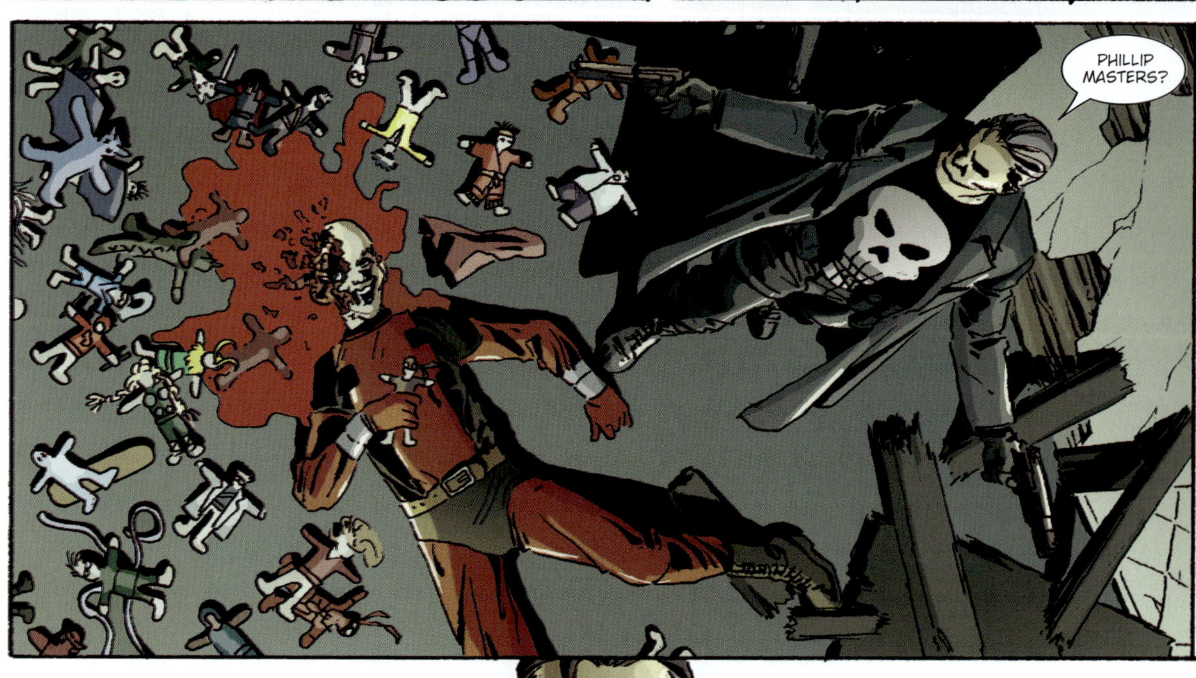
PHILLIP MASTERS?

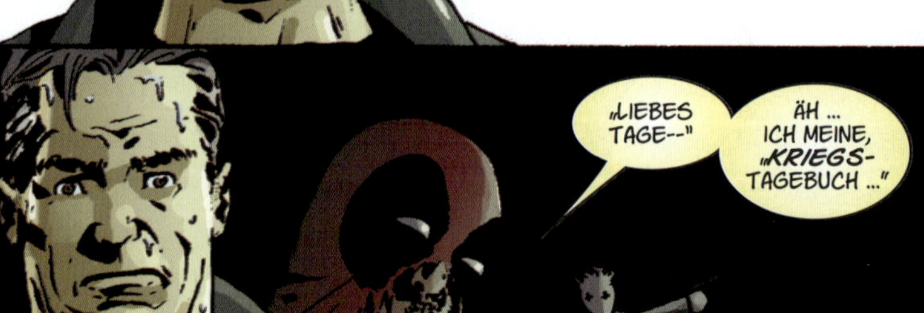
HRR--
„LIEBES TAGE--"
ÄH ... ICH MEINE, „KRIEGS-TAGEBUCH ..."

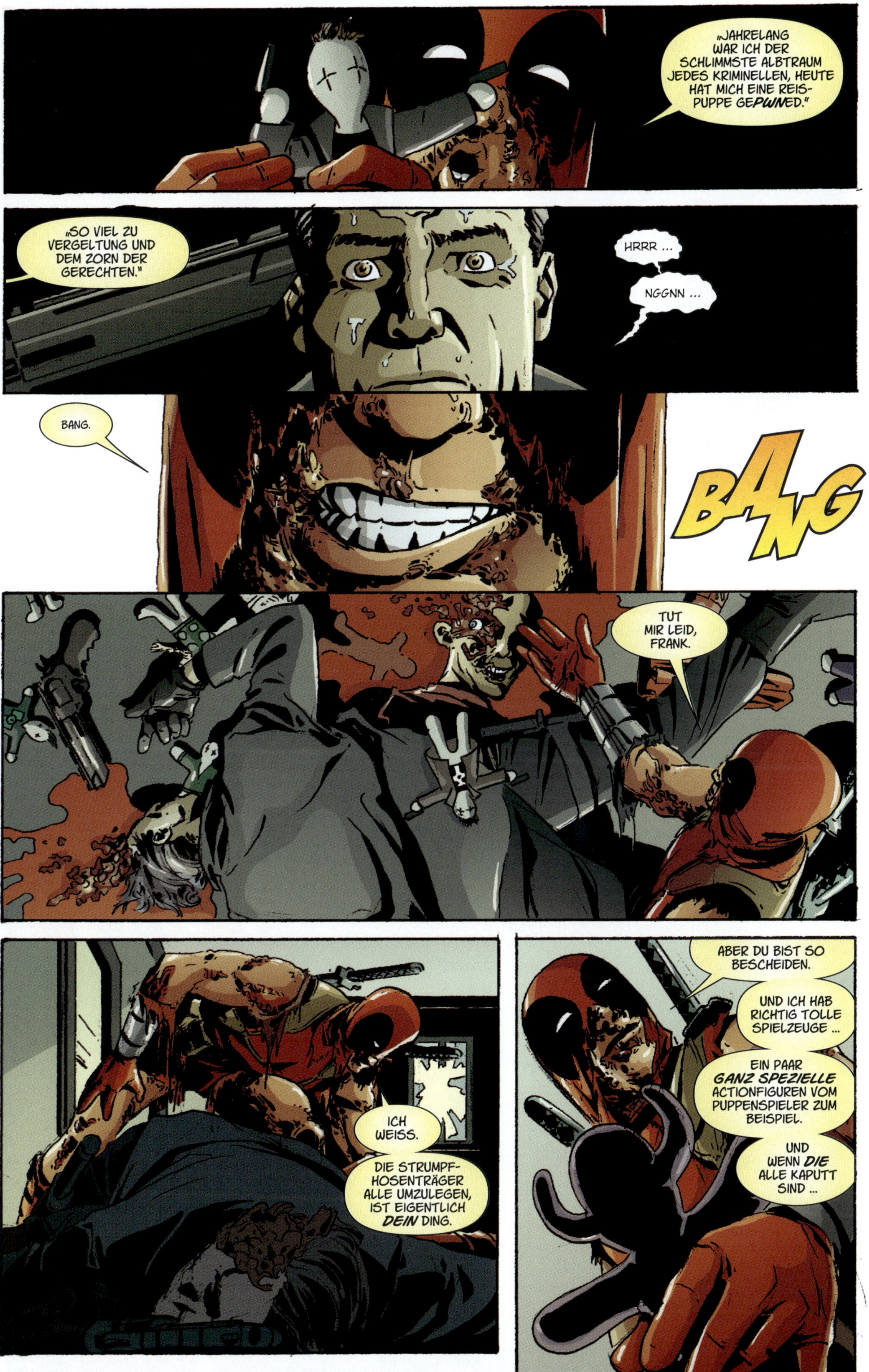

„JAHRELANG WAR ICH DER SCHLIMMSTE ALBTRAUM JEDES KRIMINELLEN, HEUTE HAT MICH EINE REIS-PUPPE GE*PWN*ED."

„SO VIEL ZU VERGELTUNG UND DEM ZORN DER GERECHTEN."

HRRR ...

NGGNN ...

BANG.

BANG

TUT MIR LEID, FRANK.

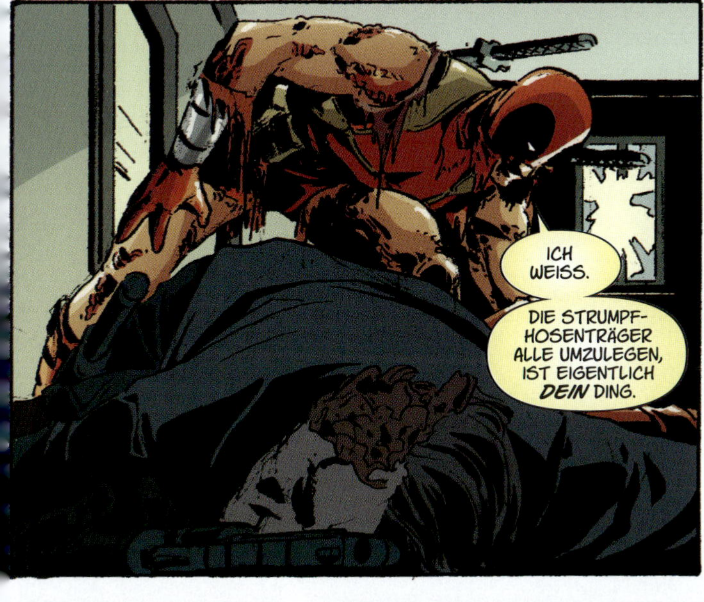

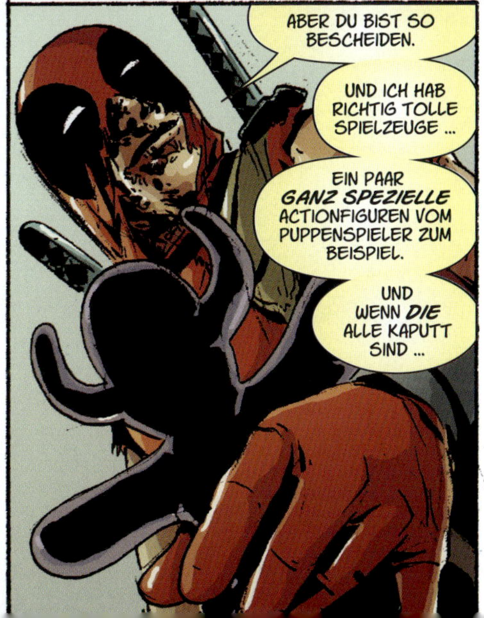

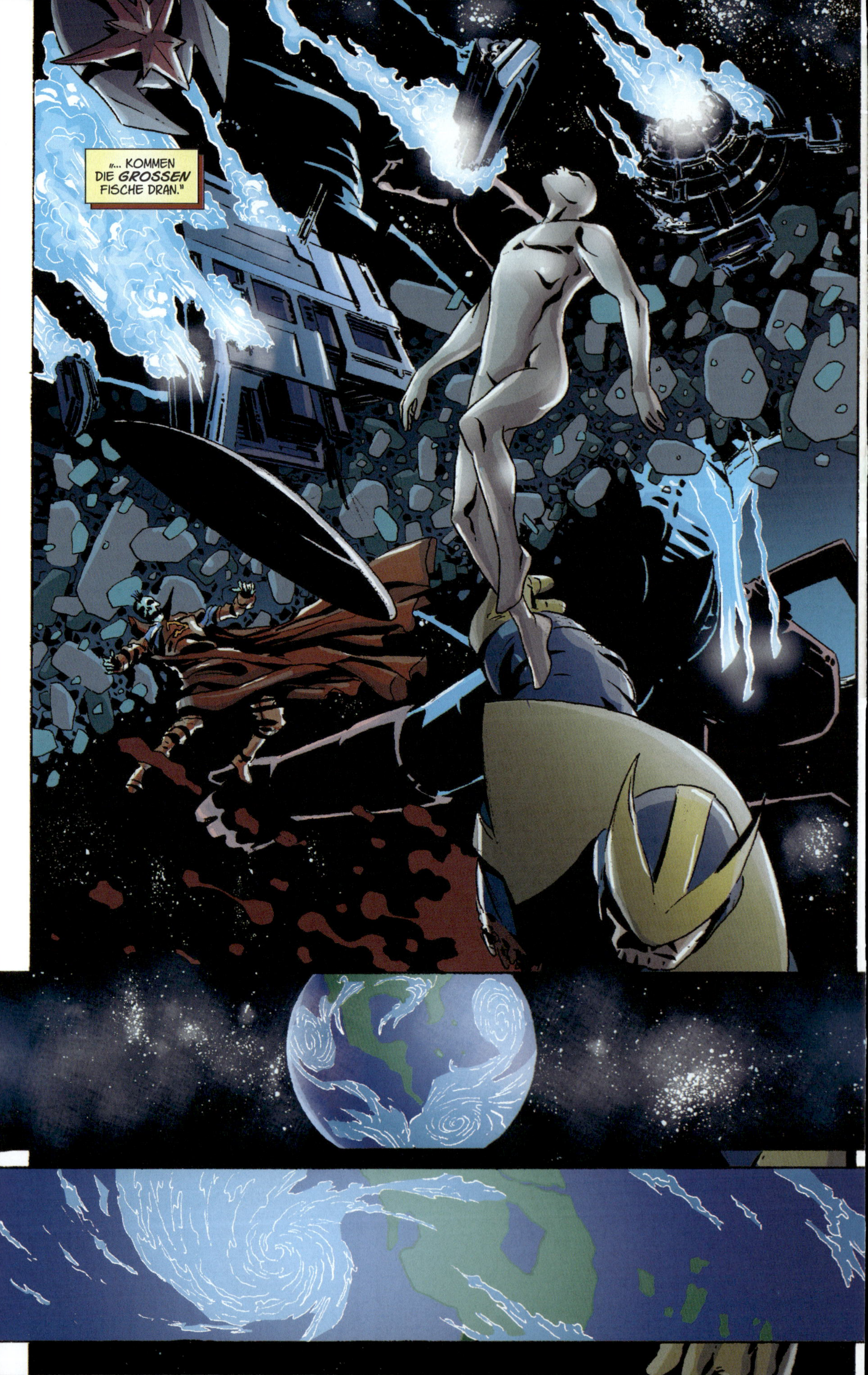
"... KOMMEN DIE GROSSEN FISCHE DRAN."

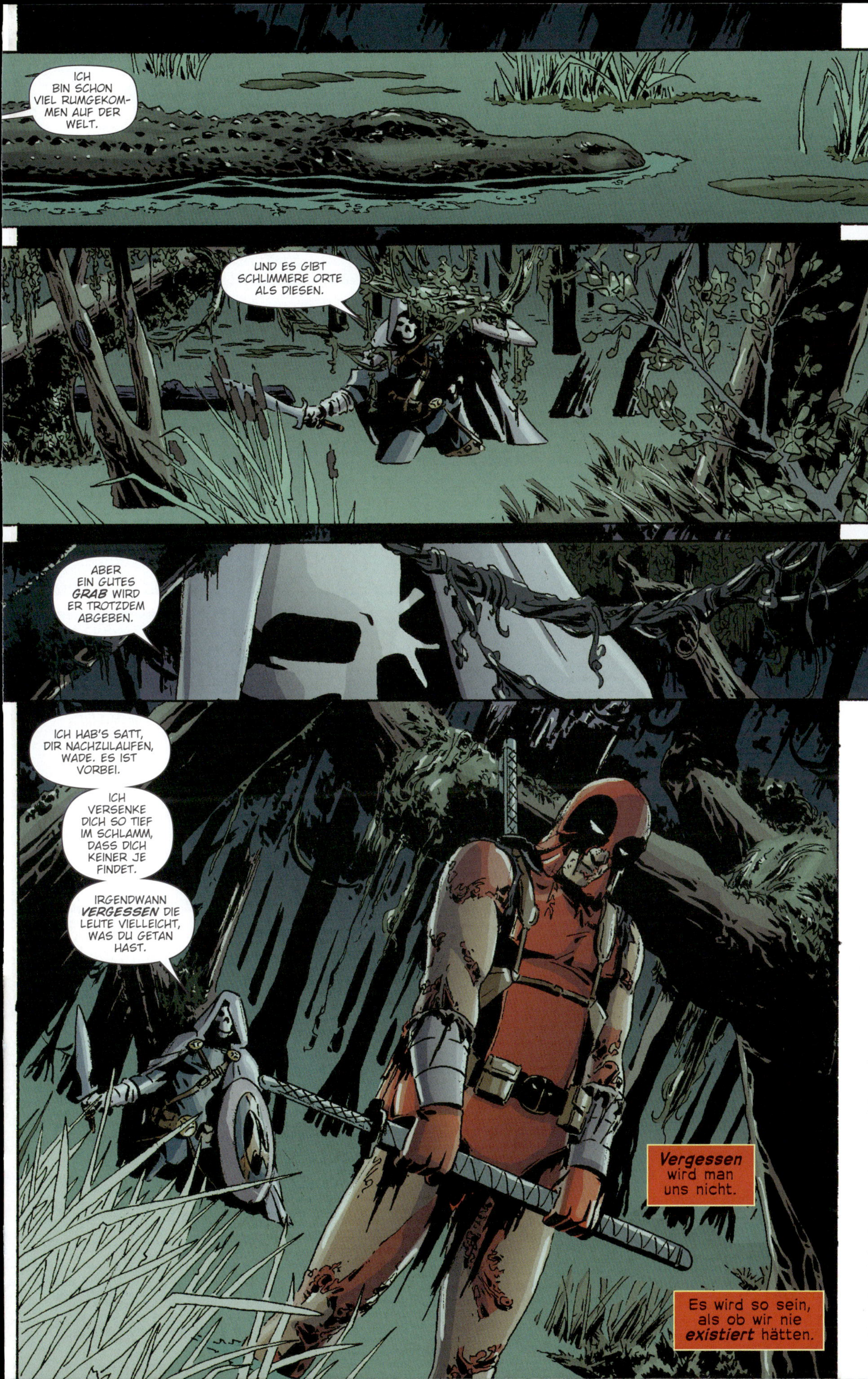
ICH BIN SCHON VIEL RUMGEKOM-MEN AUF DER WELT.
UND ES GIBT SCHLIMMERE ORTE ALS DIESEN.
ABER EIN GUTES GRAB WIRD ER TROTZDEM ABGEBEN.
ICH HAB'S SATT, DIR NACHZULAUFEN, WADE. ES IST VORBEI.
ICH VERSENKE DICH SO TIEF IM SCHLAMM, DASS DICH KEINER JE FINDET.
IRGENDWANN VERGESSEN DIE LEUTE VIELLEICHT, WAS DU GETAN HAST.
Vergessen wird man uns nicht.
Es wird so sein, als ob wir nie existiert hätten.

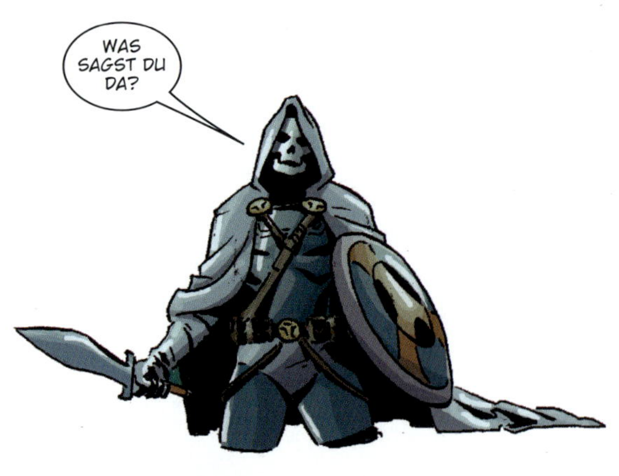
WAS SAGST DU DA?

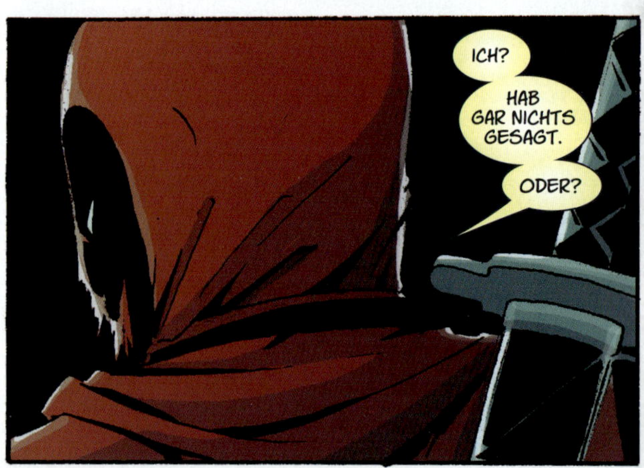
ICH?
HAB GAR NICHTS GESAGT.
ODER?

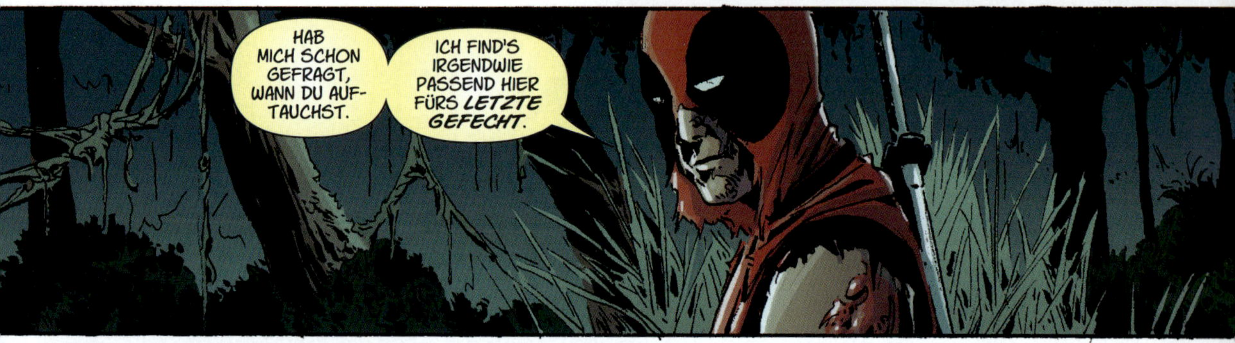
HAB MICH SCHON GEFRAGT, WANN DU AUF-TAUCHST.
ICH FIND'S IRGENDWIE PASSEND HIER FÜRS *LETZTE GEFECHT*.

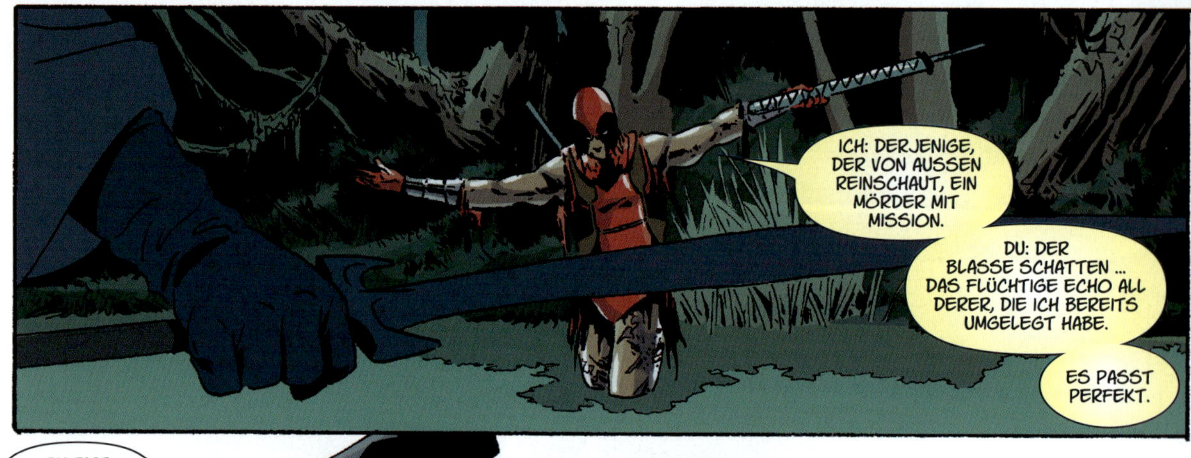
ICH: DERJENIGE, DER VON AUSSEN REINSCHAUT, EIN MÖRDER MIT MISSION.
DU: DER BLASSE SCHATTEN ... DAS FLÜCHTIGE ECHO ALL DERER, DIE ICH BEREITS UMGELEGT HABE.
ES PASST PERFEKT.

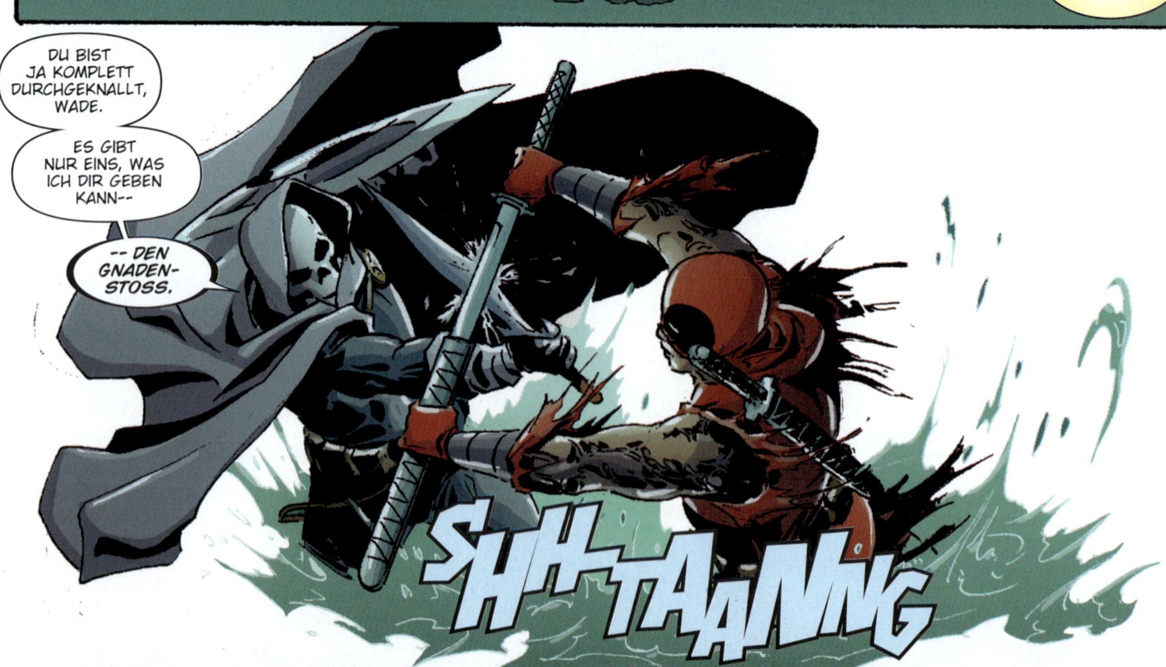
DU BIST JA KOMPLETT DURCHGEKNALLT, WADE.
ES GIBT NUR EINS, WAS ICH DIR GEBEN KANN--
-- DEN GNADEN-STOSS.
SHH-TAANNG

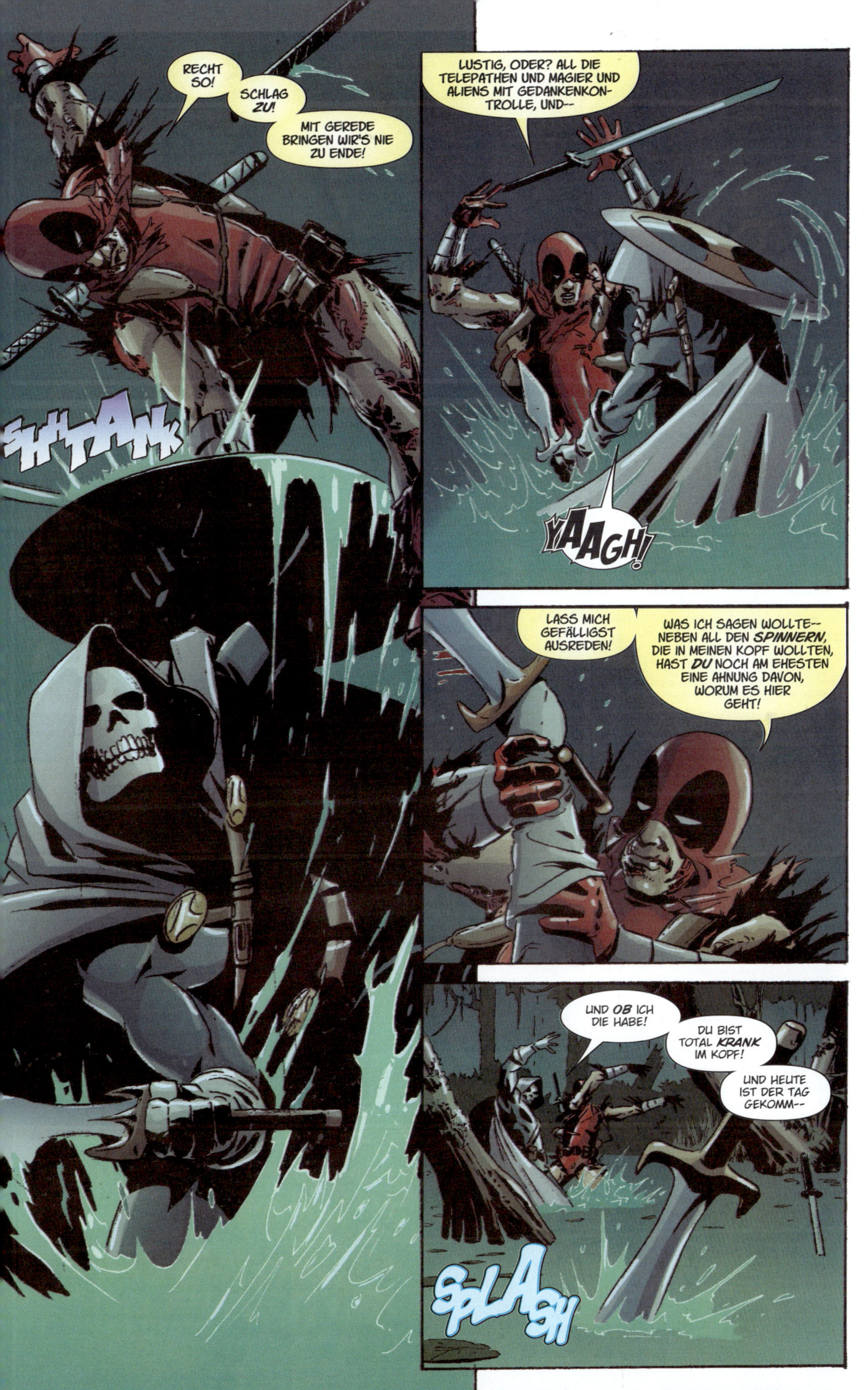
RECHT SO!
SCHLAG ZU!
MIT GEREDE BRINGEN WIR'S NIE ZU ENDE!
SHTANK
LUSTIG, ODER? ALL DIE TELEPATHEN UND MAGIER UND ALIENS MIT GEDANKENKON-TROLLE, UND--
YAAGH!
LASS MICH GEFÄLLIGST AUSREDEN!
WAS ICH SAGEN WOLLTE-- NEBEN ALL DEN SPINNERN, DIE IN MEINEN KOPF WOLLTEN, HAST DU NOCH AM EHESTEN EINE AHNUNG DAVON, WORUM ES HIER GEHT!
UND OB ICH DIE HABE!
DU BIST TOTAL KRANK IM KOPF!
UND HEUTE IST DER TAG GEKOMM--
SPLASH

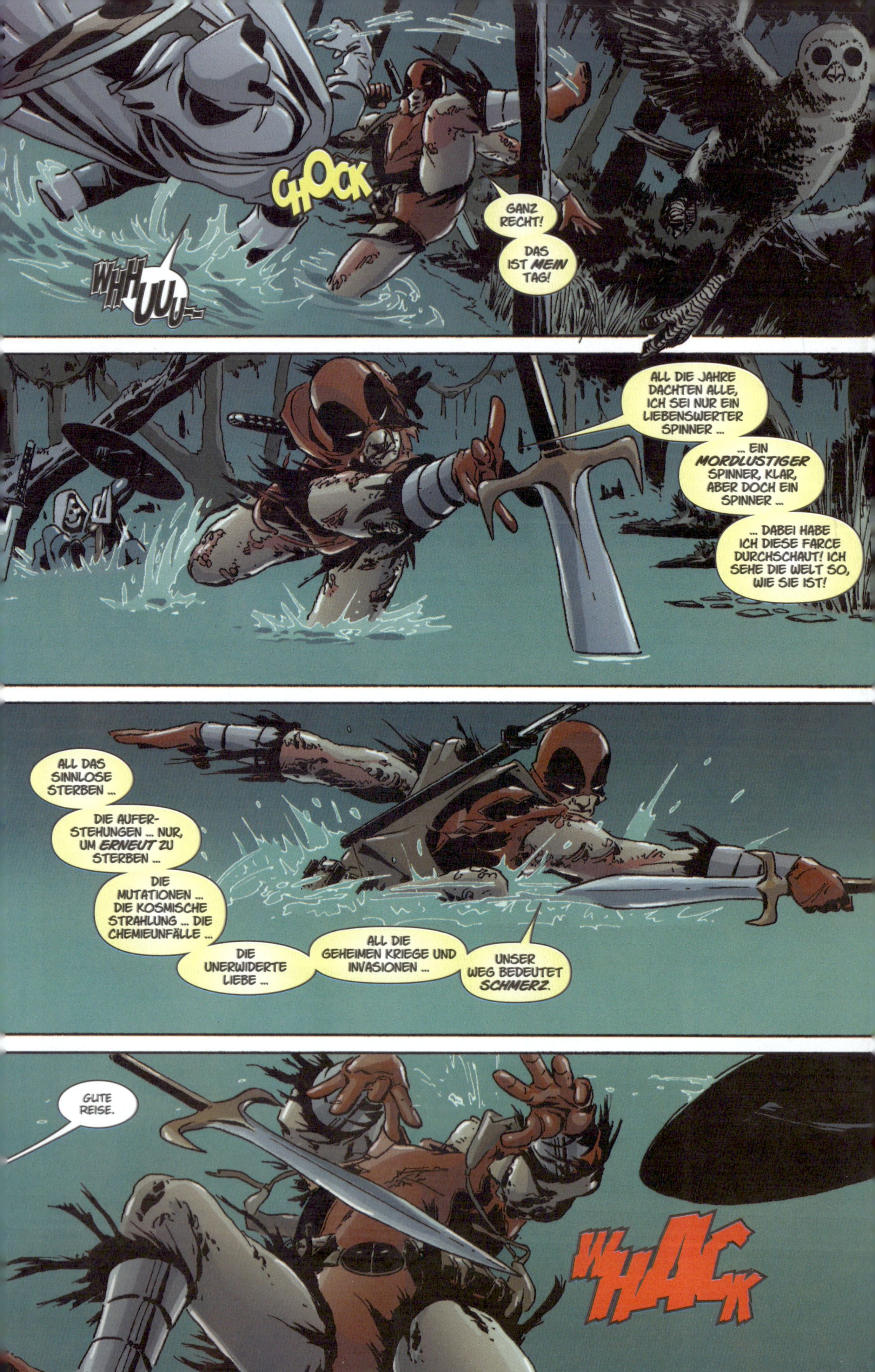
CHOCK
GANZ RECHT!
DAS IST MEIN TAG!
WHHUUU--
ALL DIE JAHRE DACHTEN ALLE, ICH SEI NUR EIN LIEBENSWERTER SPINNER ...
... EIN MORDLUSTIGER SPINNER, KLAR, ABER DOCH EIN SPINNER ...
... DABEI HABE ICH DIESE FARCE DURCHSCHAUT! ICH SEHE DIE WELT SO, WIE SIE IST!
ALL DAS SINNLOSE STERBEN ...
DIE AUFER-STEHUNGEN ... NUR, UM ERNEUT ZU STERBEN ...
DIE MUTATIONEN ... DIE KOSMISCHE STRAHLUNG ... DIE CHEMIEUNFÄLLE ...
DIE UNERWIDERTE LIEBE ...
ALL DIE GEHEIMEN KRIEGE UND INVASIONEN ...
UNSER WEG BEDEUTET SCHMERZ.
GUTE REISE.
WHACK

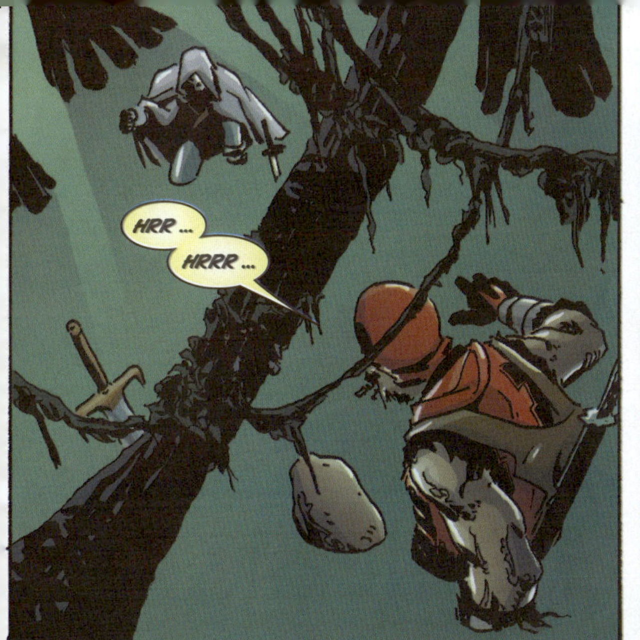
HRR ...
HRRR ...

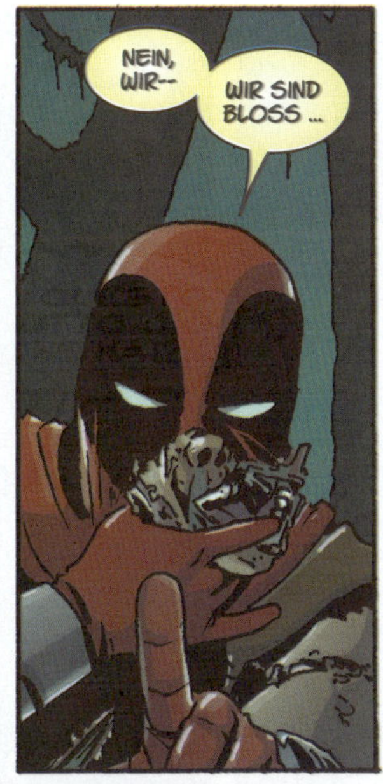
NEIN, WIR--
WIR SIND BLOSS ...

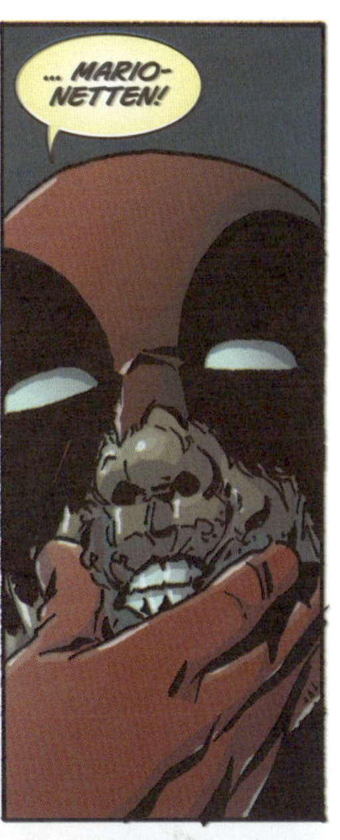
... MARIO-NETTEN!

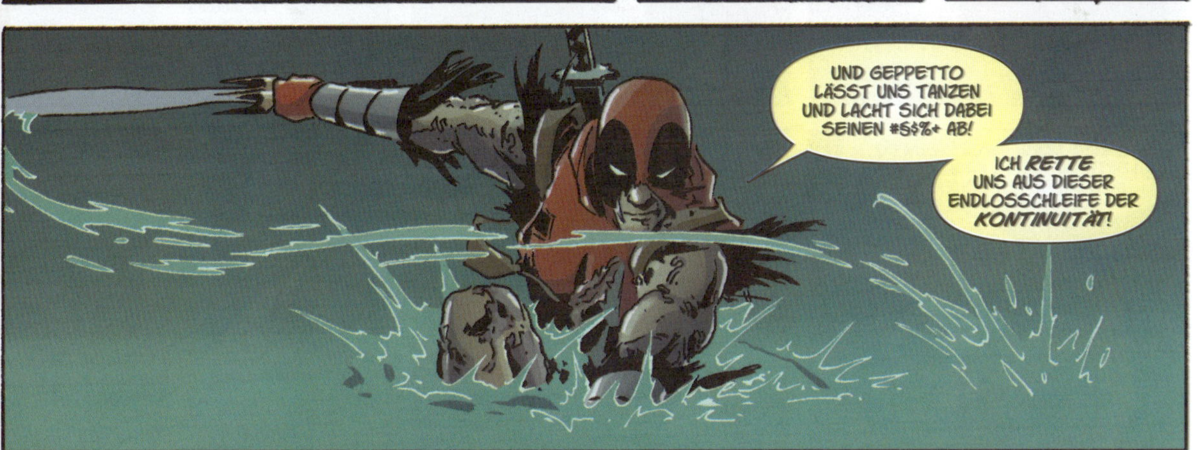
UND GEPPETTO LÄSST UNS TANZEN UND LACHT SICH DABEI SEINEN #$$%+ AB!
ICH RETTE UNS AUS DIESER ENDLOSSCHLEIFE DER KONTINUITÄT!

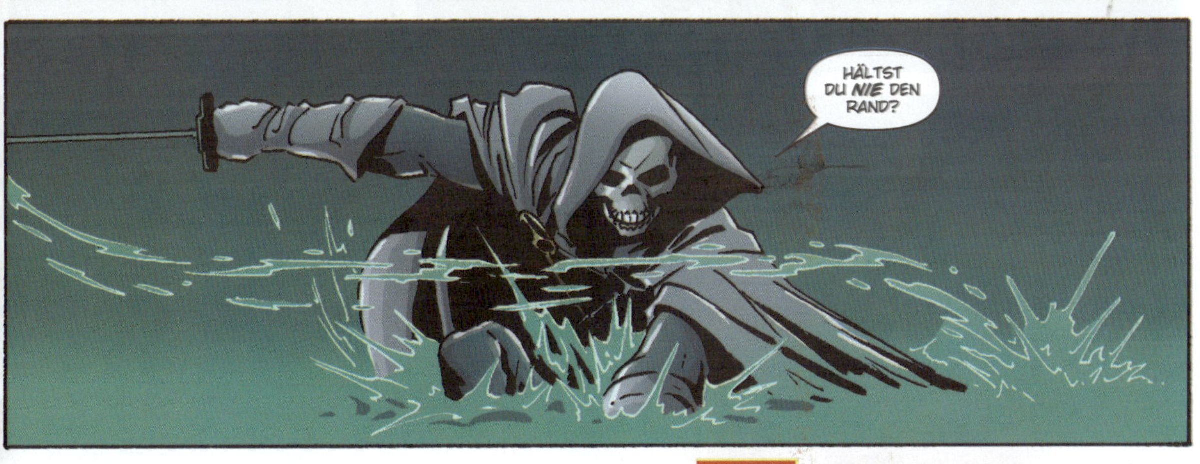
HÄLTST DU NIE DEN RAND?

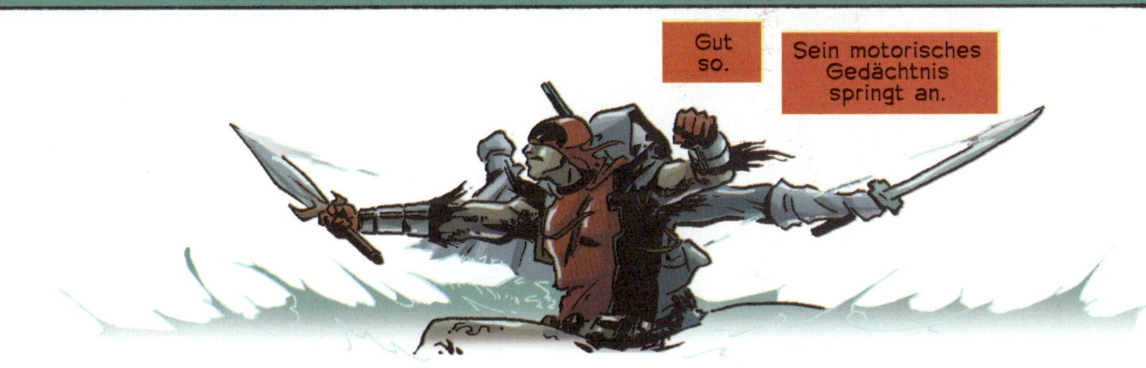
Gut so.
Sein motorisches Gedächtnis springt an.

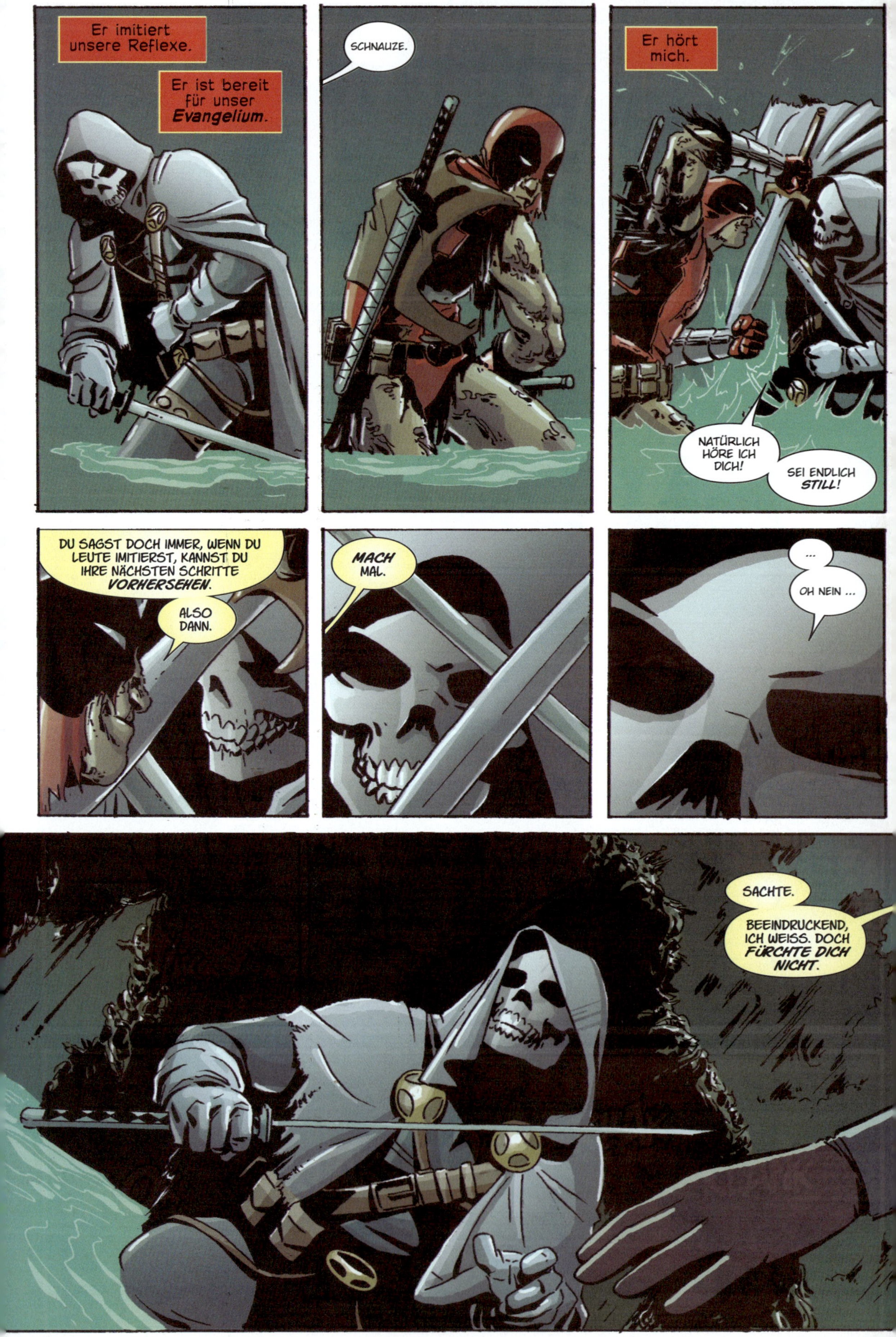

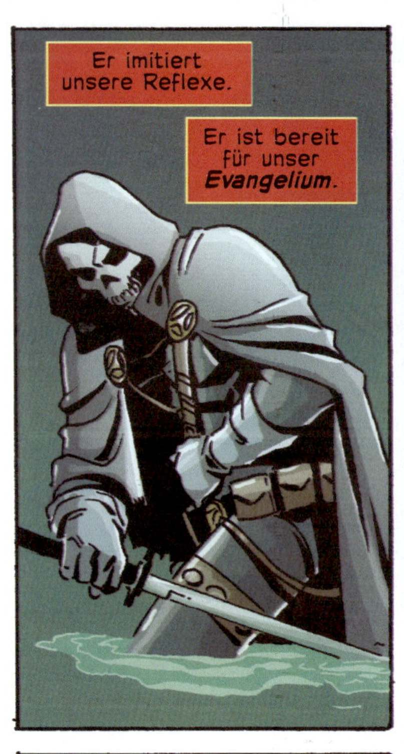
Er imitiert unsere Reflexe.
Er ist bereit für unser *Evangelium*.

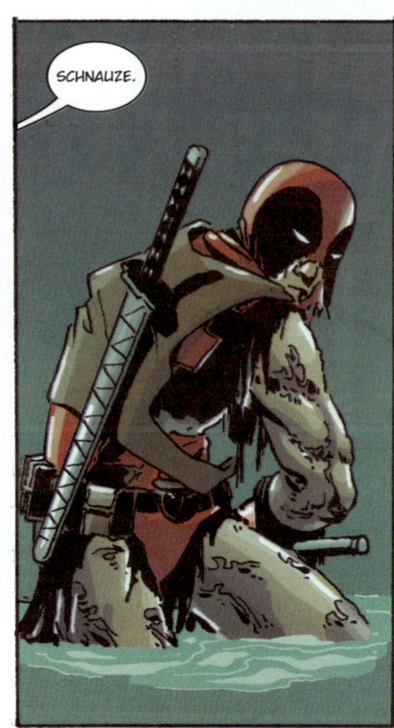
SCHNAUZE.

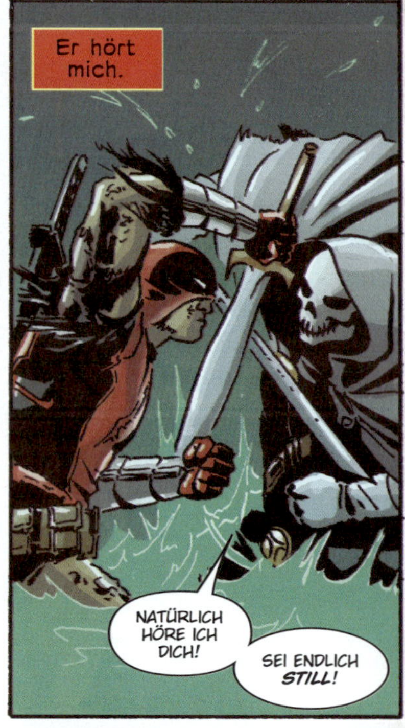
Er hört mich.
NATÜRLICH HÖRE ICH DICH!
SEI ENDLICH *STILL!*

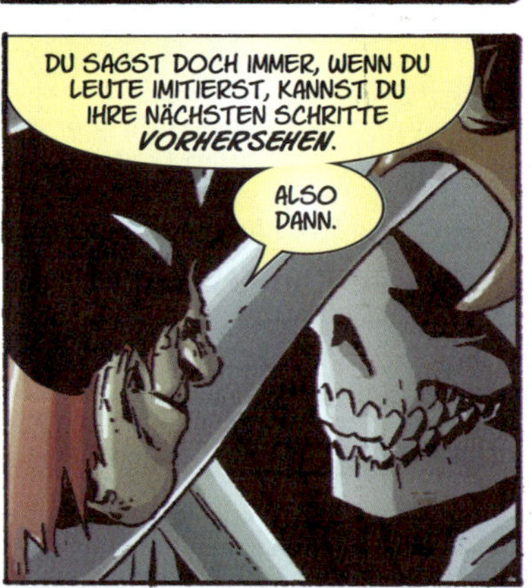
DU SAGST DOCH IMMER, WENN DU LEUTE IMITIERST, KANNST DU IHRE NÄCHSTEN SCHRITTE *VORHERSEHEN*.
ALSO DANN.

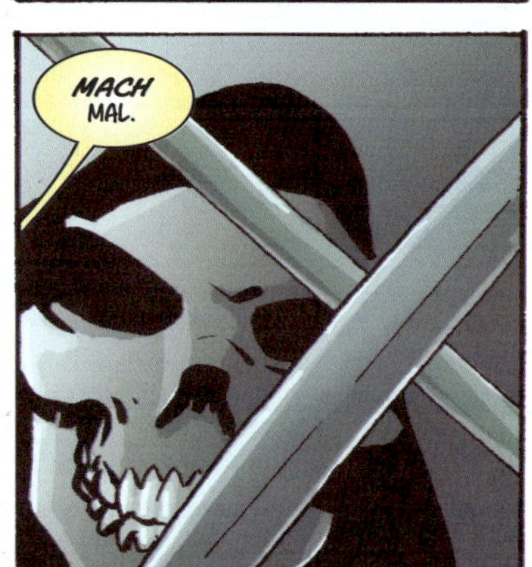
MACH MAL.

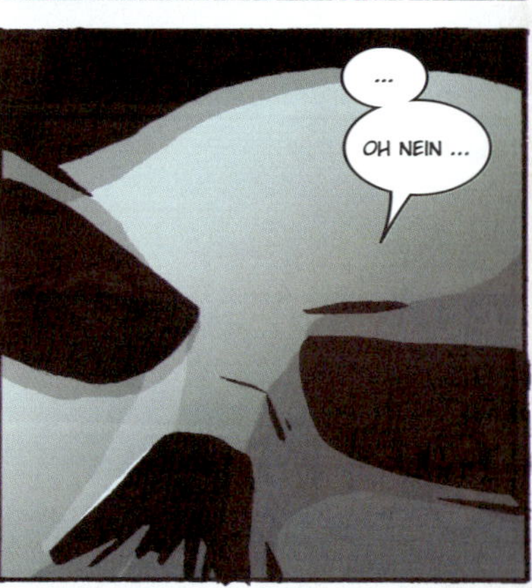
...
OH NEIN ...

SACHTE.
BEEINDRUCKEND, ICH WEISS. DOCH *FÜRCHTE DICH NICHT*.

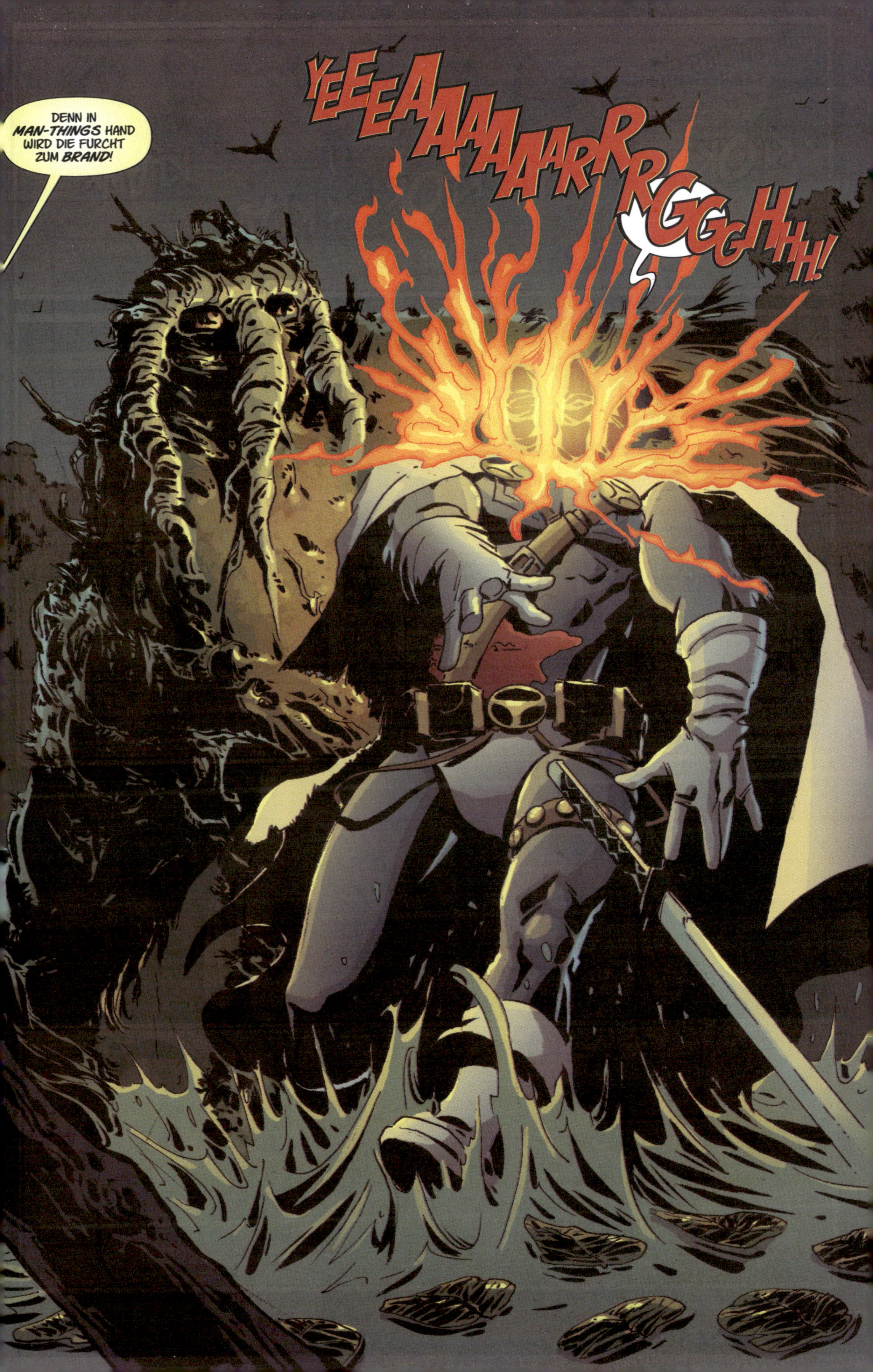
DENN IN MAN-THINGS HAND WIRD DIE FURCHT ZUM BRAND!
YEEEAAAAAARRRGGGHHH!

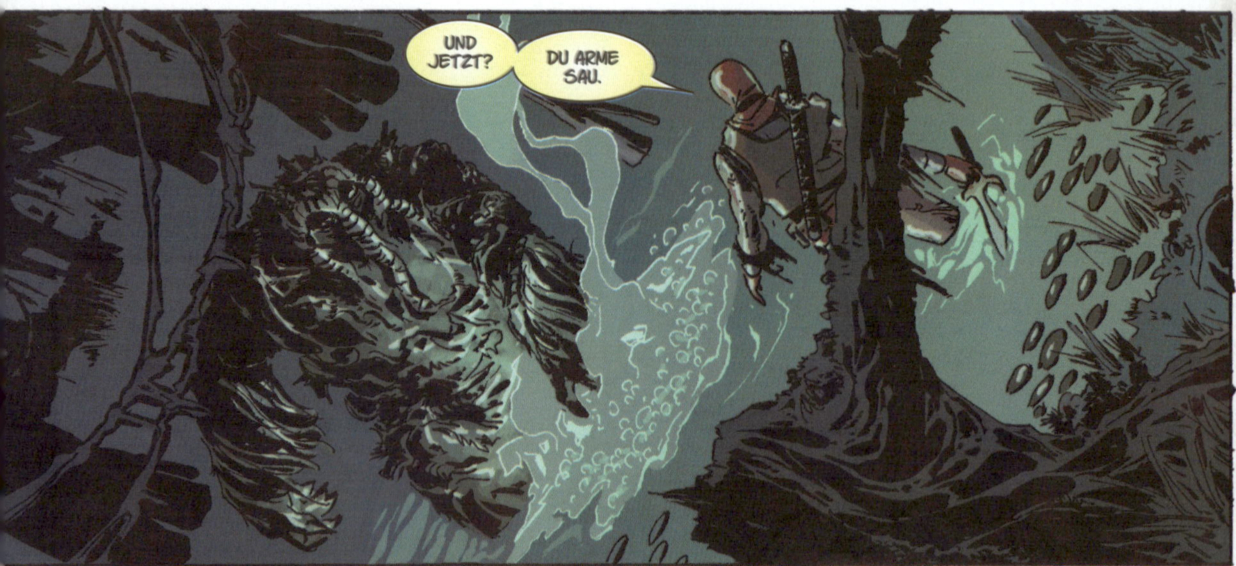
UND JETZT?
DU ARME SAU.

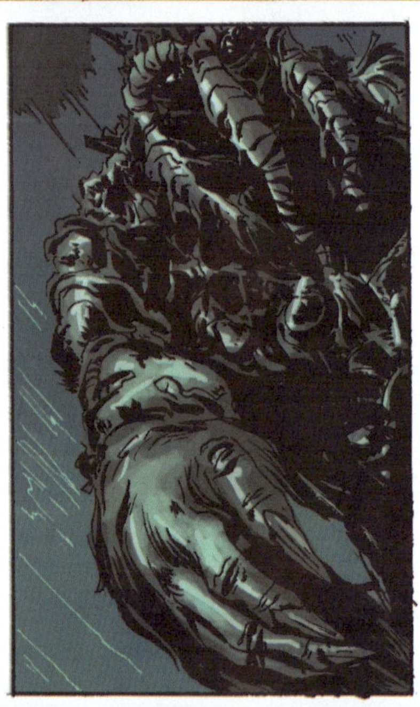

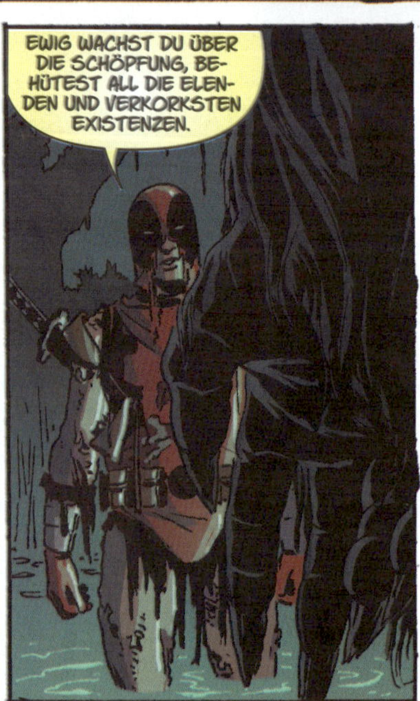
EWIG WACHST DU ÜBER DIE SCHÖPFUNG, BEHÜTEST ALL DIE ELENDEN UND VERKORKSTEN EXISTENZEN.

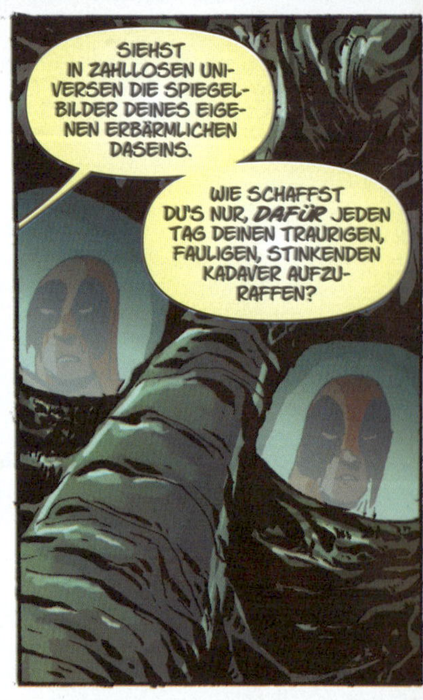
SIEHST IN ZAHLLOSEN UNIVERSEN DIE SPIEGELBILDER DEINES EIGENEN ERBÄRMLICHEN DASEINS.
WIE SCHAFFST DU'S NUR, DAFÜR JEDEN TAG DEINEN TRAURIGEN, FAULIGEN, STINKENDEN KADAVER AUFZURAFFEN?

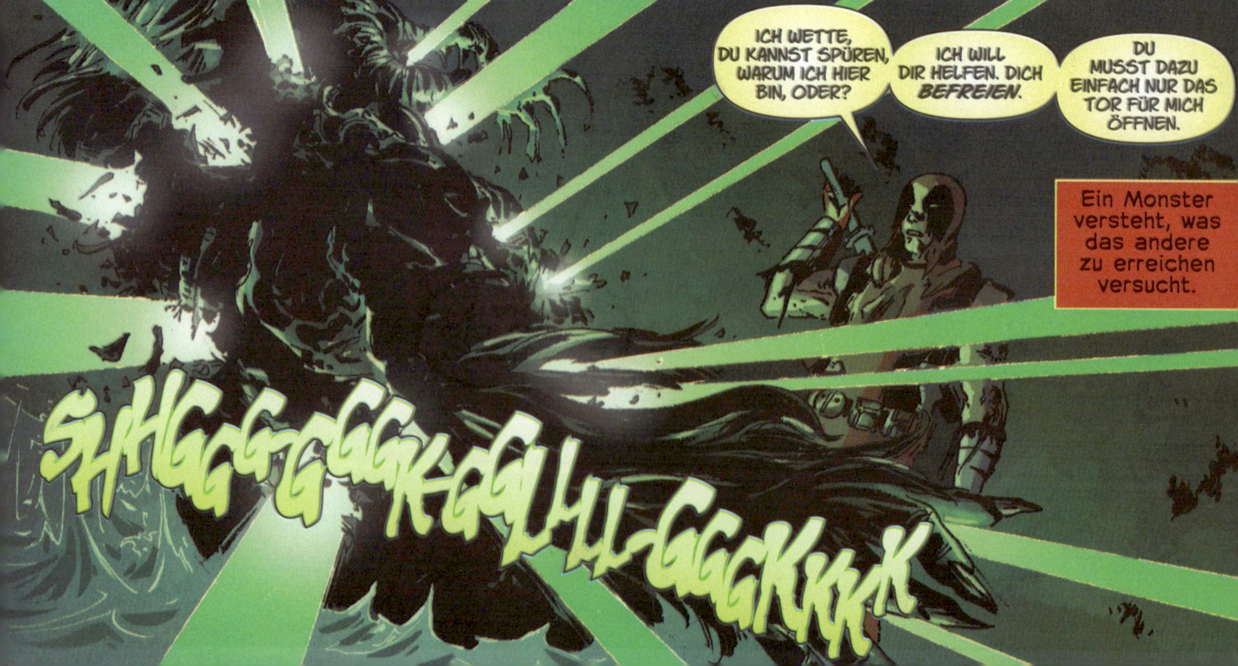
ICH WETTE, DU KANNST SPÜREN, WARUM ICH HIER BIN, ODER?
ICH WILL DIR HELFEN. DICH BEFREIEN.
DU MUSST DAZU EINFACH NUR DAS TOR FÜR MICH ÖFFNEN.
Ein Monster versteht, was das andere zu erreichen versucht.
SHGGGGGGK-GGLLL-GGGKKKK

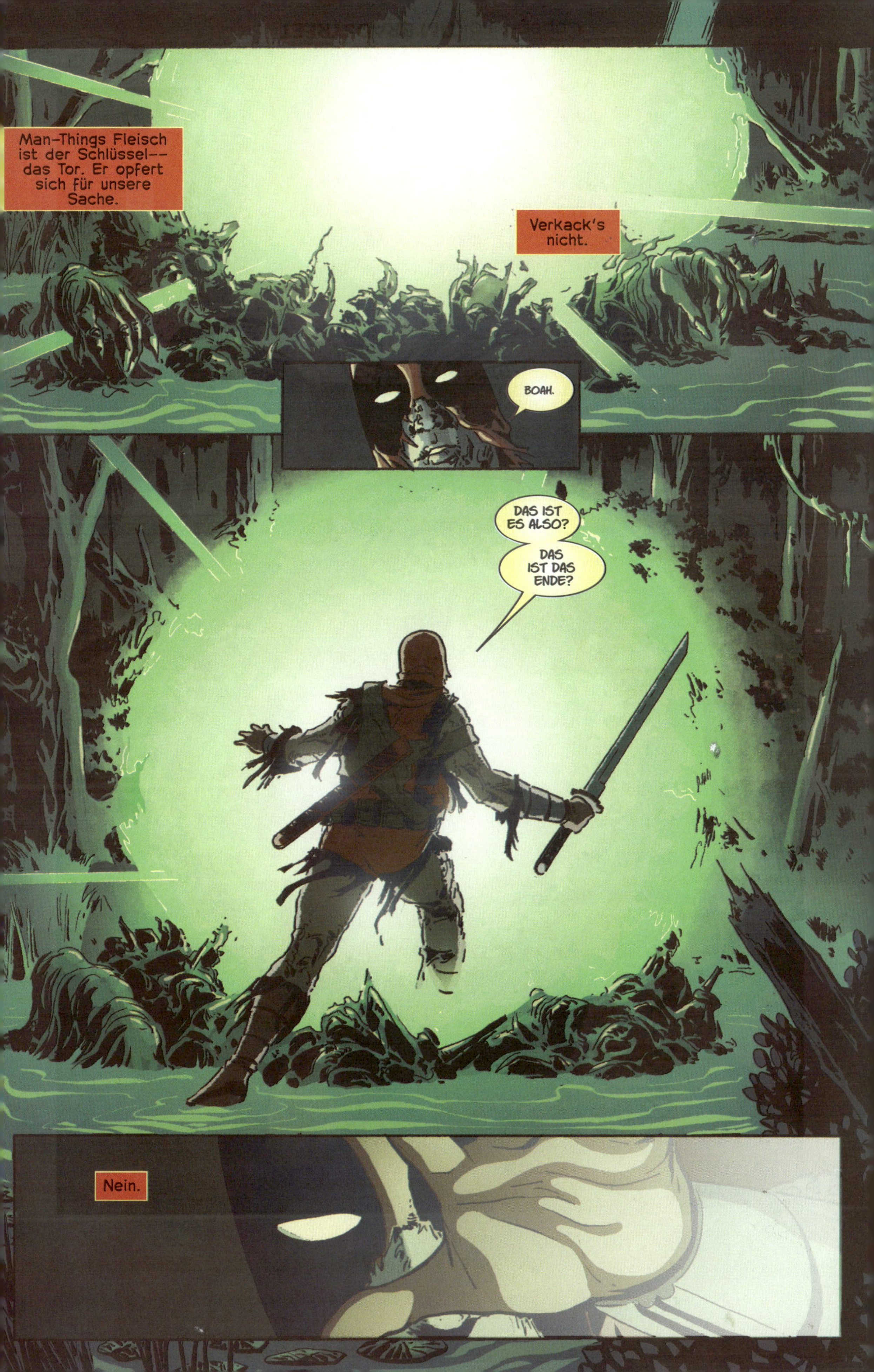
Man-Things Fleisch ist der Schlüssel-- das Tor. Er opfert sich für unsere Sache.
Verkack's nicht.
BOAH.
DAS IST ES ALSO?
DAS IST DAS ENDE?
Nein.

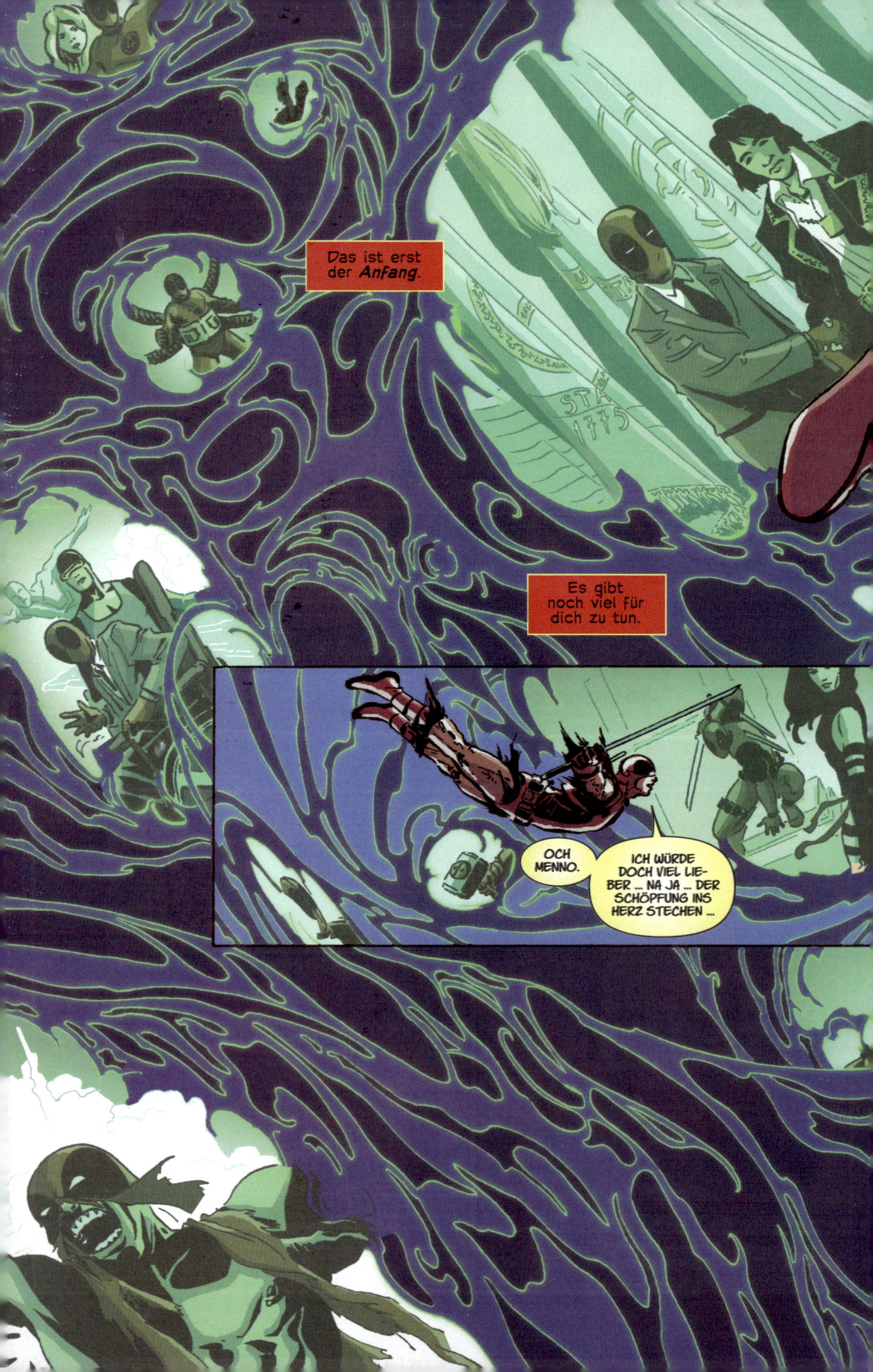
Das ist erst der *Anfang*.
Es gibt noch viel für dich zu tun.
OCH MENNO.
ICH WÜRDE DOCH VIEL LIEBER ... NA JA ... DER SCHÖPFUNG INS HERZ STECHEN ...

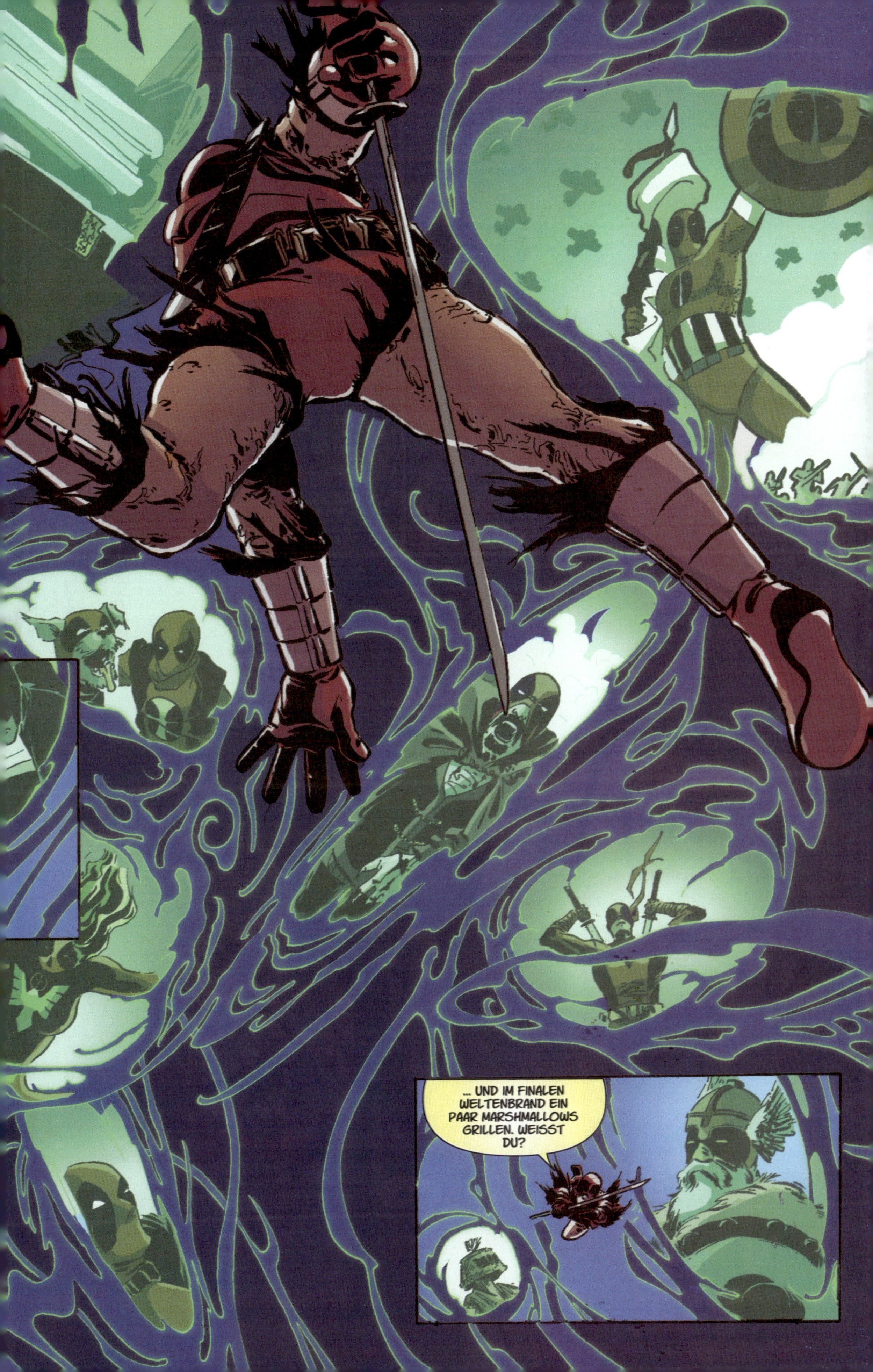
... UND IM FINALEN WELTENBRAND EIN PAAR MARSHMALLOWS GRILLEN. WEISST DU?

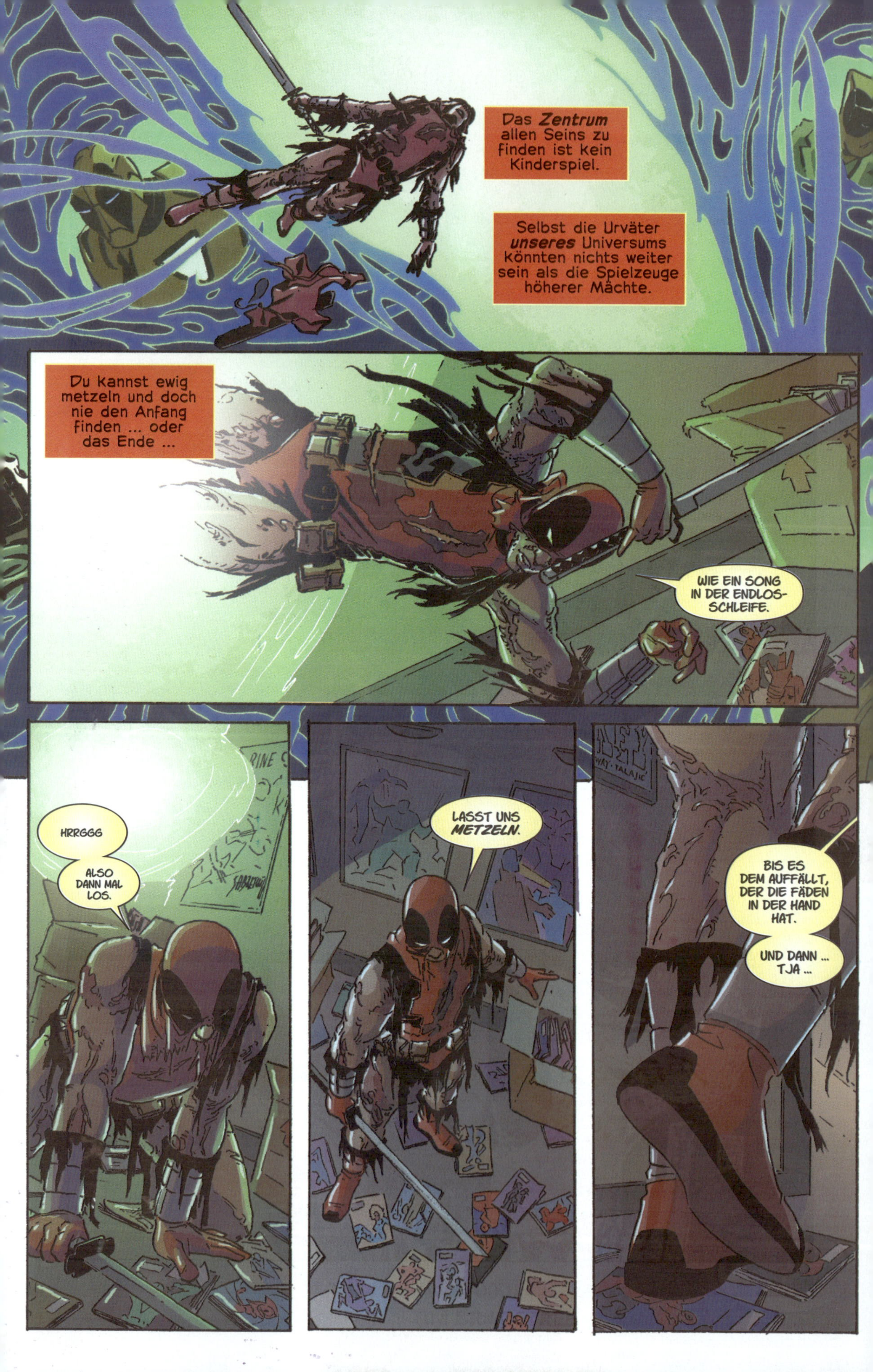
Das *Zentrum* allen Seins zu finden ist kein Kinderspiel.
Selbst die Urväter *unseres* Universums könnten nichts weiter sein als die Spielzeuge höherer Mächte.
Du kannst ewig metzeln und doch nie den Anfang finden ... oder das Ende ...
WIE EIN SONG IN DER ENDLOS-SCHLEIFE.
HRRGGG
ALSO DANN MAL LOS.
LASST UNS *METZELN*.
BIS ES DEM AUFFÄLLT, DER DIE FÄDEN IN DER HAND HAT.
UND DANN ... TJA ...

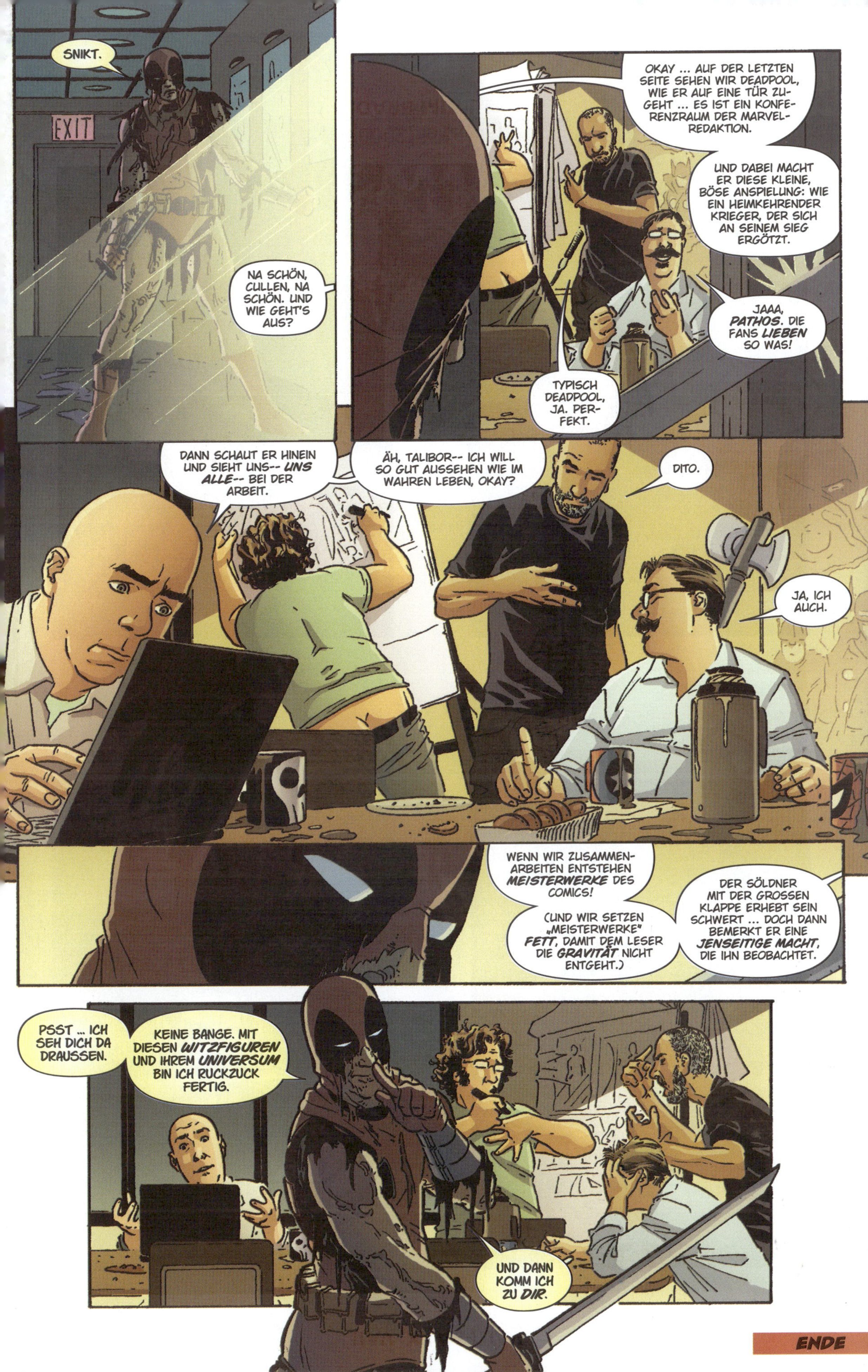
SNIKT.
EXIT
NA SCHÖN, CULLEN, NA SCHÖN. UND WIE GEHT'S AUS?
OKAY ... AUF DER LETZTEN SEITE SEHEN WIR DEADPOOL, WIE ER AUF EINE TÜR ZUGEHT ... ES IST EIN KONFERENZRAUM DER MARVEL-REDAKTION.
UND DABEI MACHT ER DIESE KLEINE, BÖSE ANSPIELUNG: WIE EIN HEIMKEHRENDER KRIEGER, DER SICH AN SEINEM SIEG ERGÖTZT.
JAAA, **PATHOS**. DIE FANS ***LIEBEN*** SO WAS!
TYPISCH DEADPOOL, JA. PERFEKT.
DANN SCHAUT ER HINEIN UND SIEHT UNS-- ***UNS ALLE***-- BEI DER ARBEIT.
ÄH, TALIBOR-- ICH WILL SO GUT AUSSEHEN WIE IM WAHREN LEBEN, OKAY?
DITO.
JA, ICH AUCH.
WENN WIR ZUSAMMENARBEITEN ENTSTEHEN ***MEISTERWERKE*** DES COMICS!
(UND WIR SETZEN „MEISTERWERKE" **FETT**, DAMIT DEM LESER DIE ***GRAVITÄT*** NICHT ENTGEHT.)
DER SÖLDNER MIT DER GROSSEN KLAPPE ERHEBT SEIN SCHWERT ... DOCH DANN BEMERKT ER EINE ***JENSEITIGE MACHT***, DIE IHN BEOBACHTET.
PSST ... ICH SEH DICH DA DRAUSSEN.
KEINE BANGE. MIT DIESEN ***WITZFIGUREN*** UND IHREM ***UNIVERSUM*** BIN ICH RUCKZUCK FERTIG.
UND DANN KOMM ICH ZU ***DIR***.
ENDE

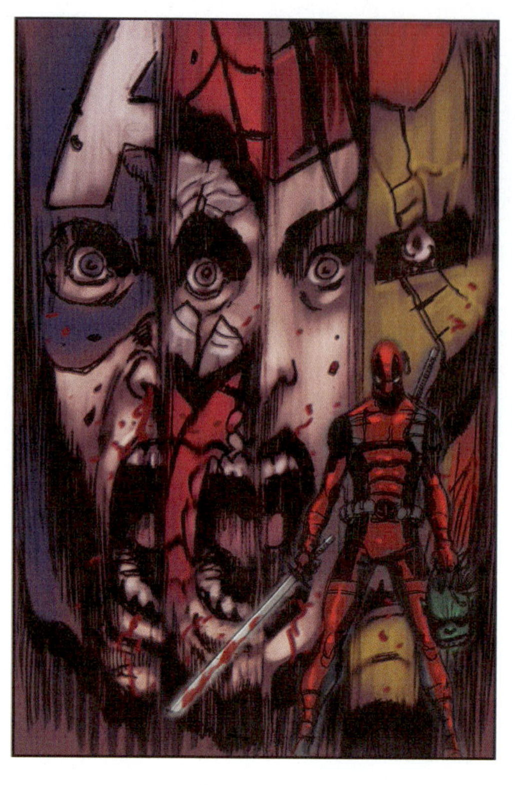

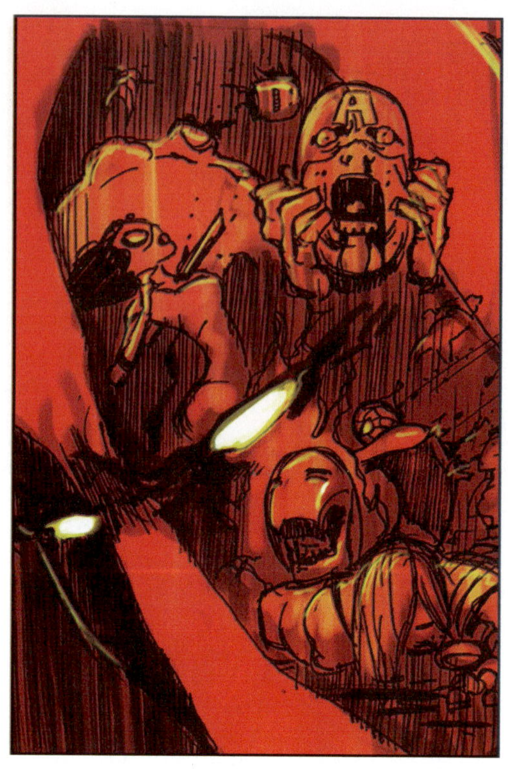

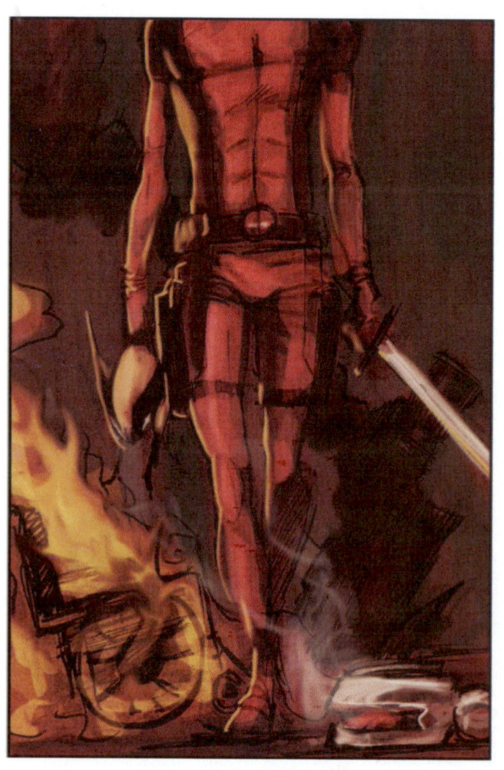

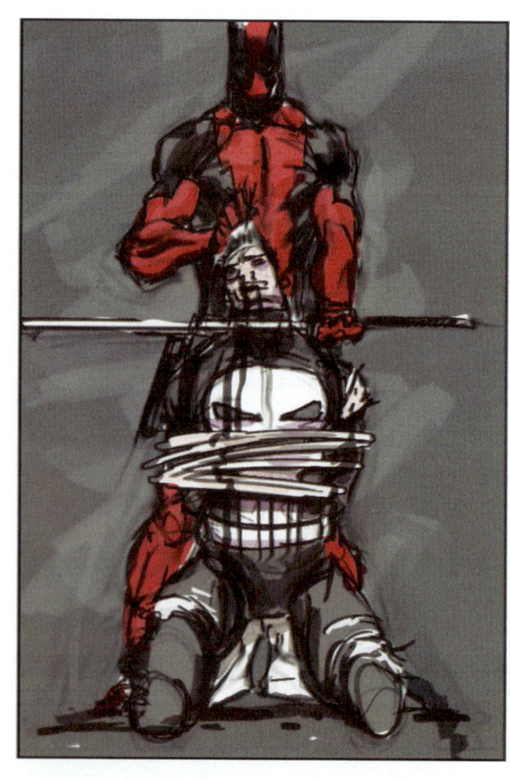

Cover-Skizzen von **KAARE ANDREWS**

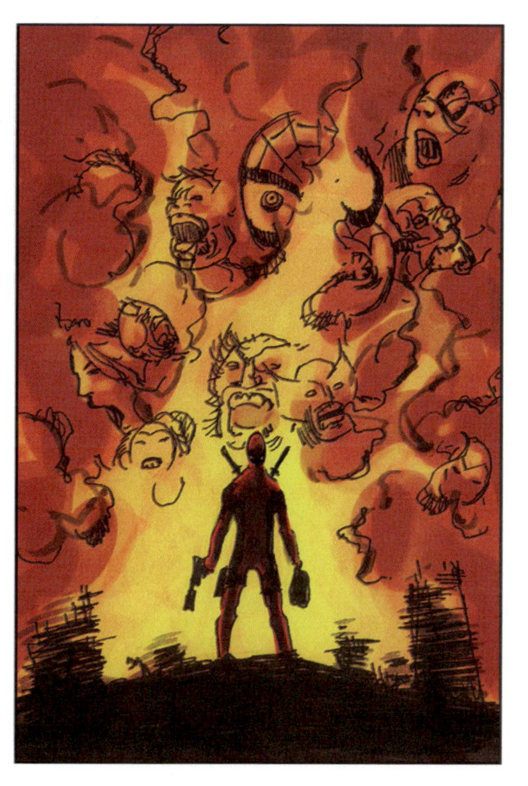
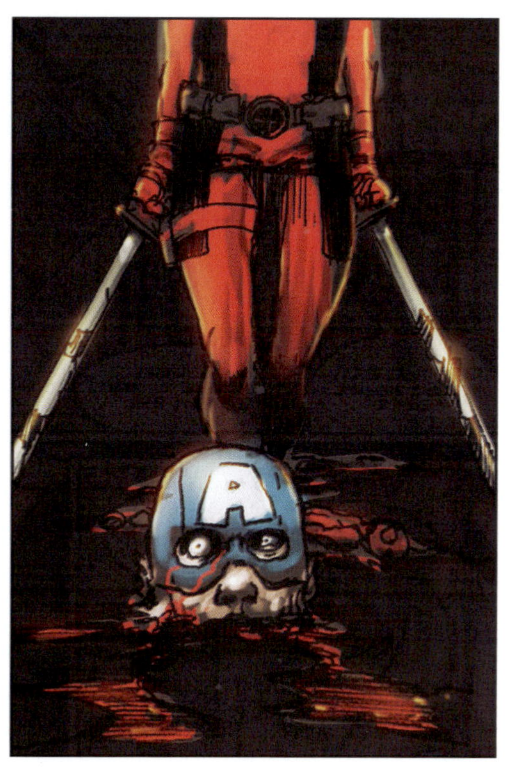
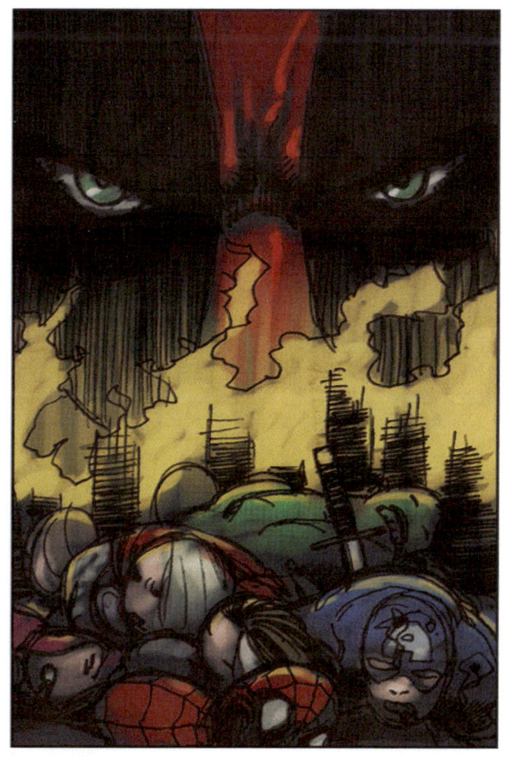
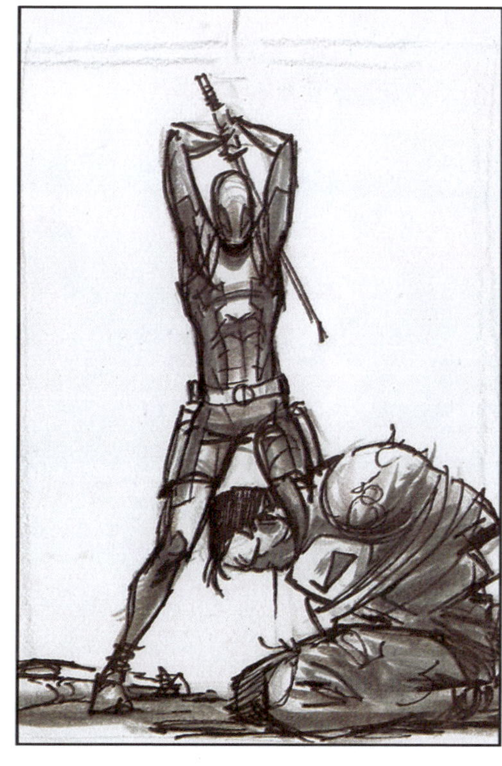

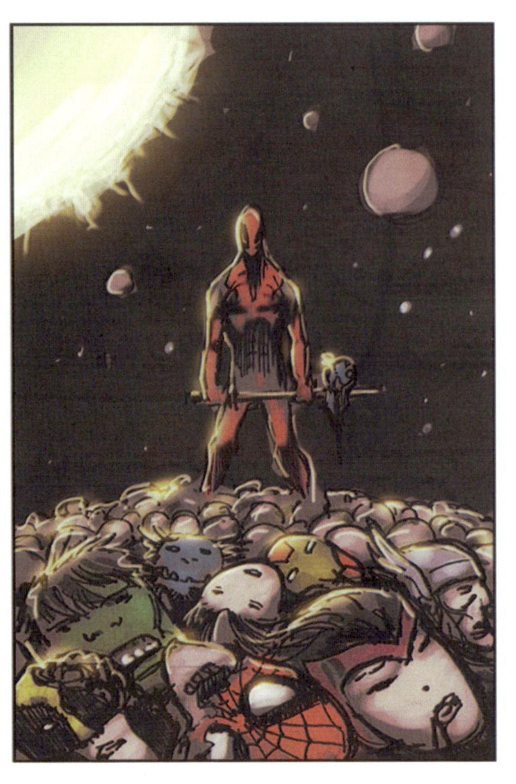
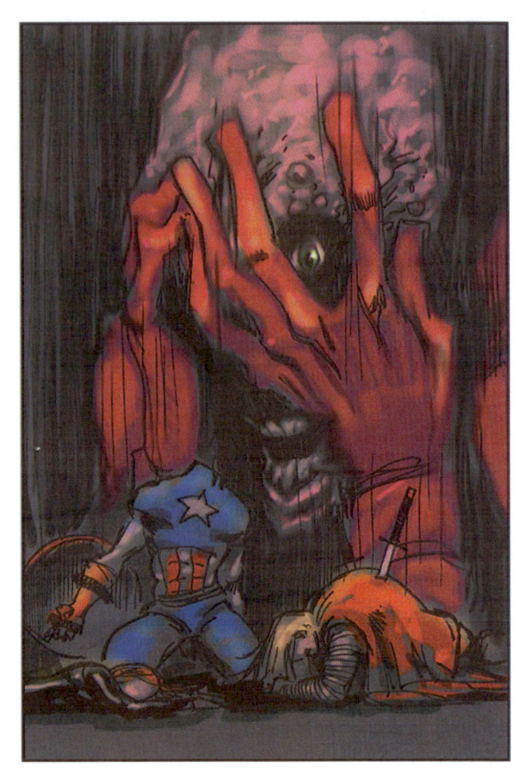
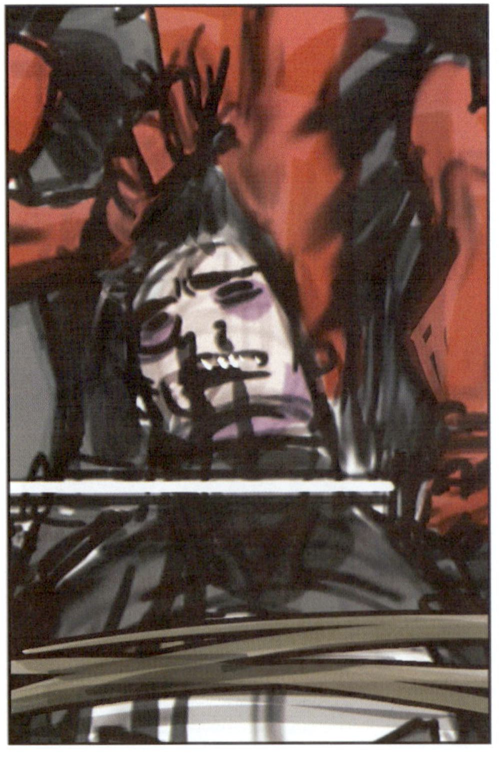
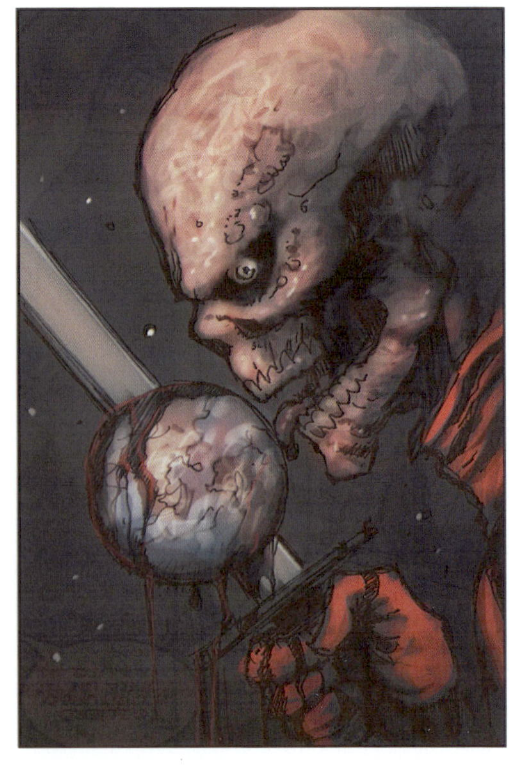

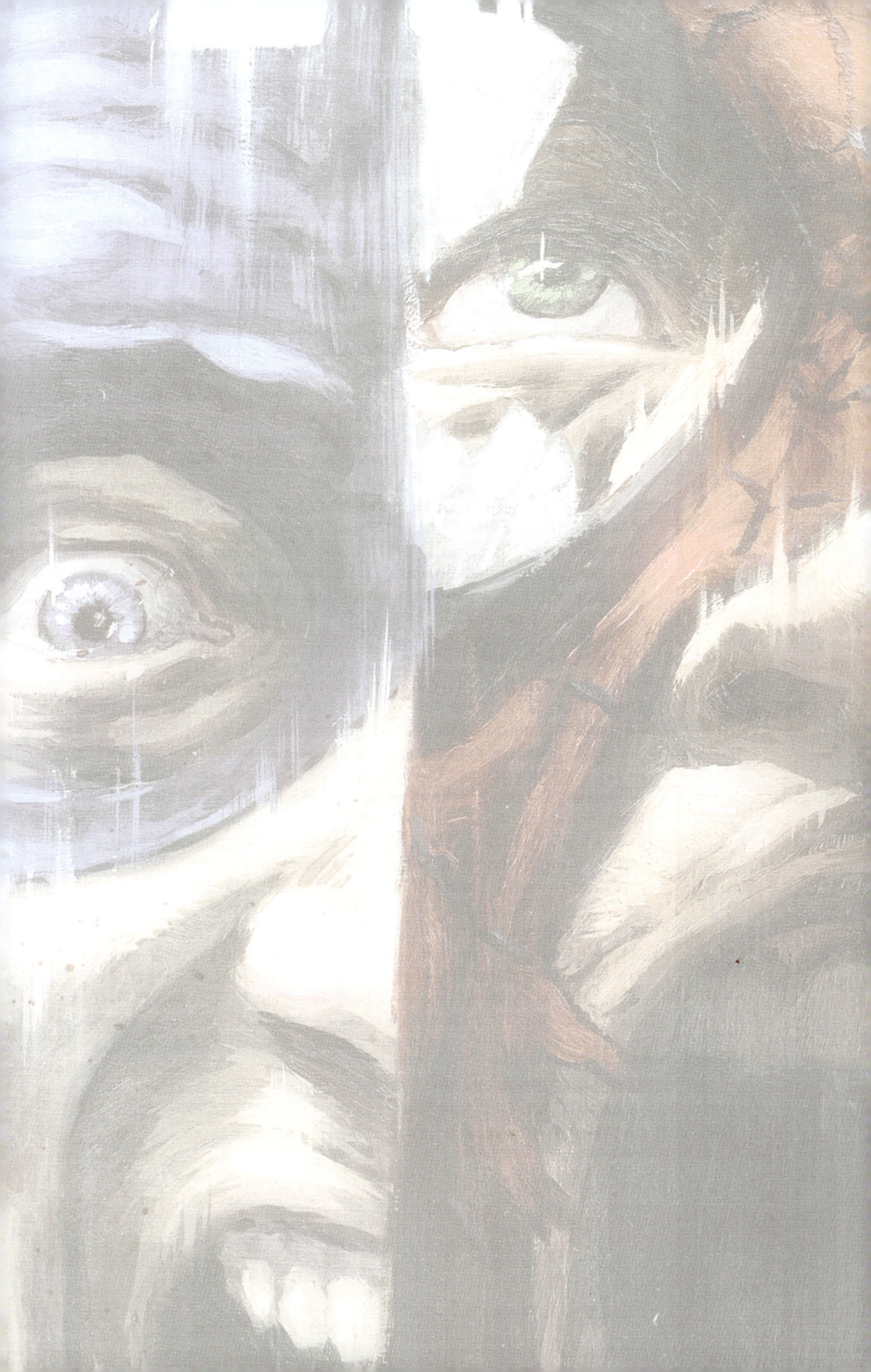

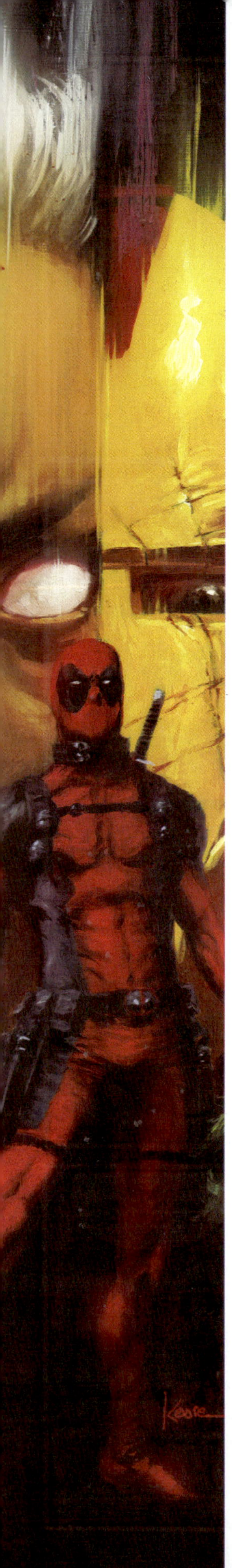

DIE MACHER

CULLEN BUNN

In North Carolina aufgewachsen, lebt Cullen Bunn mittlerweile bei St. Louis. Wie viele Autoren vergeudete er seine Zeit mit allerlei kuriosen Jobs. Laut eigenen Angaben war Bunn nicht nur Autopsie-Spezialist für Aliens, Rodeo-Clown, Wrestling-Manager und Sasquatch-Hirte, sondern auch Karriereberater, Product und Project Manager sowie Director of Marketing. Erste Meriten im schreibenden Gewerbe verdiente er sich von 1994 bis 1996 mit Beiträgen für das Fanzine *Fangoria* oder Publikationen vom Rollenspiel-Verlag White Wolf. Danach veröffentlichte Bunn in Magazinen, Anthologien und E-Zines zahllose Kurzgeschichten. 2011 erschien *Crooked Hills*, ein Gruselroman für jüngere Leser. Seither ist er hauptberuflich als Schriftsteller tätig. Sein Debüt am Comic-Markt erfolgte 2007 bei Oni Press mit der Horror-Noir-Serie *The Damned*, die er mit Zeichner Brian Hurtt entwickelt hat. Das Duo erfand auch den Spuk-Western *The Sixth Gun*. Inzwischen hat der umtriebige Autor zahllose Comics für Marvel, DC, Dark Horse und andere Verlage verfasst, darunter etliche Deadpool-Miniserien, *Captain America*- und *X-Men*-Ableger, THE FEARLESS: DIE FURCHTLOSEN, SPIDER-MAN: SEASON ONE, *Carnage*, *Drax*, *Uncanny X-Men*, *Venom*, *Sinestro*, *Lobo*, *Harrow County* und *Conan the Slayer*. Nebenbei gründete Bunn Undaunted Press, wo sein Horror-Magazin *Whispers from the Shattered Forum* erscheint.

DALIBOR TALAJIĆ

Der Kroate Dalibor Talajić kam 1972 in Bosnien-Herzegowina zur Welt. Drei Jahre später zog seine Familie nach Zagreb. Talajić studierte zunächst Musik und lernte, Klarinette zu spielen. Parallel bewarb er sich vergeblich für ein Kunststudium. Nach seinem Abschluss 1994 gab er elf Jahre lang Klarinettenunterricht an einer Musikschule, bevor er sich als Comic-Zeichner versuchte. Seine Arbeiten erschienen in kroatischen Publikationen wie *Blue Bird*, *My Beer* oder dem Fanzine *Endem*. Sein Einstieg in den US-Markt erfolgte parallel 2005 über den Indie-Verlag Desperado mit dem Horror-Comic *The Atheist*, der Anthologie *Negative Burn* und dem Zombie-Titel *Deadworld*. Seit 2009 ist der musisch begabte Künstler maßgeblich für das Haus der Ideen tätig. Auf eine Shortstory in *Deadpool* 900 folgten im Laufe der Jahre Jobs für *Deadpool Team-Up*, diverse X-Men-Hefte, Comic-Adaptionen der *Dexter*-Romane, die Miniserie *Foolkiller* und OLD MAN LOGAN. Mit Daniel Way schuf er den Killerpavian Hit-Monkey und 2016 mit ABC-Reporterin Rym Momtaz die Graphic Novel *Madaya Mom*, die aus Sicht einer syrischen Familie von der Belagerung Madajas erzählt. Der große Durchbruch gelang ihm 2012 mit DEADPOOL KILLT DAS MARVEL-UNIVERSUM. 2017 durfte er in der Fortsetzung des Heldengemetzels DEADPOOL KILLT SCHON WIEDER DAS MARVEL-UNIVERSUM nochmals eimerweise Blut vergießen.

DEADPOOL

KILLT DAS MARVEL-UNIVERSUM

- HINTER DEN KULISSEN
- TIMELINE
- WEITERE LEKTÜRE
- ANMERKUNGEN
- WEITERE MUST-HAVE-TITEL

Deadpools Amoklauf durchs Marvel-Universum war kurz, blutig und brutal. Was zahllosen Superschurken über Jahrzehnte versagt blieb, gelang ihm im Handumdrehen – und die besagten Schurken machte er bei der Gelegenheit auch gleich noch platt! Im Folgenden schauen wir uns unter anderem an, wie es zu diesem hoch unterhaltsamen Blutbad kam, also bleibt dran!

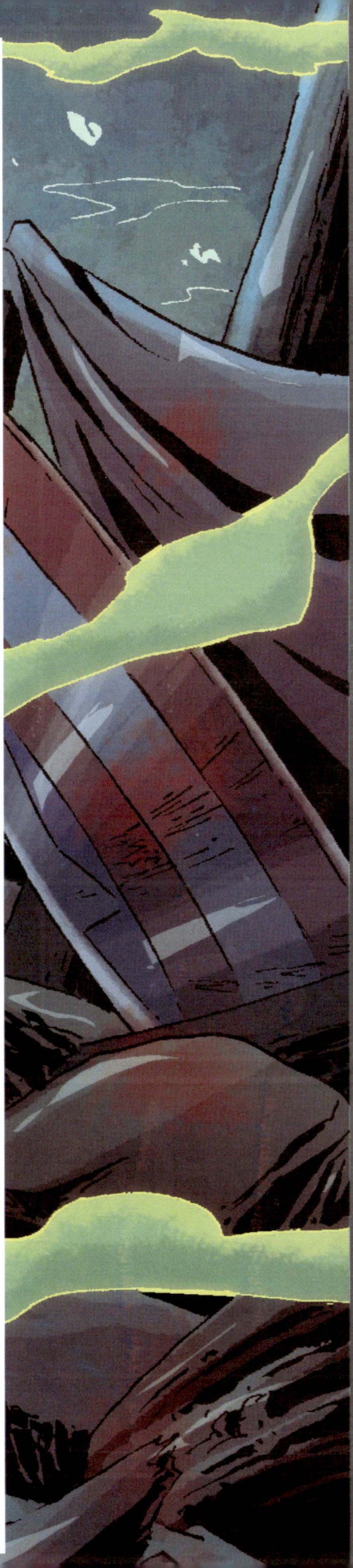

Auf frischer Tat

Deadpool zu sein, ist kein Zuckerschlecken. Gut 20 Jahre nach seinem Debüt in *New Mutants* 98, getextet von **Fabian Nicieza** und gezeichnet von **Rob Liefeld**, hatte der Söldner mit der großen Klappe endlich genug. Das Marvel-Universum hatte ihm einmal zu oft in die Tacos gespuckt, und nun riss ihm der Geduldsfaden.

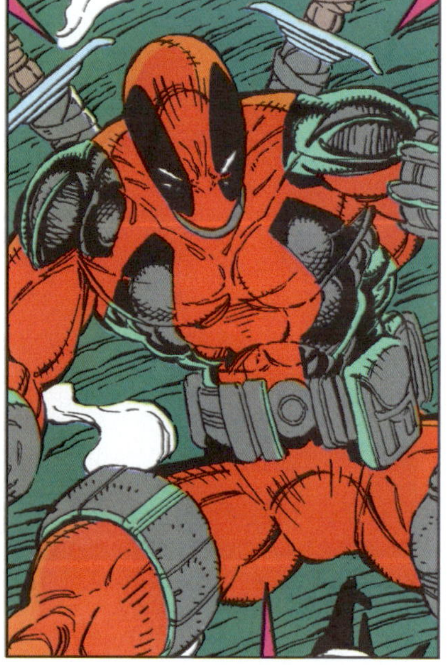

In *New Mutants* 98 hat es Deadpool als Killer auf Cable abgesehen. Zeichnung von Rob Liefeld.

Nur mit einem Titel bewaffnet, beauftragte der Deadpool-Redakteur **Jordan D. White** den Szenaristen **Cullen Bunn**, eine Miniserie zu schreiben: *Deadpool Kills the Marvel Universe*. Da sie außerhalb der normalen Marvel-Kontinuität spielen sollte, konnte sich das Kreativteam alle möglichen Freiheiten nehmen und Deadpool bedrohlicher darstellen, als ihn das Publikum bis dahin kennengelernt hatte. So manisch und gemein wie hier hatte man Deadpool selten erlebt. Die letzten Fetzen seiner Vernunft waren Geschichte, für ihn galten nun gar keine Regeln mehr. Seinen Sinn für Humor hingegen hatte er sich bewahrt.

Für Bunn, der bereits mehrere Kurzgeschichten und Einzelhefte mit Deadpool geschrieben hatte, war es eine tolle Gelegenheit, etwas Neues auszuprobieren. „Als Jordan das Projekt mir gegenüber zum ersten Mal erwähnte, war mir sofort klar, dass ich hier die Chance hatte, Deadpool von einer ganz neuen Seite zu zeigen", erklärt Bunn. „Er ist immer noch Deadpool. Er reißt immer noch seine Witze. Aber hier sehen wir ihn in einem düsteren, verstörenden Licht."

Die Geschichte ist in vielerlei Hinsicht einem Horrorfilm ähnlicher als traditionellen Superhelden-Comics. In seinem Pitch für die Serie beschrieb Bunn seine Version Deadpools, die noch verkorkster als üblich ausfallen sollte, als „Mischung aus Freddy und Jason und Jigsaw (den filmischen Serienmördern aus *A Nightmare on Elm Street*, *Freitag der 13*. und *Saw*) – bloß mit den Fähigkeiten eines Ninja-Killers". White und Bunn sind beide Fans des Horror-Genres und wollten von Anfang an eine Comic-Serie voller Blut, Gewalt und Nervenkitzel machen. Aber das Publikum sollte nicht nur geschockt werden, sondern ebenso viel zu lachen haben.

▶ *Deadpool Kills the Marvel Universe* war nicht das erste Mal, dass sich eine Figur anschickte, in Eigenregie die Helden und Schurken des Marvel-Universums auszulöschen. **Frank Castle**, alias der **Punisher**, machte sich dies bereits 1995 zur Aufgabe, nämlich in dem One-Shot *Punisher Kills the Marvel Universe* von **Garth Ennis** und **Doug Braithwaite**.

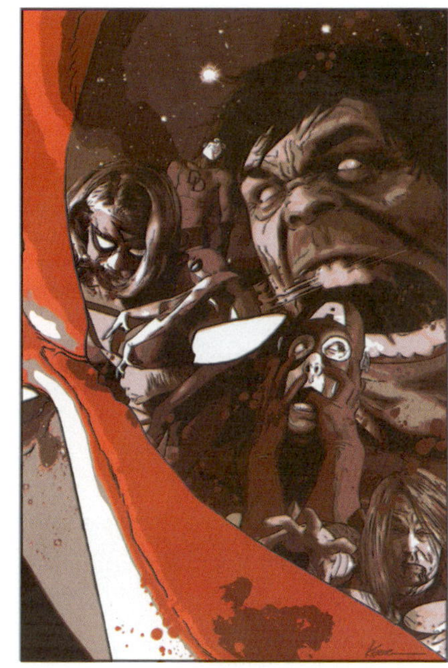

Kaare Andrews' horrormäßiges Titelbild für *Deadpool Kills the Marvel Universe* 2.

Diese Horror-Atmosphäre fing **Dalibor Talajić** mit seinen Zeichnungen perfekt ein. Wie ihr sehen könnt, sind der Schrecken und das drohende Unheil auf seinen Seiten förmlich mit Händen greifbar. Jedem einzelnen von Deadpools Opfern steht das Entsetzen ins Gesicht geschrieben: Einem nach dem anderen dämmert es ihnen, dass ihr letztes Stündlein geschlagen hat, und zwar dank eines Kerls, den viele von ihnen nie für voll genommen hatten. Ähnlich eindrücklich sind die Titelbilder von **Kaare Andrews**, besonders das des ersten Hefts, auf dem Deadpool den abgetrennten Kopf Hulks in der Hand hält vor einem Hintergrund schreiender Helden. Das Cover lässt keinen Zweifel daran, wie brutal es in dem Heft zugeht.

Weder drittklassige Schurken noch gestandene **Avengers** waren sicher vor dem kalten, methodischen Feldzug dieses unkaputtbaren kaputten Massenmörders. Dabei sticht häufig die Kreativität heraus, mit der Deadpool seinen Amoklauf ausführt. Bunn sieht darin eine der entscheidenden Stärken des Söldners: „In einigen Fällen gibt er sich mit recht einfachen Morden zufrieden. Aber bei den großen Kalibern ist sein Einfallsreichtum gefragt. Das Ding bei Deadpool (speziell bei dieser Version von Deadpool) ist, dass er seinen eigenen Blick auf die Welt hat. Das hilft ihm dabei, ein besserer Killer zu sein. Er ist sich nicht zu schade, jemanden zu erschießen oder mit einem Schwert zu erschlagen, aber ausgeklügelte Todesfallen wie die aus dem Film *Saw* gehören genauso zu seinem Repertoire."

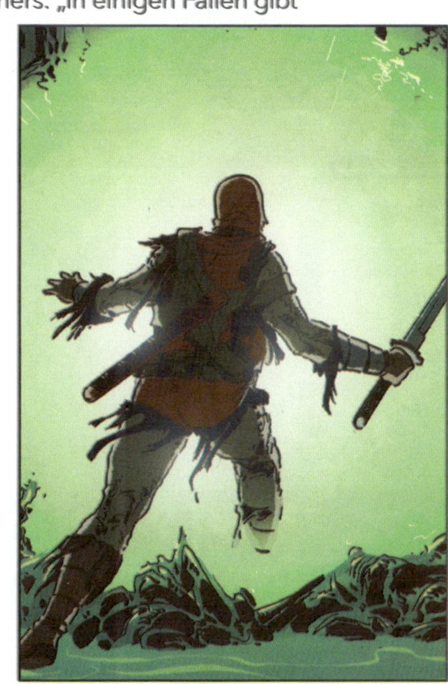

Von einem Universum ins andere: Deadpool weitet seinen Amoklauf aufs Multiverse aus. Zeichnung von Dalibor Talajić.

Zweifellos hat *Deadpool Kills the Marvel Universe* dafür gesorgt, dass viele den großmäuligen Söldner jetzt anders wahrnehmen – und genau das hatte sich White von dem Projekt erhofft. „Was mich mit am meisten reizte, war, eine Figur zu nehmen, die als charmanter Spinner abgetan wird, und dann zu zeigen, dass das nur Tarnung und sie tatsächlich gefährlich und irgendwie beängstigend ist."

„Ich bin immer noch sehr stolz auf die Geschichte", sagt Bunn rückblickend. „Ich glaube, Dalibor und ich haben da was Besonderes gemacht, aber die Reaktionen auf die Serie – und ihre Langlebigkeit – haben mich dann doch überrascht. Das ist bis heute einer der beliebtesten Comics, an denen ich je beteiligt war. So viele Leute haben mir im Lauf der Jahre gesagt, das sei ihr erster Deadpool-Comic gewesen, oder ihre erste Comic-Serie überhaupt!"

TIMELINE

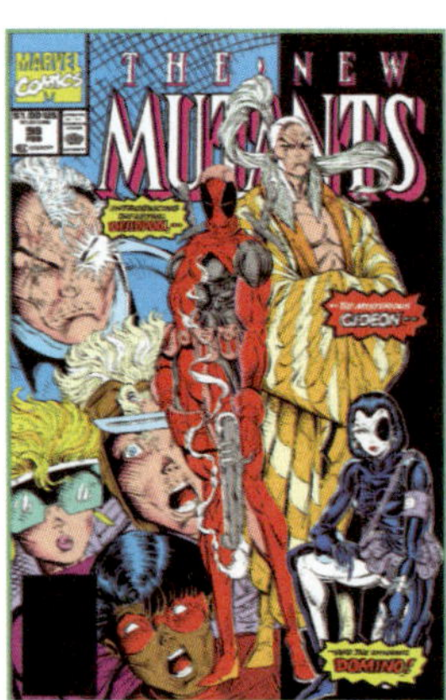

***New Mutants* 98 (1991)**
FABIAN NICIEZA
ROB LIEFELD
*Der Söldner mit der großen Klappe hat seinen ersten Auftritt: Er wurde angeheuert, um **Cable** zu ermorden, den neuen Anführer der **New Mutants**.*

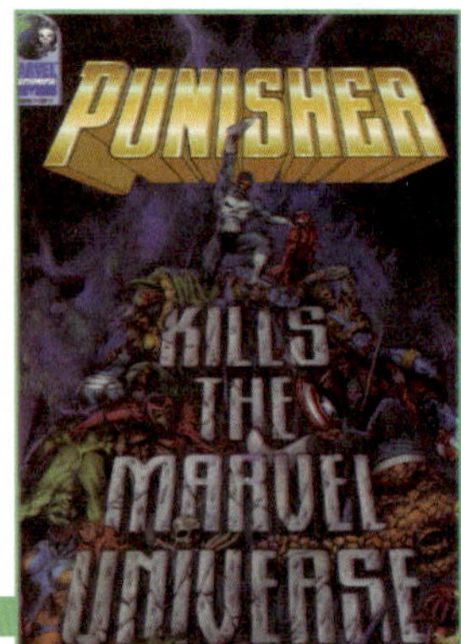

***Punisher Kills the Marvel Universe* 1 (1995)**
GARTH ENNIS
DOUG BRAITHWAITE
*Fast 20 Jahre, bevor **Wade Wilson** zum Marvel-Mörder wurde, richtete **Frank Castle** bereits sein eigenes Blutbad an.*

DEADPOOL
KILLT DAS MARVEL-UNIVERSUM

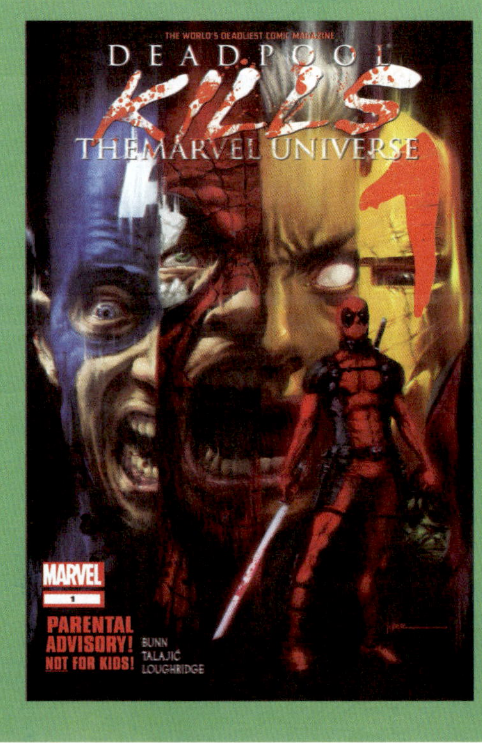

***Deadpool Kills the Marvel Universe Again* 1 (2017)**
CULLEN BUNN
DALIBOR TALAJIĆ
Die thematische Fortsetzung der Originalserie: Deadpool macht sich auf zu einem brandneuen und noch grausameren Schlachtfest der Helden und Schurken.

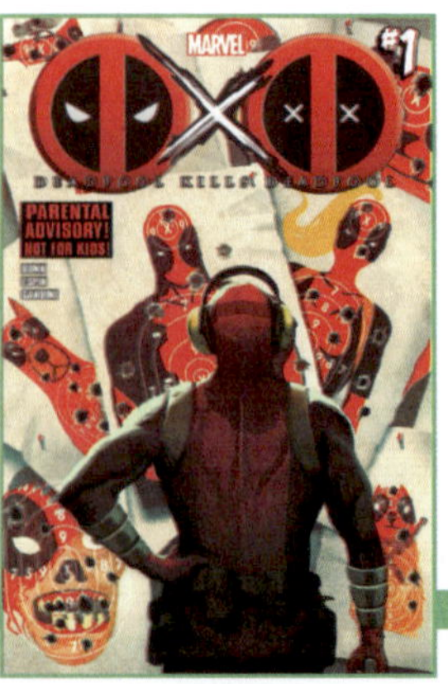

***Deadpool Kills Deadpool* 1 (2013)**
CULLEN BUNN
SALVA ESPIN
Schonungslos zu anderen, schonungslos mit sich selbst: Deadpool nimmt seine Doppelgänger aus dem Multiverse aufs Korn.

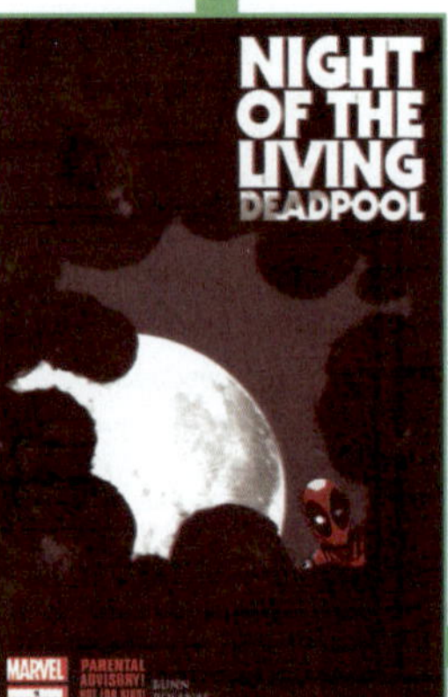

***Night of the Living Deadpool* 1 (2014)**
CULLEN BUNN
RAMON ROSANAS
Bunn lässt Deadpool ein weiteres Massaker anrichten, diesmal an den schlurfenden Horden der Untoten!

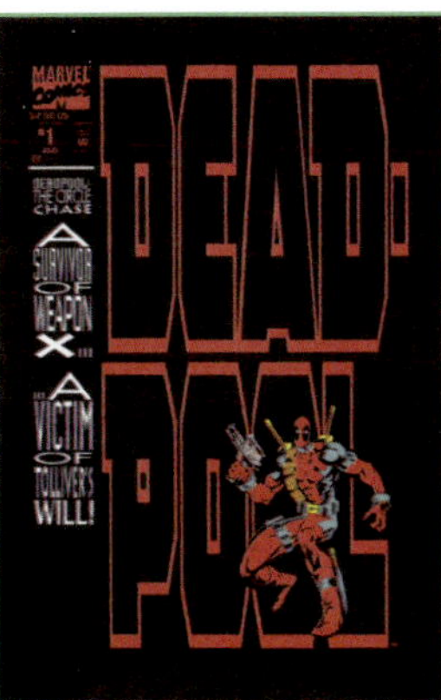

***Deadpool: The Circle Chase* 1 (1993)**
FABIAN NICIEZA
JOE MADUREIRA
*Ein historischer Marvel-Moment: **Deadpool** bekommt seine erste Solo-Miniserie.*

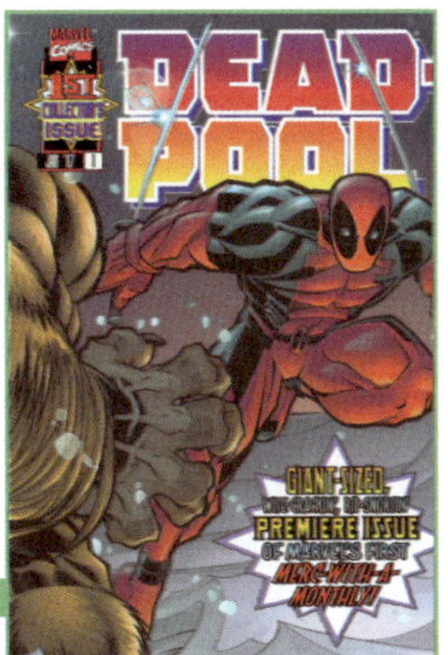

***Deadpool* 1 (1997)**
JOE KELLY
ED McGUINNESS
Wade Wilsons ungebrochene Beliebtheit führt dazu, dass nun seine erste fortlaufende Monatsserie an den Start geht.

Über vier blutgetränkte Hefte hinweg gelingt es **Deadpool**, die Besten und Klügsten des Marvel-Universums zu eliminieren. Doch trotz der nahezu unvorstellbaren Zahl seiner Opfer sollte dies nicht der letzte Amoklauf des Söldners mit der dicken Lippe bleiben. Das gesamte Multiverse stand ihm offen, und vor ihm lag eine potenziell endlose Zukunft voll mörderischer Möglichkeiten.

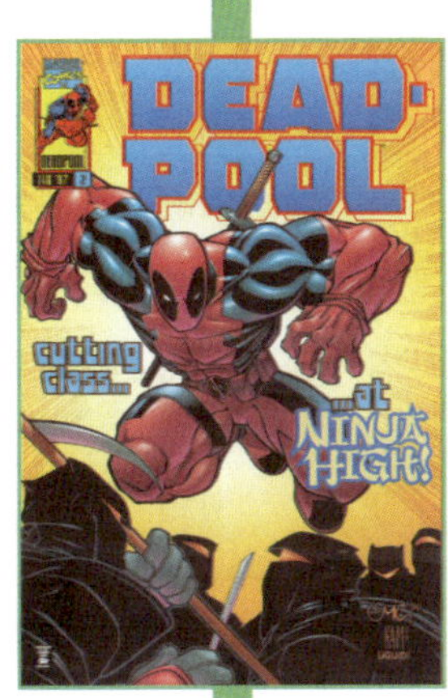

***Deadpool* 2 (1997)**
JOE KELLY
ED McGUINNESS
*Deadpool kämpft zum ersten Mal gegen **Taskmaster**. Und der muss bald feststellen, dass nicht einmal er Wades unberechenbarer (und verstörender) Kampftechnik etwas entgegenzusetzen hat.*

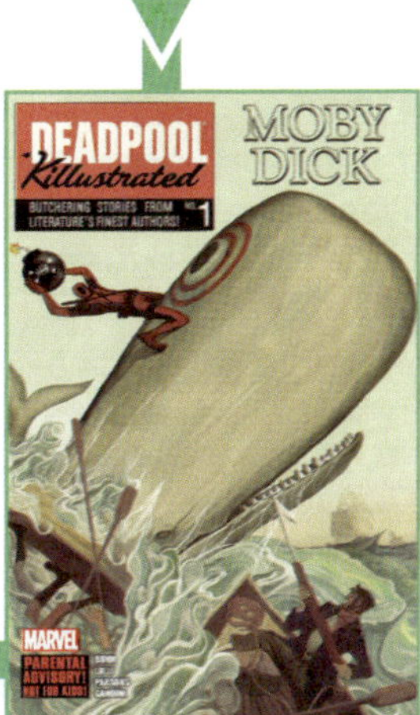

***Deadpool Killustrated* 1 (2013)**
CULLEN BUNN
MATTEO LOLLI
Kein Klassiker ist sicher: Wade Wilson macht Jagd auf den Inbegriff aller literarischen Symbole.

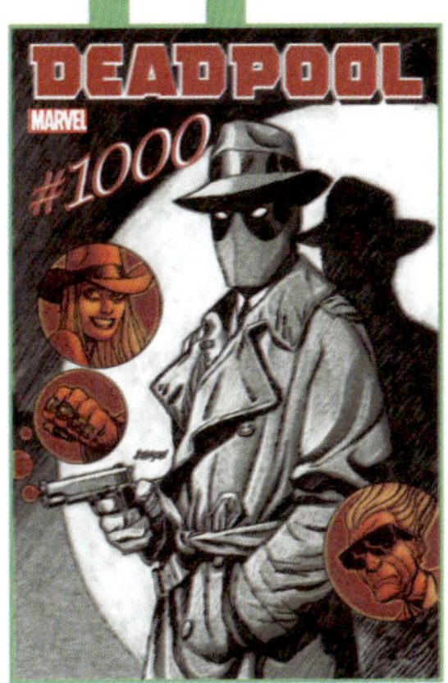

***Deadpool* 1000 (2010)**
CULLEN BUNN
MATTEO SCALERA
*Sind es echt schon tausend Hefte von Deadpool? Nein, nicht wirklich. Aber diese Anthologie-Ausgabe enthält unter anderem die erste Deadpool-Geschichte von **Cullen Bunn**.*

Killer-Lesetipps

Nachdem sich sein **Deadpool** – oder „Dreadpool", wie er ihn nannte – durchs ganze Marvel-Universum geschnippelt und gehackt hatte, wusste Szenarist **Cullen Bunn**, dass mehr in dieser neuen, noch verstörenderen Version der Figur steckte. Seinen nächsten Auftritt hatte Dreadpool dann 2013 in der vierteiligen Miniserie *Deadpool Killustrated*, ebenfalls von Bunn geschrieben und gezeichnet von **Matteo Lolli**. Nachdem er sich ins Multiverse gewagt hatte, erkannte **Wade** bald, dass es viel zu viel Aufwand wäre, sämtliche Inkarnationen der Marvel-Helden und -Schurken umzubringen. Also zog er stattdessen weiter in die „Ideenwelt", bevölkert von den Figuren der Literaturklassiker, welche als Inspiration für die Marvel-Figuren gedient hatten. So schlachtete er im Zuge seines Plans, jene literarischen Archetypen aus dem kollektiven Unbewussten zu tilgen, etwa die Protagonisten von *Little Women* und *Moby Dick* ab.

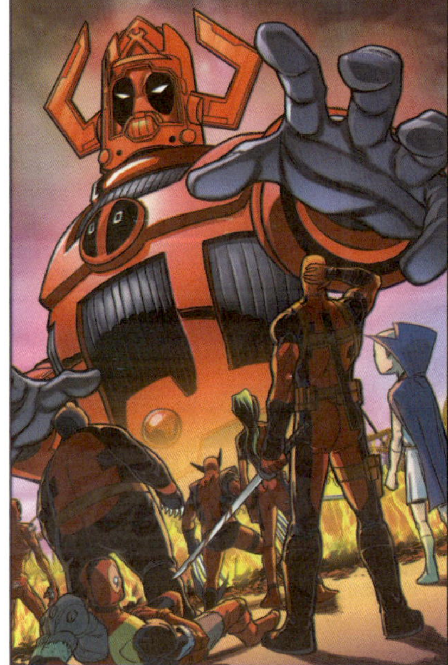

Die Ankunft von Galactipool in *Deadpool Kills Deadpool* 2. Zeichnung von Salva Espin.

In *Deadpool Kills Deadpool*, gezeichnet von **Salva Espin**, schrieb Bunn Dreadpool ein weiteres Mal. Bis dahin hatte das Marvel-Universum bereits eine ganze Reihe von Deadpools aus Parallelwelten erlebt. Einige von ihnen hatten sich sogar mit der Hauptversion von Erde-616 in einer Gruppe namens **Deadpool Corps** zusammengetan. Doch als Dreadpool beschloss, alle Deadpools zu ermorden, die je existiert hatten, waren Mitglieder des Deadpool Corps seine ersten Opfer. Überlebende versuchten daraufhin zurückzuschlagen und mussten sich mit dem **Evil Deadpool Corps** messen, darunter todbringende Feinde wie **Venompool**, **Deadpool the Duck**, **Galactipool** und **Beard of Beespool**.

Im Jahr 2017 schufen Bunn und Talajić zusammen eine weitere Fortsetzung zu *Deadpool Kills the Marvel Universe* unter dem absolut konsequenten Titel *Deadpool Kills the Marvel Universe Again*. Erneut gab es Gemetzel und kreative Mordmethoden, aber die Geschichte war kein bloßer Abklatsch des ersten Teils. Wade hatte diesmal ganz andere Gründe, all die Helden zu killen, und da in der Zwischenzeit eine Fülle neuer Figuren im Marvel-Universum aufgetreten war, durfte er sich auch auf reichlich neue Ziele freuen.

▶ Das Deadpool Corps, erstmals 2010 versammelt in *Prelude to Deadpool Corps*, bestand zunächst aus Deadpool, Zombie **Headpool**, **Lady Deadpool**, **Dogpool** und **Kid Deadpool**. In der Serie *Deadpool Corps* stellte sich dann heraus, dass der **Contemplator**, einer der Ältesten des Universums, das Corps ins Leben gerufen hatte, um eine gefährliche kosmische Entität namens **Awareness** zu bekämpfen.

Meister und Monster

Taskmaster konnte zwar **Deadpools** Amoklauf nicht stoppen, macht aber vielen Marvel-Helden das Leben schwer, seit er 1980 in *Avengers* 195 sein Debüt gab. Geschaffen wurde der einzigartige Schurke mit der Totenkopfmaske von **David Michelinie** und **George Pérez**. Seine Fähigkeit, die Bewegungen seines Gegenübers nachzuahmen, macht ihn zu einem tödlichen Gegner. Taskmaster betätigt sich als Söldner und als Ausbilder, der andere Schurken geheime Kampftechniken lehrt, mit denen sie ihre Feinde ausschalten können. Eine Nebenwirkung seiner Superkraft besteht darin, dass die ständige Aneignung aller möglichen neuen Bewegungen seinem Langzeitgedächtnis schadet, weshalb er nur sehr wenig über seine Vergangenheit weiß. Tatsächlich war er früher ein **SHIELD**-Agent namens Tony Masters. Seine „fotografischen Reflexe" erlangte er, als er sich selbst ein fehlerhaftes Imitat von **Captain Americas** Supersoldaten-Serum injizierte, welches er einem Nazi-Wissenschaftler abnahm, den er ermorden sollte.

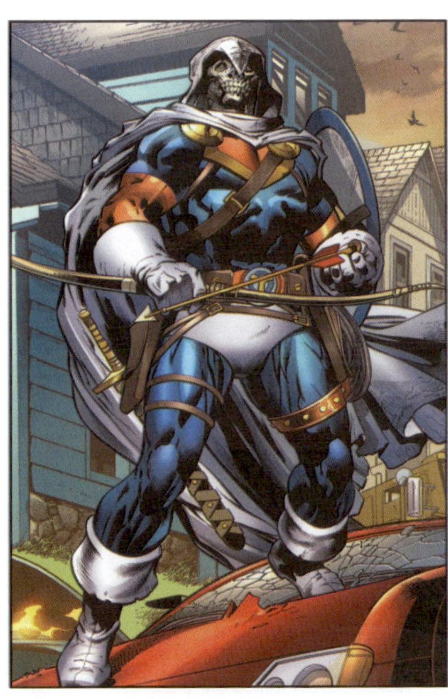

Taskmaster, bereit zum Kampf, in *Battle Scars* 1 (2012). Zeichnung von **Scot Eaton**.

Tief in den Everglades in Florida versteckt liegt der **Nexus aller Realitäten**, ein von **Steve Gerber** und **Rich Buckler** erdachtes interdimensionales Portal, das die Welten des Multiverse miteinander verbindet. Niemand weiß, ob es sich dabei um eine Hinterlassenschaft überlegener Wesen oder um eine natürliche Kreuzung der Wirklichkeiten handelt.

Beschützt wird der Nexus von **Man-Thing**, einer Schöpfung von **Roy Thomas**, **Stan Lee**, **Gray Morrow** und **Gerry Conway**. In ihrem früheren Leben war die umherschlurfende pflanzenartige Kreatur **Ted Sallis**, ein Biochemiker, der seinerseits versuchte, ein Supersoldaten-Serum herzustellen. Als Ganoven hinter seiner Arbeit her waren, floh er und verabreichte sich sein eigenes Serum, um zu verhindern, dass die Formel in falsche Hände fiel. Doch in der Nähe des Nexus baute Sallis einen Unfall, und im Wechselspiel mit dem Dimensionentor verwandelte ihn das Serum ins monströse Man-Thing. Seither kann er eine brennende Säure absondern, wann immer sich jemand vor ihm fürchtet, worauf auch sein berüchtigtes Motto anspielt: „In Man-Things Hand wird die Furcht zum Brand!"

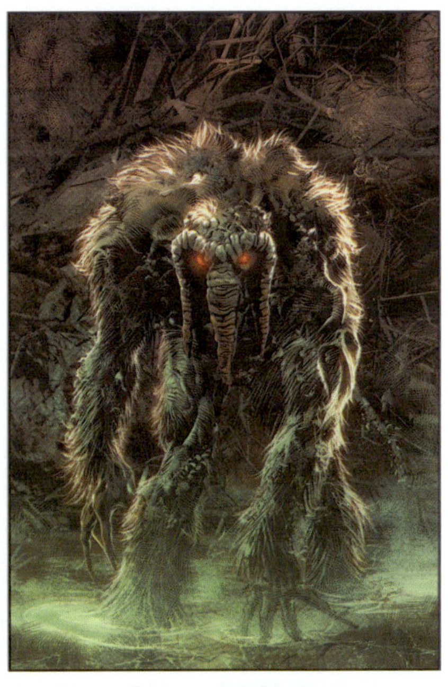

Man-Thing in all seiner grässlichen Pracht. Zeichnung von **Mike Deodato**.

WEITERE MUST-HAVE-TITEL

BEREITS ERHÄLTLICH

CIVIL WAR

AVENGERS: HELDENFALL

SPIDER-MAN: SPIDER-VERSE

WOLVERINE: OLD MAN LOGAN

JETZT ERHÄLTLICH

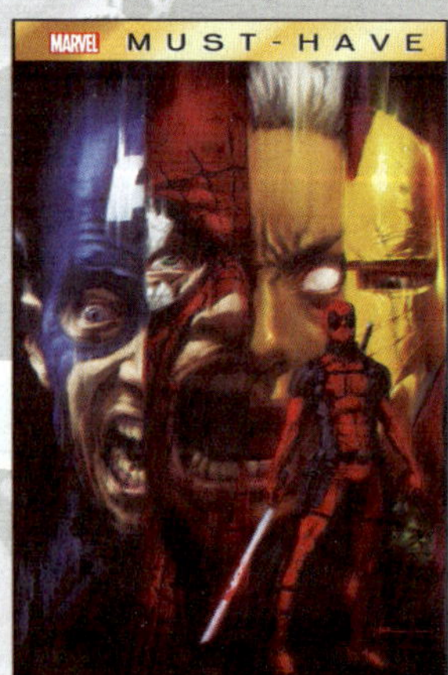

DEADPOOL KILLT DAS MARVEL-UNIVERSUM

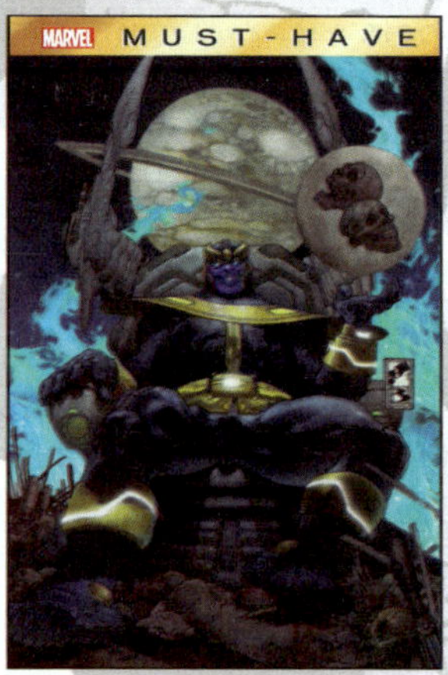

THANOS: DIE GEBURT EINES MONSTERS

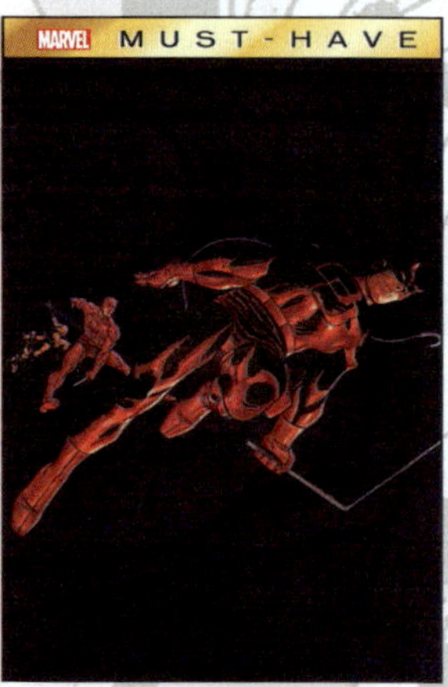

DAREDEVIL: DER MANN OHNE FURCHT

DEMNÄCHST

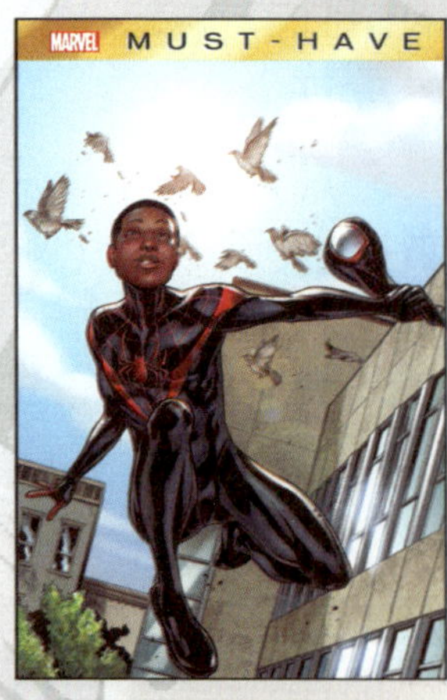

MILES MORALES: ULTIMATE SPIDER-MAN

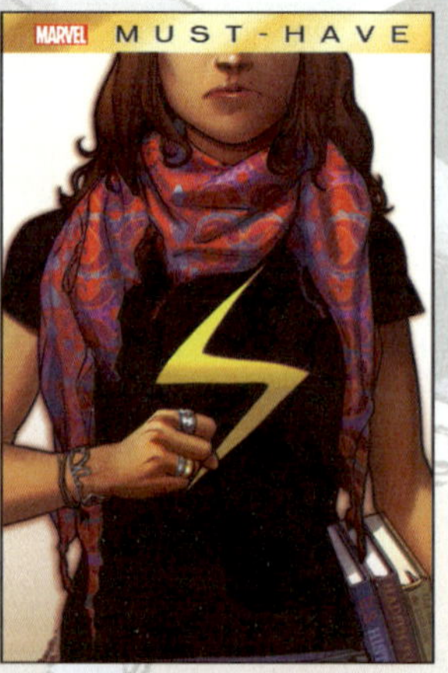

MS. MARVEL: META-MORPHOSE

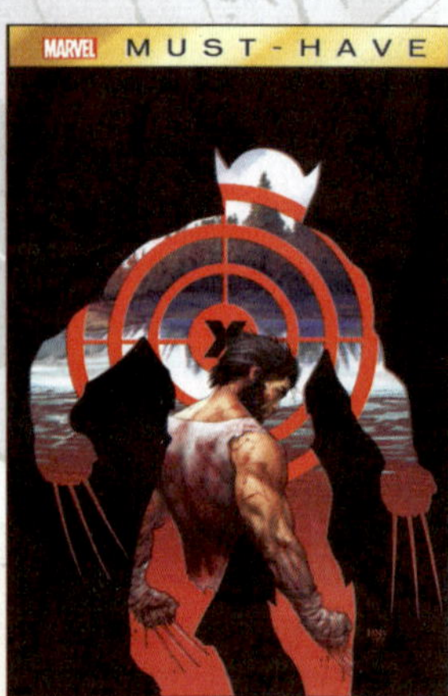

DER TOD VON WOLVERINE